U0858327

谨以此书
献给近代海战场上
抗击帝国主义侵略的
中华民族英烈！

中国近代海战场纪实

天朝之门

舟欲行 著

學苑出版社

图书在版编目(CIP)数据

天朝之门:大沽口篇/舟欲行著.—2版.—北京:学苑出版社,2007.7

(中国近代海战场纪实)

ISBN 978-7-5077-1724-2

Ⅰ.天… Ⅱ.舟… Ⅲ.大沽口事件—史料 Ⅳ.K262.890.6

中国版本图书馆CIP数据核字(2007)第096763号

责任编辑:韩继忠
责任校对:袁大威
封面设计:艾博堂文化
出版发行:学苑出版社
社　　址:北京市丰台区南方庄2号院1号楼　100079
网　　址:www.book001.com
电子信箱:xueyuanyg@sina.com
　　　　　xueyuan@public.bta.net.cn
销售电话:010-67674055、67675512、67678944
印 刷 厂:固安生强印制有限公司
开本尺寸:850×1168　32开本
印　　张:9.625
字　　数:210千字
版　　次:2000年6月北京第1版第1次印刷
印　　次:2009年12月北京第2版第1次印刷
印　　数:5001-7000册
定　　价:22.00元

目　录

中国的崛起将从海上开始

“海殇则国衰，海强则国兴”。

这是中华民族千百年来的伟大梦想和屈辱体验熔铸成的心声。

中国是一个海洋大国，拥有18000公里的海岸线，海洋国土面积达300万平方公里，约占我国陆地面积的三分之一，居世界第四位，大陆架面积居世界第五，200海里专属经济区面积为世界第十。

如果说中国近代史是一部屈辱史，倒不如说是一部近代海患史，外敌对中国的入侵，绝大部分都是从海上开始的。当时中国积贫积弱，有海无防，西方列强用炮火一次次轰开中国的大门。

孟子说：生于忧患，死于安乐。

国歌的作者田汉说：没有危机的民族，是无望而无救的民族——这种危机感，就是植根于我们民族思维深层的忧患意识。

看完12集电视片《大国崛起》让我产生一个强烈的念头：今天的中国已不是昨天的中国。既然昨天的屈辱是从海上开始的，那么，今天的崛起必然要从海上开始，我坚信只要有全中国人的支持，“太阳一定会重新从东方升起”！

8年前，学苑出版社策划这套丛书，就显现出了他们具有较强的前瞻性，表现出一种很强的政治意识、大局意识、忧患意识和责任意识。他们用8年来的社会效益和经济效益，再次印证了一个道理：登高才能望远，详察才能洞悉。如今，出版社再次修订重印这套丛书，目的是想让更多的人知道：虽然书中讲述的是中华民族苦难的昨天，但它所昭示的是我们的今天和明天；让我们走进中国近代海战场，与历史对话，聆听古炮与沉舰的诉说，回味林则徐、关天培、陈化成和邓世昌的警世之言。

21世纪是海洋世纪，海洋的战略地位日益凸显。据权威部门公布的数据，全球200多个百万以上人口的大城市，3/4集中在沿海地带；全球70%的工业资本和70%的人口，也集中在距海岸200公里以内的沿海地区。海洋已经成为人类克服人口膨胀、资源枯竭、环境恶化，实现可持续发展的重要宝库；维护海洋权益，保障海上通道安全，利用海洋大开发的历史契机挺进海洋、经略海洋，已成为越来越多国家的共识。与此同时，世界经济的重心正在向海洋转移，随着海洋新资源的发现与开发，海洋上争岛夺礁、抢占资源，是引发海洋争斗和局部战争的重要原因。

古罗马政治家西塞罗说过：“谁能控制海洋，谁就能控制世界。”海权论的创始人马汉也提出：“所有帝国的兴衰，其决定因素，都在于是否拥有强大的海权，能否控制海洋。”

纵观历史上世界大国的崛起，都可以说与经略海洋息息相关，葡萄牙、西班牙、荷兰、英国和美国等，无一不是“发轫于海洋”，并最终成为具有强大海洋控制能力的国家。据报道，美国把“控制全球16条海上战略通道”作为海军战略的重要内容，并不断加强在这些地区的军事存在。日本自卫队也明确提出，要保卫海上“千里生命线”。印度海军则提出了“远海歼敌”的作战思想，以实现“印度洋控制战略”。

而我国呢，虽说是大国，但在世界大国中却是唯一没有实现统一的国家。特别是海洋问题上，还有许多麻烦。

——在东海，台湾问题久悬未决，陈水扁在台独道路上越走越远；我国固有领土钓鱼岛被日本非法占领；东海大陆架是我国陆地的自然延伸，因此，面积77万平方公里的海区中应归我管辖的为54万平方公里，但日本却提出中日两国是共架国，要求按中间线划分海域。按日本的无理要求，日本与我国有16万平方公里的争议海域。

——在南海，我国海洋权益受到的侵犯更加严重。从权威部门的数字看，大约有150万平方公里的海洋国土处于“争议”中，特别是当我亲眼目睹南沙还有一些岛礁在别人掌控之中时，不免生发愤慨。

——还有，我国海上能源命脉的安全，海外利益的保护，第一岛链、第二岛链的围堵等等问题。可以说，国人现在最关心的是海洋，是海军，是安全，因为海洋和海军关系着中华民族的未来。

正因为如此，去年12月28日，胡锦涛总书记在接见海军第十次党代会代表时指出，我国是一个海洋大国，海军在捍卫国家主权和安全、维护我国海洋权益中地位重要，使命光荣。他强调，要努力锻造一支与履行新世纪新阶段我军历史使命要求相适应的强大的人民海军。

全国人大代表、海军司令员吴胜利在十届全国人大五次会议就《政府工作报告》举行分组讨论时强调，国家应从战略全局的高度，研究制定我国海洋安全战略，用以指导我海洋方向的战略行动，有效维护我国海洋权益、海洋资源和海上战略通道的安全。也有专家学者认为，无论是推进经济发展还是维护国家安全，我国在海洋空间都拥有巨大的战略利益。如果中国没有一支强大的舰队存在于世界海洋上，我国海洋上“海域被侵、海岛被占、资源被掠”的局面难以改变，我国海上“石油生命线”安全难以保卫，一旦国外发生自然灾害或社会动荡，海外财产与人员安全无法保障，也无力承担一个海洋大国应负的国际海洋安全义务。

在全球经济一体化的今天，中华民族要实现伟大复兴，紧追世界科技进步的浪潮，无论是引进来，还是走出去，都已经与海洋无法割断。站在国家总体战略的高度上认识海洋战略问题，树立新的海洋国土观、海洋利益观、海洋防卫观，是全中国人的当务之急；如何走好、走活这一盘经略海洋的大棋，是全中国人义不容辞的历史责任。

这，也许就是学苑出版社重新修订出版这套丛书的目的所在。

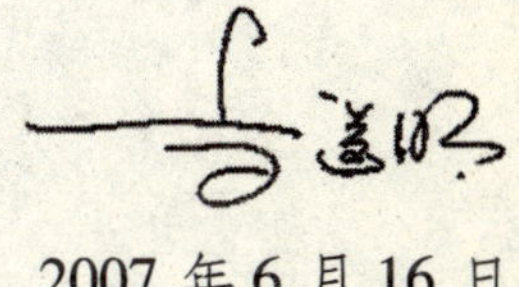

2007 年 6 月 16 日

寻觅天朝之门

1. 东边日出西边雨

1324年，意大利水城威尼斯迎来了又一个阴冷凄清的黎明。这天，一个人，将无声无息地死去。

此人，叫马可·波罗（Marco Polo，约1254—1324）。

——请原谅，作者本来是要讲述东方古国近代历史中某些“故事”，某些秘密，可现在却偏偏要把读者的目光引向遥远的意大利，引向威尼斯市民马可·波罗潮湿的病榻。是不是扯得太远了？其实，历史之于历史的观望者，就是这样的无奈。你要眺望杳渺逝去的星河，你要寻觅那星河中明灭的岁月，你就必须不断调整思维的焦距，否则你将一无所获。从这个角度说，去造访一下临终的老马可·波罗，也许会有些收获，也未可知呢。

老马可·波罗真的要死了。

70 岁的他，无助地缩在病床上，形销骨立，面色枯黄，瑟瑟发抖，像支烧软了的蜡头儿，随时可能熄灭。

壁炉里的木柴早就烧成了灰烬。懒惰的仆人忘了关严窗子，地中海冰凉的海风钻进窗隙，吹动窗帘，送来一阵阵难耐的湿冷。

窗外是河。月光迷离，寒水无声。摇曳的波光水影如同一群鬼魅精灵在舞蹈。

教堂的钟声从远处飘至，时而清晰，时而模糊。马可·波罗的头斜歪在枕上，目光在断续的钟声中渐渐散乱。

谁能相信，这就是五十多年前那个毅然随父亲尼哥罗（Nicolo Polo）、叔叔马菲奥（Maffeo Polo）离开故园，远行到东方天尽之处历险的翩翩少年？

马可·波罗家族的血管里，似乎天然生成着一种冒险的激情。1265 年前后，商人尼哥罗·波罗兄弟就跟随旭烈兀使臣的队伍，沿着古丝绸之路的南路东行，经过两河流域和波斯高原，翻过冰封雪飘的帕米尔雪峰，穿越风沙弥漫的大沙漠，最终抵达蒙古人的草原。君临天下的大汗忽必烈，在他金碧辉煌的斡鲁朵（宫帐）中召见了远来的朝圣者，并且向这些人询问了欧洲的情形。旭烈兀使臣的答话引起了大汗忽必烈浓厚的兴趣，他决定向罗马教廷——他的金柄马鞭至今未曾指到的地方——派出使臣。据载：忽必烈在信中要求罗马教廷向他派出 100 名精通西语、数学、神学、逻辑学、天文学、地理学等知识的学者前来效力，供大元帝国驱使。尼哥罗·波罗兄弟，成了忽必烈使臣的向导。

归程同样艰辛。蒙古特使不久就称病勒住了西去的马缰。他们将大汗给罗马教廷的国书交给了尼哥罗兄弟，委托他们转达。

1269 年，尼哥罗兄弟抵达地中海东岸的基督教中心阿克尔。不巧，正赶上老教皇已死，新教皇未立。他们只好暂回老家威尼斯。

两年后，尼哥罗兄弟带着小马可·波罗再至阿克尔，终于见到了新教皇格里戈里十世。尼哥罗兄弟对东方世界的描述震惊了作为当时欧洲中心的罗马教廷。在茫茫沙漠瀚海的彼岸，在太阳升起的地方，居然草原辽阔，大河纵横，居然耸立着无数人烟稠密的城市，城市里居然有黄金砌就的宫殿，宫殿里的大汗和他的臣民既高大威猛，又雍容大度，他们周身被丝绸包裹，环金佩玉，一手高举着盛满美酒的翡翠酒杯，一手倒提着主宰东方大地的马鞭……

西方世界将信将疑。罗马教皇格里戈里读罢忽必烈给他的国书，决定派使臣尼古勒和吉岳木去看个究竟。1271 年，老尼哥罗兄弟和小马可·波罗作为罗马教廷使臣的向导，开始了第二次东方之旅。那一年，马可·波罗刚满 17 岁。

有趣的是，西方的使者和忽必烈的使者一样，被那风沙漫漫无尽头的旅程吓住了。他们其实本来就对尼哥罗兄弟的东方神话充满怀疑，更不愿意为探寻世界尽头那不可知的存在，去亲吻异教徒的波斯弯刀，或者成为沙漠中的几具枯骨。出发不久，他们就把教皇交付的使命委托给了马可·波罗家族，转身逃之夭夭了。

坚韧的马可·波罗家族继续向东方跋涉。四年后，1275 年 5 月，他们终于再次来到了元上都开平（今内蒙古多伦）。

21 岁的意大利青年马可·波罗，用他那双诚实、清澈的蓝色眼睛注视着元世祖忽必烈大汗的王宫，惊异而且兴奋。这对蓝眼睛赢得了忽必烈大汗的好感，从此，作为蒙古元朝中，马可·波罗在中国生活了整整 17 年。据说，他曾到过中国的新疆、甘肃、内蒙、宁夏、河北、山西、陕西、四川、西藏、云南、山东、安徽、江苏、浙江、福建等地，并在扬州做了3年的官。据说，他还追随着忽必烈“来如天坠，去如电逝”的铁骑在襄阳作过战（这个情节，在金庸描写郭靖、黄蓉、杨过大战襄阳的小说《神雕侠侣》中是找不到的——编者注）。

1291年，伊利汗国王阿鲁浑派使臣朝拜大元皇帝，请求联姻。忽必烈选出17岁的蒙古贵族少女合敦公主阔阔真，赐给伊利汗王为妃。马可·波罗成为护送新王妃远嫁的使节，跟着15艘豪华的中国海船组成的船队，由福建泉州启航，航向波斯湾。此后，马可·波罗再没有回到中国。他在中国所获得的大量金银珠宝，已足够他回故乡安度晚年了。

富翁马可·波罗回家了，带着东方冒险的经历和大笔的财富，回到了威尼斯。他被人叫做“百万富翁马可”，他的住宅人称“富翁之宫”，他的家族人称“富翁之家”。那时，这位“威尼斯的辛伯达”才四十出头，还有充分的时间和充沛的精力挥霍金钱，炫耀往事，享受人生。

战争，使马可·波罗的生活发生了转变。1298年，威尼斯与热那亚兵戎相见。马可·波罗投身军旅，成为一艘战舰的舰长。遗憾的是他在作战中成了热那亚人的俘虏。在狱中，马可·波罗担心再也不可能自由了。他后悔自己没有把最使他骄傲的东方之旅记录下来，担心那一番惊世骇俗的故事会就此失传。其实，这也怨不得马可·波罗，他不会写作，也许，他根本就认不得几个字。正巧，同牢囚禁的犯人——比萨的鲁斯梯切诺（Rusticiano of Pisa）颇通文墨。马可·波罗百无聊赖，每天以向狱友讲述自己的东方经历打发时光。鲁斯梯切诺呢，就用法文进行笔录，竟然慢慢成书。

10个月过去了，马可·波罗意外地获释出狱返乡。从此，世上多了一本书——《马可·波罗行纪》。此前，尽管也有一些欧洲商人到过中亚乃至中国，但没有任何人作过如此详细的东方游记。《马可·波罗行纪》，成为第一部把中国的现实情况介绍到欧洲去的书。

然而此后，马可·波罗却成了世人的笑柄。

世间怎么可能有那种叫“黑石”的东西（煤）“燃烧与柴薪无异”？怎么可能有那种叫“泰尼之根”的草（姜）既能当蔬菜又能治病？怎么会拿一些印了花纹的纸（纸币）当钱用？怎么可以把一封私人信件交给一个素不相识的叫什么“邮役”（邮递员）的家伙，而这个家伙最终还能把信送到？最重要的，这一切怎么全让你马可·波罗看见了？

于是，马可·波罗不可避免地成为世人嘲笑的对象。当时，在意大利的社交场合、在威尼斯的假面舞会上，有个“搞笑”的保留节目，是由一小丑扮演“大话马可”，吹嘘扯谎，出噱弄丑，扭捏作态，满嘴胡说八道，瞎侃一番，“刺环观众之耳”。而观众总是被“小品”演员的演出逗得哄堂大笑。

听！这笑声多么熟悉呀。

当西方人的开花炮弹在中国的土地上爆炸的时候，我们的祖先不是也称其为“妖术”，试图“以妇人之秽血破之”吗？当西方人的照相术传来时，我们的祖先不是也认为那是要“摄人精魂”的“奇淫技巧”吗？地理上的隔绝，必然产生文化形态上的差异和文化心理上的排斥。对于“超验”的外部世界，无论东方还是西方，人们的认知思维其实没啥不同。威尼斯人或许隐隐约约也知道有一个东方的存在。但知道是一回事，见到又是一回事。这就如同可以承认有一个外太空生命圈的存在，但你要说昨天还和美丽的外星少女一起喝过午茶，那你就太吹牛了。在这个方面，有意无意间充当了文化传播使者的人，不是被时代奉为播火的先知，就是被传统斥为欺世盗名的骗子；不是上天堂，就是下地狱，没有中间道路可走。

不幸的马可·波罗成了“骗子”。他的晚年，就是在这样的嘲笑声中度过的。这位后来欧洲人心目中的“圣人”，连同他那日后被译成所有欧洲文字，成为欧洲人“东方发财指南”的《行纪》，都成了当时最滑稽的笑料。

马可·波罗在屈辱中耗尽了精力。如今，他要死了。

他躺在床上，那被忽必烈大汗抚摸过的头顶发丝稀疏，那双曾阅尽扬州二十四桥明月夜的眼睛已经失去了神采。他的耳朵里怪音轰鸣，一会儿是蒙古铁骑震落晨星的蹄声，一会儿是吴侬软语间杂着的洞箫琵琶，一会儿是黄河畔呜咽苍凉的画角，一会儿是东海边海潮激越的呼啸……但他闭不上眼睛，他还有一桩心事未了。此时，他强自支撑起半身，对守护在病榻旁的一位朋友说：“请转告世人：我所讲的东方故事……仅仅是我的见闻的一小半……它们……全是真的……”

这是马可·波罗最后的遗嘱。

太阳迟迟没有从遥远的东方赶来看望他，东窗外，夜色沉沉不醒，淫雨凄迷缭乱。

黎明前，马可·波罗死了。

面对圣罗尼苏教堂（San Lorenzo church）旁马可·波罗的新坟，威尼斯人其实不以为然。有些人在茶余饭后偶尔会议论道：

——也许，在遥远的东方，真的有一个神话般的存在，一个谜一样的中国。

——也许，中国真如“大话马可”吹的那样，富有到了极点，慷慨得近乎荒谬，而且居然对外来人并不特别设防，以至像马可·波罗这样的破商人都可以轻易从那儿赚回大钱。

——但这个穿丝绸袍子的王国太遥远了，能够去而复返有两个条件，其一是敢冒险，不怕死；其二是主的庇护。

……好了，马可·波罗的故事可以就此打住了。

从结果看，马可·波罗的游记，最终在历史的“第二页”激发了西方人的好奇心和贪婪心，诱导召唤着麦哲伦、达·迦马和哥伦布的帆影。那个使欧洲人面对中国这盘“盛宴”大流口水的时代，说远还远，说近也近了。

马可·波罗故事结束后的几百年时光一晃而逝。在这几百年中，由于造船技术的进步，由于新航路的开辟，世界变得“小”了很多。东方，不再遥不可及。海路较之中亚陆路，也方便、安全、快捷了许多。欧洲的一拨拨新主人——葡萄牙人、西班牙人、荷兰人、英国人、法国人们，开始重新评价“大话马可”和他的游记。他们发现自己真是蠢透了。

东方的存在是真的，东方的富有是真的。他们发现自己竟让东方实实在在的财富白白埋沉了几百年。

要什么主的庇护？只要有船，快到东方去吧，那儿有淘不尽的金矿，用不完的机遇！我们已经无谓地损失了很多时间，再也不能耽搁了！只要我们面对东方，面对中国的宝库大喊一声：“芝麻开门！”钱袋，立刻就会鼓起来。

然而，当西方人急匆匆来到东方时，却发现马可·波罗的确只说出了“一小半儿”，他的神话中遗漏了很多重要的章节。

东方的财富并非唾手可得、俯拾即是，天朝大国宫墙高筑，关门紧闭，壁垒森严，倨傲而且冷漠。要想进入其间，“芝麻开门”的咒语毫无用处。

中国，你这在沉睡中也现出威严的天朝大国，你的大门在哪里？

2. 门外徘徊

天朝真正的大门，在渤海湾深处的白河口。

在历史教科书上，习惯称这个位于天津大沽的海河入海口为大沽口。我们这本书的大部分故事，将在这里展开。

天朝大门究竟在哪儿?

这个问题的深层，也许恰恰是中国封建政治最大、最核心的奥秘。

以往，更多的人认为天朝的大门在广州，或者南方沿海的其他口岸。这是一个错误。几个世纪前，西方人也曾误把广州当成进入中国的大门。直到在门前经历了许许多多的挫折与麻烦之后，他们才发现：广州，仅仅是他们所面对的东方王朝恩赐给他们的一孔小窗。

广州的对外通商，有悠久的历史。唐中叶后，广州就设有一个叫“市舶提举司”的衙门。宋、元、明三代沿袭旧制，期间虽有增设裁并，但直到清代，从未间断。白山黑水间的满族人跳下汗淋淋的战马，拍打征尘，坐上龙廷后，情形变得有些复杂了。由于南明王朝的苟延残喘，由于台湾郑氏的反抗，开关和闭关成了大清国的一块心病。清廷几度施行禁海封关，又几度解禁。但不管怎么说，每次解禁，广州都会首先恢复通商。

然而，在大清国的政治辞典里，广州始终就算不得是一道“门”。最初，“富有四海”的大清皇帝对与洋人通商所能获得的那点儿商业利益，根本看不上眼，倒是时时担心这点儿蝇头小利会惹出很多麻烦。

麻烦自然越少越好、越无关大局越好。于是，清廷先是在东南沿海的江南松江、浙江宁波、福建泉州和广东广州开了四个关，不久，又将松江、宁波、泉州海关关闭，仅留下了广东海关——“粤海关”一处。而粤海关，其实也并不是专指广州，它由省城大关（位于广州）、澳门总口、潮州庵埠总口、惠州乌坎总口、高州梅录总口、雷州海安总口和琼州海口总口组成，其中设在广州的省城大关是中心口岸。这样，僻居海隅的广州由于符合那个时代的政治逻辑，被遴选出来，成了一孔半开半掩的小窗。

这地方选得太好了，它远在边陲，离京畿重地远得很，远得即使那里发生了麻烦，也不过是癣疥之疾，不致酿成震惊京师、牵动朝局的肘腋大患。中外相安无事的年景，让那些“道里悠长，风波险阻，舟车跋涉，阅历星霜”的西洋“贡使”和行商，到窗前做做买卖，分沾点儿皇天浩荡之恩德，体会些上国怀柔远人的风范，也无可无不可。一旦外夷“不尊教化，心怀叵测”，下一道上谕，窗子一关了事。至于后来皇上的内务府越来越离不开海关的银子，至于外国人越来越不满足窗子的狭小而动枪动炮把窗子越捅越大，越凿越多，就是后话了。

天津大沽口就不同了。

最先发现天津大沽口的重要性的外国人，是荷兰特使哥业和开泽。遗憾的是笔者手头没有关于他们的更多的资料，只是知道他们来到天津纯粹是误打误撞。他们携带了大批礼物，要求晋见清顺治皇帝，希望取得进行贸易的权利。顺治皇帝毫不犹豫地回绝了荷兰人的请求。外交努力失败的特使倒不是毫无所获，他们“发现”了天津，发现了无论海运还是河运，连接大清都城与全国各地的水路都要经过天津。哥业在日记中写道：

位于顺天府东南边缘地区的天津卫，是中国重要的港口。天津周围是二十五尺高的城墙，到处被庙宇所点缀，而且人烟稠密，交易频繁，像这样繁荣的商业景象，实为中国其他各地所罕见。因为从中国各地驶向北京的船只必须通过这里，这种条件促进了漕运的异常发展，一艘又一艘的船只接连不断地来到这座城市面前……在河口（大沽口）耸立着碉堡，高高的城墙上筑有守望塔。

此后，清雍正八年（1730年），俄国沙皇彼得一世派来外交使臣萨瓦·夫拉迪斯拉维齐，这个俄国贵族在北京一住就是半年，和荷兰特使一样在外交上毫无建树。但是，他却充当了沙皇的“探路人”。他给沙皇写了一封密信，明确指出：由西伯利亚侵入中国的道路一共有六条。而且特别指出：

看来有一条海道——不必怀疑——可以进入中国的著名港口天津；而从天津到北京只有七十俄里。要通过此路（到达北京）难免会遇到阻击。因此（俄国）需要一支坚强的舰队。

这份秘密情报在俄国珍藏了130年。1860年，第二次鸦片战争中，俄国公使普提雅廷把这个秘密卖给了英法联军，致使英法联军攻占大沽，兵进北京，火烧圆明园。

英国人寻找天朝之门，经历了更多的波折。

早在1583年，中国明代万历十一年，英国女王伊丽莎白给中国大明王朝神宗皇帝朱翊钧写了一封信。信件由英国商人约翰·钮伯莱（Johy Newbeny）带往东方。信是这样写的：

天命英格兰诸国之女王伊丽莎白，致最伟大及不可战胜之君王陛下：

呈上此信之吾国忠实臣民约翰·钮伯莱，得吾人之允许而前往贵国各地旅行。彼之能做此难事，在于完全相信陛下之宽宏与仁慈，认为在经历若干危险后，必能获得陛下之宽大接待，何况此行于贵国无任何损害，且有利于贵国人民。……吾人认为：我西方诸国君王从相互贸易中所获得之利益，陛下及所有臣属陛下之人均可获得。此利益在于输出吾人富有之物及输入吾人所需之物。吾人以为：我等天生为相互需要者，吾人必须互相帮助，吾人希望陛下能同意此点，而我臣民亦不能不做此类之尝试。如陛下能促成此事，且给予安全通行之权，并给吾人在与贵国臣民贸易中所极需之其他特权，则陛下实行至尊贵仁慈国君之事，而吾人将永不能忘陛下之功业。吾人极愿吾人之请求能为陛下洪恩所允许，而当陛下之仁慈及于吾人及吾邻居时，吾人将力图报答陛下也。愿上天保佑陛下。

这封极为拗口的信表达了一些明显的含义：一是代表欧洲请求中国皇帝准予在华通商；二是表明通商对东西方是互惠的；三是许诺给中国以合理的回报。

钮伯莱怀揣着女王的意愿踏上了漫漫海途，等待他的是死亡。

15、16世纪以降，是一个西方诸国海上争霸的年代，为了控制海上通道，把持垄断逐渐形成的世界市场，加速本国的资本原始积累速度和资本主义发展进程，葡萄牙人、西班牙人、荷兰人、英国人在海上角逐竞雄，互相残杀，力求充当剑与火的海洋的主宰者。钮伯莱的运气极差，出海不久，就遭遇了葡萄牙人的舰队。双方进行了不长时间的战斗，葡萄牙人取得了胜利，钮伯莱成了俘虏，他带给中国皇帝的信，也落到了葡萄牙人的手里。

钮伯莱并不是唯一的倒霉鬼。1596 年，英国商人里查·阿伦（Richard Allen）和汤麦司·布伦菲（Thomas Bromfield）又要到中国去，伊丽莎白女王趁机派出使臣班假明·伍德（Benjamin Wood）带着给中国皇帝的信件前往中国。这次他们同样遭遇了葡萄牙舰队，并在交战中船毁人亡。此后，由英国人组成的一支东印度公司探险队于 1602 年再次携女王的信件前往中国，又遭失败。

似乎是一种宿命，在英国取代其他海上霸主，成为海洋新的主人之前，英国人与中国当局发生正式官方往来的打算总是遭到意外的阻碍。

最早到达中国关墙之外的英国人，不是官方的代表特使，而是那些唯利是图的商人。第一个找到天津大沽口敲响关门的人，他的名字在英文中，是“James Flint”（詹姆斯·福林特），不知是他想编个汉语名字来取悦中国人，还是中国海关官员登录外国人姓名时的“即兴创造”，总之，在日后关于他的记载中，他都被叫做“洪仁（任）辉”——一个十足的中国男子名字。

这个“洪仁辉”，绝对是个人物。

就是他，引发了所谓“洪仁辉事件”。

当时——大清乾隆二十年前后，英国人的对华贸易集中在广州。但此时的广州“已经成了令人无法忍受的城市”。广州施行的是所谓“保商制度”，对通商进行着十分严格的限制。外商的一切在华贸易活动，都要通过中国人开办的商行来完成。这号称“十三行”的中国商行，自然会对洋商的商务进行垄断和从中渔利。另一个让洋商恼火的，是中国的税收。表面上看，中国的关税并不重，而实际上，贪官污吏名目繁多的“计划外税收”却大得惊人。有时，海关官员收取的“陋规”银子，远远超过了“正税”。各项明里暗里的费用加在一起，有时高达进口货物的20%。

且慢，这里，包含着清王朝一个独具特色的弯弯儿绕。

按清制，海关隶户部，但作为海关的“主管干部”——海关监督，却由皇上亲自简点派充。他的职务全称，叫“钦命督理广东沿海等处贸易税务户部分司”。自乾隆十五年到道光二十年，一共换了三十三个海关监督，没有一个是户部官员，全都来自直接为皇室服务的衙门——内务府。这些满族皇亲国戚，这些效忠“主子爷”的奴才，其职责极为明确。对他们来说，对外贸易能否顺利、合理地进行其实并不重要，重要的是在任期间要为皇上主子搜求到更稀罕的异域珍玩，应时按节献上银子，这就是大大的尽职，大大的忠诚了。与此相伴而生的，是他们拥有几乎不受制约的权利和极大的贪欲。这是一群皇上主子“可以信赖的干部”，一群特权的所有者和体制的受益者，一群达官显贵或出身达官显贵之家的“干部子弟”，可以想见，在满足了皇室消费挥霍需求之后，他们会怎样的假公济私，胡作非为，中饱私囊，吹求搜刮，无所不用其极，这还新鲜吗！

许多初来中国的英国人，满脑子大英帝国的优越感，满肚子英国式的“自由经商法则”，却在广州碰得头破血流。他们怎么也咽不下这口气。洪仁辉，就是这样一个人。

乾隆十八年（1753年）的一天，粤海关监督李永标登上英国商船，进行例行的丈量测算。

这是一项肥肥的公事，每次海关监督登临洋船，洋商们都要送上些“好处”。洋商能不能顺利入关经商，全看这“好处”的多少了。可这一次，洪仁辉——这位粗通中文的英国人、英国大班蛤蜊生的翻译，突然从人群中蹿了出来，他双手递给李永标的，不是什么“好处”，而是一份译成中文的“秉帖”。

李永标怔了怔，一目十行地扫视着那份秉帖。秉帖上，写着英商的七条要求，即：

1. 取消保商制度；
2. 在卸货时提供更高的效率；
3. 免去通事和买办向官员进呈礼物的负担；
4. 维护秩序，以防外国货物在水上被掠；
5. 制止海关低级官吏的勒索和粗暴态度；
6. 禁止张贴敌视外国人的告示；
7. 英国商人可以自由谒见中国高级官员。

可以想象此时李永标的表情。他是开导了洪仁辉一番，还是嘲笑了洪仁辉一顿，这并不重要。重要的是他把秉帖掷还给了洪仁辉。对英商的要求，他一条也没答应。

洪仁辉不死心。第二年，他再次到达广州的时候，绕过粤海关，闹着要见执掌两广地方的最高官员。

两广总督李仕尧，堂堂一品大员，是洪仁辉能见得到的？而且按照清制，粤海关和地方政府根本没有隶属关系，两广总督压根儿就不去过问粤海关的事。这天朝体制上的众妙法门，岂是洪仁辉辈破解得了的？

总之，洪仁辉的第二次努力没有任何收获。他气愤之余还发觉粤海关的保商制度不但没有废除，反而愈加严格了。

洪仁辉鼓动蛤蜊生：“中国沿海地方大极了。既然广州生意难做，咱们何不驾船北上，到其他地方碰碰运气？”蛤蜊生闻听大喜，立即启航北上。英国船到达宁波后，意外地并没有遇到什么麻烦，生意做得也顺手。尽管英国人觉得脑后拖着长辫儿的当地中国官员的眼神有点怪异，但毕竟没有为难他们。这使洪仁辉们受到了鼓舞。当时，尽管税重利薄，但从中国进口一磅茶叶，只要 2 个多先令，而在英国市面上，却可以卖到 14 个多先令。巨大的经济利益，鼓动着英国人的船帆。1755 年，尝到了甜头的洪仁辉再次带领英国东印度公司的商船“噶喇吩”号和散装船只“哈德维克”号绕过广州，来到宁波。

这一次，洪仁辉感到了不同。宁波的中国官员虽然继续准许他们做生意，但特意召见他们，进行了训话。“头戴花翎官帽，身穿绣满繁复花纹官衣”的中国官员说：

“我天朝大国，富有四海，物产丰富，本不必与你们做生意。但我皇帝恩泽被于化外，有羁縻远人之意。念你等涉历风涛之不易，才恩准你等在广州经商。即或去年违禁到达宁波，也未予追究。”

已经对中国有了一些了解的洪仁辉模仿市场上中国人的样子，笨拙地作揖表示感谢。

中国官员笑了：“你等能知礼仪，可见不全是利欲熏心之徒，顽固不化之辈。望你等好自为之，下官一定会尽力保全。此次办完货物，就尽快返回吧。明年可是不准再来宁波了。”

“为什么，大人?”洪仁辉等大惑不解。

“这是大清的规矩!”

“可我们是交了税金的……”

“你以为堂堂大清，在乎你那点税金银子?!恩准你们在广州贸易，已是皇恩浩荡，可不要得陇望蜀，蹬鼻子上脸呀!”

洪仁辉对这套文白间杂的训斥大惑不解，情急之下，口不择言：“大人，您已经收纳了我们的敬赠，如果需要再增加，我们……”

“住嘴！宁波，不是你等该来的地方!”中国官员火了，他丝毫不容分辩，提高声音说：“假如明年再来浙江，将加税一倍。”说完，拂袖而去。

商人自有商人的计算。在洪仁辉的算盘中，在宁波加一倍的税，也比在广州要来得划算。于是他在第二年，还是驾船直抵宁波。并说：“广东洋行包买包卖，把持刁难，故不愿去。”“只求准我贸易，愿照新例纳税。”

这个赶不走的洪仁辉令当时的官员们大伤脑筋。外夷船只纷至，倒是能得到不少实惠，可问题并不那么简单：夷船越来越多，把定海、宁波变成又一个广东怎么办？内地“奸狡盗贼”勾结外夷作乱怎么办？宁波海口一开，分沾了粤海关那些内务府大爷的利益，惹得他们不快怎么办？一旦闹出中外纠纷，处置不当，被皇帝老子查问怎么办？

利害相权，宁波海口断断不可开！暂署闽浙总督新柱、浙江巡抚杨应琚纷纷上奏条陈，力主重申宁波关禁。在他们的建议下，清廷终于在乾隆二十二年（1757 年）十一月七日明发谕令：“宁波向非洋船聚集之所，将来只许在广东收船贸易，不得再赴宁波。如或再来，必令原船返棹至广，不准入浙江海口。谕令粤海关传谕该商等知悉……嗣后口岸定于广东，不得再赴浙省。此于粤民生计并赣、韶等关，均有裨益，而浙省海防，亦得肃清。”

这道“圣谕”，确立了广东单口对外贸易的制度。

英国商人对此的反应则完全是英国式的。

特别是这个洪仁辉，一味挑唆英商不服中国政府的决定。他们采取了在伦敦也许并不稀罕的方式，起草了一份要求改革广东贸易制度的请愿书，直接递到两广总督李仕尧的衙门口。可请愿者连总督的面都没有见到，请愿书在总督的签押房里睡了整整一个星期的觉，原封不动地被掷了回来。

天朝对对外贸易的根本态度和政策，英国商人怎么能理解得透。他们把在华经商所遇到的不顺利，归结为沿海官吏们的不讲理。按照他们的逻辑推断，中国皇帝一定并不知道这些海关官员的胡作非为。于是，他们决心把情况直接通报给中国最高权力所有者——大清皇帝，希望他纠正这些“错误”做法。在这样一个几近荒唐的想法驱使下，英商们一边罗织粤海关的罪证，一边研究如何直接把“状纸”递交到中国皇帝的“龙书案”上。

北上的路线开始令英国商人大伤脑筋。走陆路进京，不要说沿途中国关卡的阻截拘拿，单就是几千里旱路的颠簸也会要了这些海商的命。天无绝人之路，终于，他们发现了一条海路，可以沿海北上，直达渤海湾深处一个叫大沽口的直隶海口，从那里，可以到达北京城，扣响紫禁城沉重的镀金黄铜门环。

1759 年中，英商一切准备就绪，他们购买了一艘可供北上“告御状”的船——排水量 7 吨的小船“成功”号。带船北上的任务，自然落在了挑头儿折腾的洪仁辉头上。6 月，南风渐紧，“成功”号开始了北上大沽口的航程。

白河，依旧静静地流淌入海。它和它背后两百多里外的紫禁城，对即将发生的一切浑然不觉。

3. 河边对峙

洪仁辉和他的“成功”号，直接向北航行。

中国南部、东南部沿岸，大多为绵延起伏的低矮丘陵。海面上异常安静，没有见到一艘军舰或大型商船。出没在海上的，是一些个头儿和“成功”号相仿，形象松松垮垮的中国渔船。贴近中国渔船时，渔民们对“成功”号的出现既不惊骇，也不关心。

夜晚，偶尔还能听到渔民们自得其乐地唱起渔歌。

6月的南风中，洪仁辉心情不错。

他觉得自己此次北上，一定顺风顺水。

然而，当他的“成功”号刚刚进入舟山群岛的时候，迎面开来一队插满花花绿绿旗帜的中国官船。

中国官船的前甲板上，摆放着一把太师椅。一位剽悍的中国武官端坐其上。他的四周，站满了辫发缠头、挎刀执矛的士兵；他的手里，托着一只在阳光下闪闪发亮的白铜水烟袋。

洪仁辉和他的“成功”号被截住。他本人也被带到中国官船上，接受中国武官——定海镇总兵罗英笏的质询。

罗英笏好不容易才弄清洪仁辉北上的意图，居然是要到北京去找皇帝老子告粤海关的恶状。他被洪仁辉这洋鬼子的荒唐举动逗笑了。这些个鬼子商人，芝麻粒儿大的事儿，就想惊动皇上。可见非我族类，其心必异，实实的不可理喻。

于是，罗英笏对洪仁辉进行了一番言词恳切的“规劝”和“开导”，解说了天朝的制度规矩。这番对话毫无意义，说者隔靴搔痒，言不及义；听者满头雾水，不知所云。总之，最后罗英笏失去了耐心，他下达命令：押解夷人洪仁辉及其“成功”号，返回广州。

中营守备陈兆龙得令，立即押解“成功”号转舵。

但洪仁辉并不死心，情急之中心生一计。返航不久，他一边请陈兆龙喝白兰地，一边把控告粤海关的呈词掏出来，递交给陈兆龙，并信誓旦旦地表示：状，咱不告了。恳请守备大人把呈词转呈贵国大皇帝陛下。陈兆龙身为一个小小的正五品武官，哪有向皇上直接递送的权力，但他还是含含糊糊地答应了洪仁辉。他以为洪仁辉会就此返回，于是放心地调转了船头。

看着远去的中国官船，洪仁辉冷笑着下令："转舵，绕过定海，继续北上。"

7月中，"大英帝国商业利益执著的代言人"，不达目的不罢休的"牛皮糖"洪仁辉，和他的"成功"号，真的抵达了大沽口。由于执拗，他把他的名字留在了历史上——《清史稿·邦交志》的《英吉利志》里记载了大量中英交涉事件，其中可称为"事件"的第二件事，就是"洪仁辉告状"，共117个字。

驻守大沽的中国最高军事长官——大沽营游击，叫赵之瑛——一个毫无外交经验的从三品武官。对洪仁辉的突然到来，他感到莫名其妙，不知如何处置。他骑上一匹矮马，带领一队手持长矛砍刀的中国士兵，在海口处截住了洪仁辉。

来自两个国度的目光在此对视，彼此间说不上是饱含疑惑，还是充满敌意。

望着这群被漫长的海路跋涉弄得形容憔悴，胡子拉茬，衣冠不整的洋人，赵之瑛谨慎地开口发问："你们是哪国人？来大沽干什么？"他的问话，有点戏台上"来将通名"的古典主义味道。

疲惫不堪的洪仁辉此时打起十二分精神。他转动着蓝眼珠，打量着眼前这队中国军人。这些天朝大门的守卫者，一个个面色苍黄，神态疲倦，拄枪而立，有几个士兵的长矛柄还是微微弯曲的。那个军官留着上翘的八字胡，两条长腿在矮马的两侧耷拉着，几乎擦着地。远处，有几座不高的夯土建筑物，上面懒懒地飘扬着数面颜色混沌的旗帜，那，想必就是海口的炮台了。

洪仁辉整整衣襟，神色坦然地扯谎说："我是英吉利国四品官员。"

"这些人都是干什么的？"赵之瑛用马鞭指着洪仁辉的身

后，问。

“他们一共十一人，三个是本官的跟役，另外八个是水手。”

“你们来大沽，究竟要干什么?”

“我们是来告状的。”洪仁辉说，“我们一向在广东澳门做买卖。有个叫黎光华的，欠了我们的本钱六万余两不还，弄得我们没法办……”

“你说的那个黎光华，是大沽人吗?”

“不，不，他是广州洋行的商人。”

“那你们怎么不到广州找他去?”

“我们在广州告过状，可两广总督大人根本不予审理；后到宁波申冤，也不准。今奉本国公班衙门派遣，专程来此，上京师告状!”

赵之瑛感到面临一个重大的难题。对于洪仁辉说的一切，他其实似懂非懂。放他们过关，进京告状，显然是不行；可赶他们走，又觉得拿不准。为了稳妥起见，赵之瑛把洪仁辉一行带到大沽炮台旁的军营里，监管起来，然后向上司作了汇报。在他的汇报中，夹带了洪仁辉给中国大皇帝的呈词。其中，给粤海关监督李永标开列了七大罪状：

一、纵关口勒索陋规；

二、关宪不循旧例，俯准夷商禀见，致家人吏役勒索之害；

三、资元行故商黎光华拖欠公班衙货本银六万余两；

四、随带日用酒食器物苛刻征税之苦；

五、夷商往来澳门勒索陋规；

六、勒补平头；

七、设保商贻累。

大沽，就在皇上的眼皮底下。洪仁辉误打误撞，真的就惊动了北京。其实，他并不知道，中国皇帝对两件事情相当忌讳，一件是在内心深处对“夷人”心存警惕，并不愿意和外国人“来来往往”，更不愿意进行“甲方乙方”式的平等对话；另一件是如果非要和他们“不见不散”，也绝不能在外国人面前损伤堂堂天朝的面子。这两个痛处，洪仁辉无意间都触到了。

乾隆皇帝立刻知道了“洪仁辉”这个名字。

乾隆皇帝发了火，盛怒之威震动着养心殿的屋瓦窗棱：“海关洋行向来厚利，朕体恤他们远在海隅，为朕办事，也就睁一只眼闭一只眼。怎么居然还欠下夷人的银子？这些奴才忒不会办事了！广州商民贪图小利，官民一体，毫不顾惜天朝的脸面。沿海有司，又玩忽职守，以至让外夷一路沿海北上，直抵京畿重地，闹嚷嚷来京城脚下讨债，成何体统？”

乾隆皇帝批示：此案“事涉外夷，关系国体，务须彻底根究，以彰天朝宪典。”

于是，给事中朝铨立即奉旨押洪仁辉南下，会同福建将军新柱、两广总督李仕尧审理此案。

洪仁辉暗自得意。毕竟，他扣响了紫禁城的门环，惊动了中国最高权力者；所有在广州吵吵闹闹多年解决不了的事情，会因他的北上扣关而一揽子解决了。他幻想广州以至全中国的沿海将由此以全新的面貌向英国人开放，由着他们做“公平贸易”，那时，他洪仁辉将不仅仅是个小商人和冒险家，他将是英国对华贸易的开拓者，成为女王东方事业的大功臣。

广东的会审粉碎了洪仁辉的幻想。

两广总督李仕尧在大清官员中，向以“能干”和“狠辣”出名。他当年不过是给皇上掌玺捧印的“印务章京”。凭着聪明精干，“见知”于乾隆皇帝，从此飞黄腾达，不可收拾。作为一个宦海沉浮多年的官儿，不但要懂得从皇帝的一言一词中“深明圣意”，就是纸上没写着，话里没说着的东西，也必须体察洞悉，否则，怎么能出将入相，开衙建府，位居人臣？李仕尧恰恰是个中高手，他坐镇广州，逐条逐款地对洪仁辉的控告词予以严厉驳斥。在这个铁腕人物的全力裁制下，“洪仁辉事件”急转直下。

处理的结果很快就出来了：

一是将“失察”的粤海关监督李永标革职查办；

二是将相关的粤海关役吏“杖流科罚”；

三是将案中牵涉的欠债不还的华商财产罚没；

四是将英商提出的取消保商制度等要求全部驳回；

五是将替洪仁辉代写呈词的徽州生员汪圣仪、四川人刘亚匾缉拿问罪（汪逃匿，刘被斩——笔者注）；

六是以“勾结内地奸民，代为列款，希图违例别通海口”的罪名，将洪仁辉“在澳门圈禁三年，满日则驱逐出境”。

可以看到，前三条处理结果，是针对给皇上惹了麻烦丢了天朝面子的中国官吏商民的；后三条，是针对英国人的。特别是对到大沽口闹事的洪仁辉，处罚得十分明确。

乾隆皇帝终于长出了一口胸中恶气。他在“圣谕”中为这件事做了中国方面的总结，他说：

> 内地物产丰饶，岂需远洋些微不急之货，特以尔等自愿懋迁，柔远之仁，原所不禁。今尔不能安分奉法，向后即准他商贸易，尔亦不许前来！

说白了，就是：你们要老老实实经商，我虽不需要，但毕竟还可放你一马；你要胡闹，可别怪我不客气！

英国人对第一次直面中国最高权力机构的这一结果，相当意外。他们在确确实实地领教了中国的强硬之余，深深地感到了大英帝国贸易原则对中华帝国的无奈。

但他们并不是全无收获。他们从失败中看到了中国政治铁幕内的一角，也记住了那个可以直接“找到”中国大皇帝的叫做“大沽口”的地方。

他们非常经验性地总结道：要解决在中国的利益问题，在其他地方折腾都是扯淡，只有直面中国皇帝，一切才会有结果。

而要想直接与中国对话，最为便捷的方式，就是直扣中国皇城的大门。广州算什么？要想办事儿，还得上大沽口，上北京。

不久，他们就开始了对大沽口、对中国的第二次造访。

关于 1793 年英国马戛尔尼（George Macartney，1737—1806）使团到中国的“故事”，近来已经被很多人描述过了。事实上，正如《2000 年西方看中国》一书指出的那样，洪仁辉也好，马戛尔尼也好，他们所生活的 18 世纪，正是欧洲对中国态度发生重大转变的时期。

18 世纪初，“欧洲处处都在中国化。”贵族的沙龙中摆着中国的瓷器、漆橱，起居室里装饰着中国风格的壁纸、绣帷，身穿中国丝绸裙子的淑女们在建有中国式亭台的花园中漫步。生活在中国化，思想也在中国化，这都是一种时尚。“启蒙主义的大师们，多是中国的仰慕者。他们把孔夫子的格言当做座右铭，让康熙皇帝扮演西方皇帝的榜样，于是法国国王、奥地利皇帝纷纷模仿中国皇帝举行亲耕仪式……”整个 18 世纪，从《鲁滨孙飘流记》的作者英国作家笛福，到写过《环球旅行记》的英国海军上将乔治·安森，从孟德斯鸠到亚当·斯密，都在远远近近地观察、研究着中国这个高墙重门背后的神秘国度。

直到18世纪末，随着“突然到来的革命打破了开明君主制度的梦想，一度辉煌于欧洲的中国形象黯淡了，丑化了”。在欧洲人的眼里，中国紧紧封闭着的大门之后，根本就不是什么开明君主制下的文明乐园。在那扇从不向西方痛痛快快打开的大门里，中国皇帝实际上扮演着“严厉到残暴而又经常伪装仁慈的大家长”；大墙内的中国事实上“既富有又贫穷，既繁荣又停滞”（亚当·斯密语——笔者注），完全是古老、僵化、平庸、衰落、残暴而又充满偏见的专制主义牢笼。

1793年，法国人孔多塞出版了《人类精神进步的历史画卷之概述》一书，他在书中议论：

……如果人们想知道这些机构如何将摧残人类的机能发展到何种程度，那根本用不着提起那些可怕的迷信，只需要看一看中国就行了。这个民族在科学、艺术方面领先于其他民族，仿佛只是为了看到自己最终被别的民族一一超过；火炮的发明未能避免这个民族被蛮族征服……在那里，科学屈从于荒谬的偏见，注定只能永远处于平庸的状态……甚至连印刷术的发明也完全无助于人类精神的进步……

正是在孔多塞发表这样的“中国论”的当年，英国政府向中国派出了由马戛尔尼率领的访华使团。

吹动马戛尔尼东来的船帆的，不仅是一阵紧似一阵的西风，还有整个欧洲对中国的蔑视与敌意。欧洲人已经不仅仅是垂涎于中国的财富了，他们已开始仇恨中国，仇恨中国财富的享用者、占有者和守护者——中国皇帝，他们——尽管是一步三探、小心翼翼、彬彬有礼地——要直面中国皇帝，申明欧洲的价值观念和游戏法则。为此，他们有一种“改变”和“拯救”的激情。这一切，决定了马戛尔尼东方之行的根本性质和必然结果。

马戛尔尼从他的前辈——小人物洪仁辉的手里，继承了一条直达中国皇帝身边的航线。根据洪仁辉们提供的东方经历，马戛尔尼在规划自己的东方旅程时，根本没有考虑什么广州，什么宁波，他把他东方之旅的目的地直接指向了天津大沽口——天朝的大门门槛外。

而且这一次，马戛尔尼不用像小人物洪仁辉那样乘坐排水量仅仅7吨的“成功”号在风浪里颠簸了，英国政府和英国的东印度公司为他提供了装有64尊炮位的军舰——“狮子”号及其他舰船。

4. “狮子”与“龙”

大沽口的准确位置在天津市以东45公里，北纬38度44分~39度12分，东经117度30分~117度46分。

上一个千年之交，正是黄河黄龙摇首摆尾的泛滥年代。从宋庆历八年（1048年）起，黄河三次改道北迁，由天津附近的西泥沽一带入海。滚滚黄河“一石水而六斗泥”，从黄土高原夹带来的大量泥沙在此沉积了200多年，使海岸线东进了20多公里，积淀出最早的大沽口两岸陆地。到南宋建炎二年（1128年），黄河改归南流，大沽口的陆地基本成型。遥望大沽口，中有海河（历史上曾称其为白河、北河），汇上游大清河、南运河、北运河、子牙河、永定河之水于河口，喷吐而入渤海。河口之南，有长汛滩，潮退时可现出河口；河口之北，有如舌长沙一道，探入东南海中。大沽口往北，岸线曲折，一片泥滩，直到北塘口；往南，则一直到黄骅县的歧口。

大沽口，像通往华北平原腹地的一条喉管，可供船只出入。但它的“海口宽一百五十丈，水深一丈五尺”，开口相当狭窄，且纡折甚多，大船“不能对驶”，因此，这条直达天朝腹地的通道实际上并不用过分地担心。

这块地方，水咸土贫，除数量不多的土著居民外，尽是些充军发配的朝廷要犯，也躲藏了不少身负血案的江洋大盗。打鱼的，跑船的，熬卤水贩私盐的，打八叉胡乱混事由儿的，苦哈哈的日子，苦哈哈的营生，渐渐地聚拢出花寨、燕子窝、大沽镇。海禁一开，海运兴旺，南船往北，北船往南，水路旱路，帆影鞭声，从不断绝，渐渐成了一派水旱码头的气象。大沽人感天、谢地、念海，盖起潮音寺、小神庙、娘娘庙，一遇庙会、集日，居然也是香火鼎盛，人声嘈杂，做买做卖的，耍小手艺的，剃头算命代写书信状子房地契的，变戏法儿卖大力丸卖狗皮膏药的，林林总总，熙熙攘攘。一开口，五腔八调，带点保定、唐山乡音的话比天津卫的口音硬一点儿，再间杂些船面水手带上岸儿的南腔北调，自有一番韵味儿。

老百姓管不了朝廷的事儿。什么“入京门户”，什么“津门屏障”，打乾隆爷往前数到明朝，虽说大沽口周围没断驻兵，也有什么大沽、北塘、营城、新河、葛沽、歧口炮台，可那些兵爷压根儿没和敌人照过面儿。整日价说是为皇上老子防守海口，“以防鲸涛不测之变”，其实，就是在墩堠里喝闷酒赌小钱，草架子（烽火台）上乘凉哼哼“十八摸”。你说他苦吧，有糙米吃有老腌儿萝卜啃；你说他享受吧，其实和发配充军坐大牢也差不了多少。偶尔有几个千总、把总，抠兵血抠出几个小钱，大沽镇上泡一趟娘们儿，一准儿就穷得丁当乱响了。

乾隆五十八年（1793 年），夏天，北京城、天津卫，总督衙门、天津道，来了一群官儿。有骑马的，有坐凉轿的。护军衙役，尘土飞扬，吆三喝四。大热的天儿，一个个翎顶辉煌，纡金佩紫，挎刀跃马，汗流浃背，进进出出，如临大敌。炮台上也得了直隶总督的大帅令，说是要整肃防务，严加戒备。倒不是为打仗，说是有英吉利国“贡使”要到大沽口上岸了。

终于，那个早晨，炮台的女墙旁凉棚下蹲守的士兵，透过海上的轻雾，遥遥看见了英吉利“贡使”船只的桅杆。他们对眼下这件事情的意义，对自己面临的使命，对大沽血与火的未来毫无知觉。

“英吉利贡使”——由马戛尔尼率领的大英帝国使团是 1792 年 9 月 26 日从英国朴茨茅斯港启航的。

洪仁辉闯大沽、“告御状”后，两广总督李仕尧提出《防范外夷规条》，对外商在华的行动进行了更大限度的限制。这个规条得到了乾隆皇帝的批准。为此，英国人接二连三地要求清政府改变这些限制章程，但强硬的乾隆皇帝丝毫不予让步。英国商界怎么也咽不下这口恶气，他们在英国国内大肆鼓噪，要求英国政府出面为他们撑腰、说话。

闹嚷嚷几十年一晃而过。打从洪仁辉事件到马戛尔尼来华，这几十年间的历史并不是一片空白。这几十年，欧洲和中国同样炉火熊熊。在欧洲，工业革命虽然仅仅是刚迈开脚步，但已开始显现它的力量。铁工厂、造船厂、铸炮厂的炉火，闪现着工业化的魔力，推动着欧洲经济的发展，也烘烤得殖民野心不断膨胀。在中国，同样炉火通红，烧出的仅仅是代表传统农耕经济的铁犁镰刀和冷兵器时代至精至美的龙泉宝剑，此外，就是各官、民窑口出炉的青花瓷瓶、紫砂泥壶了。封建时代的政治与文化正在由鼎盛而烂熟，大清国的太阳开始从正对太和殿丹墀的煌煌中天滑向黛色的西山。

英国权臣皮特·威廉和国务大臣邓达斯适时地站了出来，他们提出：英国国王应当派遣规模宏大的使团，到中国去，代表英国的利益，与中国皇帝直接谈判。

皮特·威廉和邓达斯的建议马上得到大多数议员的响应并形成决议。英国立即准备了一支装备精良的舰队，包括装备64尊大炮的旗舰“狮子”号，礼品船“印度斯坦”号，补给船“豺狼”号。使团一共400多人，其中包括多名医学、天文学、哲学和力学博士，还有一批数学家、画家、牧师、翻译、木匠、马鞍匠、园艺匠、钟表匠、陶器匠、裁缝、厨师、邮差，随行的军人中有炮兵、轻骑兵、卫队和军乐队。

英国把出使中国的重任，交给了马戛尔尼。

乔治·马戛尔尼，祖籍苏格兰。1737年出生于北爱尔兰安特合郡的一个大地主家庭。他早年在伦敦学习法律，后在柏林神学院获硕士学位，能讲法语、拉丁语和意大利语。27岁，马戛尔尼被封为爵士，后奉派到俄国进行重要的外交谈判，成功地与俄签订了对英国有利的商务条约，从而成为英国国内享有盛名的外交家。他还担任过爱尔兰事务大臣，加勒比地区、西印度群岛及马德拉总督和孟加拉总督。英国国王乔治还专门为马戛尔尼写了一封致乾隆皇帝的“介绍信”。信中写道：

> 我决定派遣一位特命全权大使到您高贵的宫中。我为此挑选了一位完全可以代表我前去面见您的人，这就是忠心耿耿并且非常受人爱戴的乔治·马戛尔尼勋爵。他是我的远房亲戚和顾问、非常荣耀的戴尔伏克子爵、里弗桑努尔男爵、爱尔兰国王极为荣耀的枢密院顾问、白鹰荣誉团骑士、伦敦

皇家自然科学促进协会的会员……

这样一大套令人眼晕的介绍，足见英国国王和政府对马戛尔尼所寄予的厚望。

而为了不辱使命，马戛尔尼把自己的挚友乔治·斯当东（G·Staunton）请了出来。像马戛尔尼在马德拉任总督时那样，由斯当东担任使团秘书兼总管，即使团实际上的副使。英王同样用书信的形式向乾隆皇帝介绍斯当东说：

> 我任命忠心耿耿和受人爱戴的骑士乔治·斯当东·巴罗奈特为大使率领下的秘书和总管。此人是牛津大学的博士，伦敦皇家自然科学促进协会会员，聪明而博学的绅士，他曾作为荣耀的枢密院成员和民团上校，忠诚而热诚地在我国的若干美洲属地服务，曾作为公使灵活而成功地与印度斯坦最著名的君主之一梯波斯·苏尔东进行谈判，并缔结了和约……

就是这位斯当东博士，在答应老友马戛尔尼的聘请时，提出要马戛尔尼准许他的儿子小斯当东随同前往中国。马戛尔尼当然不会拒绝一个“小马可·波罗”式的孩子。于是，小斯当东作为见习侍童，在“狮子”号上获得了一个床位。就是这个到中国开了眼界，学了中文，接受过乾隆皇帝亲手赏赐的明黄缎彩绣荷包的小斯当东，日后（1816 年），在英国又一个访华使团——阿美士德（W·P·Amherst）使团中充任了他父亲老斯当东的职务，担任副使。1840 年，作为英国下院议员，他强硬地主张：要用武力打开中国的大门，在那里占有大英帝国需要的市场。他的主张对鸦片战争的爆发起到了推波助澜的作用。

伦敦的“狮子”将到东方，与北京的“龙”对话。

“狮子”的利爪捧来的，既不是谦恭与友善的交好，也不是和平与平等的贸易。它的胃口，比小人物洪仁辉大多了。英国政府和东印度公司赋予马戛尔尼的使命，就是要他在中国为英国租借到一块类似澳门的居留地，在那里，英国起码要享有警察权和对英侨的管辖权；如果这一目的达不到，起码要求中国政府增加自由通商口岸，减少英商在广州受到的限制；同时要求中国政府同意英国在北京派驻公使。隐藏在这些要求之后的，是趁西方其他国家还没有对中国下手，捷足先登，垄断对华贸易，进而控制和占有中国。

经过精心的准备，马戛尔尼的“狮子”号一行三艘舰船，开始了长达9个月的航程。

这次旅程的艰险难以形容。风暴，迷航，船只破损，船队失散，一个又一个陌生而狭长的海峡，一次又一次惊心动魄的险情……长航带来了精神窒息，缺乏营养引发口腔疾病和视力下降，痢疾和其他传染病，伤员，死亡……随船牧师一次又一次地举行海上葬礼，航迹线上不断有草草包裹的水手尸体被抛下……海盗的帆影时时出没在两舷，大海深处夜夜鼓荡着深不可测的黑暗的力量……终于，1793年6月20日，历尽千辛万苦的船队到达了中国澳门洋外的万山群岛。

陆地！对于长期航行的水手，陆地的诱惑远远超过美酒与女人。可马戛尔尼特使下了命令：“船队不到广州，直接向北航行，到天津的大沽口去。”显然，当年洪仁辉直抵天津大沽口，因而当真惊动中国皇帝的故事告诉了马戛尔尼：在那里，才能找到天朝大门的门环。

广州城对此不是毫不知觉。署两广总督郭世旭早就通过一个名叫蔡世文的洋商，收到了英国人波朗、亚里、免质等携来东印度公司董事长佛兰西斯·百灵署名的信。

这其实只是一封极为普通的外交文书。从英语的角度看，它的语气是平直的，地位是平等的，只说明事情，不带任何感情色彩。然而，当这封信经过无数中国官吏的手递交到乾隆皇帝面前的时候，已经完全变了味——它少了一份两国之间公事往来的冰冷，平添了一丝藩王朝拜上国之君的谦卑与诚敬。这封后来一直保存在国家历史档案馆的信中讲道：贵国大皇帝八十大寿，我们国王想派人来祝寿，可惜已经错过了好日子。真是遗憾，这让我们国王的心里非常不安。我们国王说了，诚恳请求天朝大皇帝格外施恩予我们，准予通好。现在，特派特使前往补祝。特使所带礼物十分贵重，“内有大件物品，恐路上难行，由水路到京不致损坏……（请）准此船到天津或就近地方湾泊。”

“远人有向化之忱，不惜梯山航海来朝，实乃我大清开国以来未见的盛事。”两广总督郭世旭未及细想，几乎立刻就做出了自己的判断。他迅即向北京做了汇报，奏折中充满了兴奋：“前年恭逢皇帝八旬万寿，中外胪欢，凡边塞夷王、酋长，骈集都下，真旷古未逢之盛事。今英吉利国王遣使臣涉历重洋，远道祝嘏，具见凡有血气，莫不尊亲，芹曝微忱，自可仰邀垂鉴……”同时，对于使团要到天津的要求，他建议：“应准其所请。”

怎么？满朝文武，一个个人精儿似的饱学之士们，居然谁都没有对英国人的“谦卑”产生过怀疑？就没有一个人追究过“贡使”二字是英国人的自我称谓还是中国人的自作多情？

真的没有。这是一个不需要怀疑的时代。怀疑需要思考，大清国思考的头脑不长在臣子的肩上，它长在紫禁城里。

而此时，紫禁城里的“乾隆爷”八十多岁了。

在完成了“千古一帝”的“文治武功”后，乾隆皇帝顾盼自雄，踌躇满志，以至有些孤独与懒散。眼下，他正准备把锦绣江山交给他的接班人皇十五子颙琰，自己则可以到圆明园安度余年，当太平盛世的太上皇了。这个时候，就是真的有个把朝臣看出英吉利“贡使”的“不臣之心”，又有多大的胆子敢扫皇上他老人家的兴呢？两广总督郭世旭的奏折，准确地适应了这个“烈火烹油，鲜花着锦”的政治气候，恰当地搔到了这位拥有最高权力的老人的痒处。果然，乾隆皇帝对英国“贡使”的“来朝”表现出极大的兴趣。为此，他连续给两广总督郭世旭、直隶总督梁肯堂、长芦盐政徵瑞下达了多道圣谕。那话头儿，听起来可是有点老年人的絮叨了：

——应付外夷事宜必须丰简适中，方足以符体制……但该贡使航海远来，初次观光上国，非缅甸、安南等处频年入贡者可比。梁肯堂、徵瑞务宜妥为照料，不可过于简略，致为远人所轻……

——此次如遇英吉利贡使船进口时，先期派委大员多带员弁兵丁列营站队，务须旗帜鲜明，甲杖精粹……以肃观瞻，而昭体制……

——该国贡使进口时，要不动声色，密加查察防范，不可意存玩忽，也不可张大其事。务使经历得宜，无过不及，方为妥善……

总之，老皇帝很兴奋，又有点儿不放心；想盛情接待，摆摆排场，又不愿显出过分热情。

这火候，让人够难拿捏的。

幸好，中国官员早把决断是非的智慧与精力节约了下来，专门用于“拿捏火候”。这个功夫，大伙儿可熟了。

于是，大沽口立刻热闹了起来。

大沽口炮台的兵们，这回可是真开了眼。

大沽镇所有像样的房子都被征用，直隶总督、盐台、天津道、通水道、天津府、天津海防分府、东路厅、天津县、武清县、中营、统协、葛沽营、务关营、城守营的大人们，齐齐整整，一个不少。

河口一带，一夜之间搭起了无数帐篷，中军游击、霸州游击带来的兵勇争水抢柴打群架，闹得沸反盈天。

大街小巷、村村寨寨贴满了告示：不许大小船只靠近贡使船，不许私卖违禁之物，不许卖给夷人烧酒，不许沿河村落敲锣打鼓，不许大姑娘小媳妇窥看，“以防招引夷人上岸生事”。

大沽炮台开始临时抢修房舍，增加旗械，兵勇们忙着用青灰粉刷炮台的墙壁，忙着磨亮刀枪，排齐队列，“以重观瞻”。

40 艘大肚子驳船一字排开，准备搭载贡使上岸。

90 辆马车、40 辆手推车、200 多匹马、3000 多民工人喊马嘶，嘈杂喧闹，准备拉西洋国进贡的贡物进京。

天津道乔人杰乔老爷、通州副将王文雄王大人给贡使送食品的那天，可真是热闹。但见码头上，一堆堆、一筐筐的好吃喝全搬上了船。计有 20 头牛、120 头羊、120 头猪、100 只鸡，还有红米白米小米茶叶各 10 箱、蔬菜 22 大篓、黄瓜 40 篮、南瓜 1000 个、莴笋豌豆各 40 包、西瓜 1000 个、香瓜 3000 个，又有不少的好酒、10 箱上好的蜡烛、3 大篓瓷器……乔老爷心事重重，猛吸鼻烟儿，似乎在为自己能否折冲樽俎而忐忑不安；王大人腆胸凸肚，大大咧咧，琢磨着怎么给英吉利一个下马威……兵勇们大着胆子问：这些贡使咋这么大的肚皮，能吃这么多好东西？当官的揩着满头热汗，教训说：你们懂个屁，这点东西算什么？要紧的是让他们看看咱天朝的富足！

兵勇们恍然大悟，“政治觉悟”立刻提高到了一个新的水平。回到炮台上，他们蹲在前朝万历年间留下的铁炮旁，还在感叹不已。

不久，英吉利贡使上岸了，随着奉旨前来迎接的钦差大臣、内务府员外郎出身的长芦盐政徵瑞，一路旗幡招展，敲锣打鼓进京了。大沽口的热闹就此稍歇。接下来，所有的消息都是传说：

——听说乾隆爷这会子压根儿不在紫禁城，他老人家正在热河行宫避暑呢。

——听说那贡使居然不打算朝乾隆爷三跪九叩，而是要行什么跪单腿的吻手礼，还说就是咱们大清的官儿将来见了他们的女皇上，也是当着众人亲亲手指头拉倒，这还不把咱们的大人们臊死。

——听说，这群蛮夷膝盖不会打弯儿，别是真的吧。

——听说惹得乾隆爷大怒，下令不给贡使饭食。还派福康安福大人、和中堂和珅大人专门整治这群贡使。和大人也就罢了，那福大将军，可是大清国的一条龙，出兵放马打仗，哪一回少了福大将军？说句该杀头的话：那福大将军，还是乾隆老爷子年轻时播下的“风流龙种”哩。

——听说贡使最后还是跪了咱皇上。

——听说英吉利给咱乾隆爷进贡的，净是些小机器儿。咱乾隆爷一高兴，赏！赏的可都是值钱的东西，有玉如意、香荷包、景泰蓝的花瓶儿、紫檀木炕桌儿，值老钱了。

大沽口从最初的亢奋到随后的麻木，一切全在“听说”中。没有人知道大沽口在英吉利人心中留下什么印象，没有人知道英吉利人的到来意味着什么，没有人预见到大沽口的命运将会由此发生怎样的变化，更没有人想到为那个即将降临的命运的碰撞做些准备。本来嘛，皇上的事，朝廷的事，小民们弄得懂、管得了吗？

又过了不久，大沽口又回光返照般热闹了一回——贡使船走了，一转眼，就没影了。

大沽口的一切终于又恢复到原来的轨道。入夏一场大雨，把炮台上新涂的青灰全冲净了。天一返潮，刀枪上难免锈迹斑驳。炮台上闷热难当，站在炮台上四下一望，原本热闹过一阵的白河两岸，只有些蛤蟆在不知疲倦地叫着。

“这算他妈的怎么回事呀！”大沽口的兵勇们捧着糙米饭碗，对着空荡荡的海、空荡荡的大沽口，骂了一句娘。

……然而，此时，马戛尔尼那双充满怨毒的眼睛，正恶狠狠地盯视着愈渐遥远的大沽口。

他的东方使命并不圆满地结束了，他向清廷提出的所有要求都没有得到满意的答复。不客气地说，他历尽千辛万苦，却一无所获。岂止是枉费心机，不欢而散，简直有热脸蛋儿贴了冷屁股的感觉。

他将怎样评价他的东方之行？他将把什么样的东方观感带回英国？英国乃至整个欧洲将如何面对这个拒绝开门的东方帝国？欧洲的感觉将怎样改变大沽口，改变中国乃至改变世界的面貌呢？

5. 扣关者的反思

马戛尔尼站在“狮子”号的船桅旁，回望着浓雾茫茫的中国海岸。

这一天，他的一位随员在日记中写道：“我们的整个故事只有三句话：我们进入北京时像乞丐；在那里居留时像囚犯；离开时像小偷。”

说到底，马戛尔尼要找中国皇帝谈的，只是与“通商事务”相关的问题。但是英国人所期待的，绝不仅仅是通商。他们多么希望由通商，而逐步渗透、蚕食，直至使中国的门破户开，墙垣崩塌，主权丧尽，完全殖民化。现在，连通商也谈不成，怎不让人气恼？

怒火在马戛尔尼的心底燃烧。

一个声音，一个发自紫禁城的苍老而威严的声音，似乎总在他的耳边回响：

天朝抚有四海，惟励精图治，办理政务。奇珍异宝，并无贵重。尔国王此次赍进各物，念其诚心远献，特谕该管衙门收纳。其实天朝德威远被，万国亲王，种种贵重之物，梯航毕集，无所不有……

天朝物产丰盈，无所不有，原不假外夷货物以通有无。特因天朝所产茶叶、瓷器、丝斤，为西洋各国及尔国必需之物，是以加恩体恤，在澳门开设洋行，俾得日用有资，并沾余润。今尔国使臣于定例之外，多有陈乞，大乖仰体天朝加惠远人，抚育四夷之道……

天朝疆界严明，从不许外藩人等稍有越境掺杂，是尔国欲在京立行之事，必不可行……

天朝尺土，俱归版籍，疆址森严，即岛屿沙洲，亦必划界分疆，各有专属。况外夷向化天朝交易货物者，亦不仅尔英吉利一国。若别国纷纷效尤，恳请赏给地方，居住买卖之人，岂能各应所求？且天朝亦无此体制，此事尤不便准行……

天朝统驭万国，一视同仁……

天朝加惠远人，抚育四海……

天朝，天朝，左一个天朝，右一个天朝。马戛尔尼终于在乾隆皇帝充满“天朝”优越感的训诫中明白了——“天朝”，根本就不愿意和外部世界打交道。它太庞大，太富有。它大门紧闭，拒绝任何外部世界的冲击。它几百年、几千年一成不变，谁也不可能说服它脱离原来的轨道，它更不可能被英国巧利的舌头和它根本看不上眼的科学进步所打动，它有一颗“非理性”的不可更易的铁石之心。要想改变它，一切外交努力都是毫无意义的，要达到目的，只有一个途径，那就是彻底打垮它。

马戛尔尼把他的心得，用如下语言表述了出来，他说：与中国人打交道，必须“坚定而有理性”；这样仍不行，则诉诸武力，迫使其放弃“非理性”的态度和做法。

在这些伦敦“文学俱乐部”的“知识贵族”式语言的背后，包含着这样一个意思：英国想要的是“扣关”，不要“叩头”。今天你可以傲慢地不给我们以“平等”，一旦我们的甲板上不再堆放礼物而是排满舰炮，我们也绝不会给你“平等”。

马戛尔尼明白了这一切，他一刻也没有耽搁，立即充当起“坚定而有理性”的使命。他命令他的属下：“找一切机会上岸去，尽量接触中国人，能发现什么就发现什么。这样做对英国的未来有许多现在还看不太清楚的好处。”于是马戛尔尼使团的成员们纷纷出动，以买东西、找吃的为借口，大肆搜集情报，调查中国沿海港口水道及军事设防情况，广泛记录中国政治、经济、风土人情，仅植物标本就采集了193种之多。

马戛尔尼还特别派人绘制了中国渤海地形图，图上清晰地标注出渤海湾水路航道、沿海山势、拦江沙的位置。大沽口特殊的地理位置，自然更是引起了马戛尔尼的特殊关注。早在初到大沽口的日子里，马戛尔尼就悄悄命舰上的水兵乘小艇在大沽口外海及内河水道上游弋，并且在白河两岸东游西逛，以测量大沽口的航道路线，刺探大沽口驻军及防务，观察大沽炮台的炮械和配备，为军事入侵做准备。他似乎已经感到了大清帝国之门——大沽口的重要性，他坚信大沽口就是军舰从海上直抵中国皇帝卧榻的最直接的通道口。

还记得那个追随父亲斯当东副使而来的英国孩子小斯当东吗？马戛尔尼在做这一切的时候，一点也不避讳小斯当东。他有意要把他在中国受到的屈辱和获得的理念灌输到英国的下一代身上，注入到小斯当东们的灵魂里。他告诉小斯当东：孩子，收起中国皇帝赏给你的那个破荷包吧。你面前这个中华帝国，庞大而不强大。过去，我们上了那些到过中国的传教士的当，分不清它是强壮还是臃肿。现在，是纠正谎言重新评价中国的时候了。是的，孩子，中国只是一座正在融化的冰山，一个穿蓝袍的泥足巨人。一旦时机到来，你只要轻轻一推，他就会轰然倒地，再也站立不起。

事实证明，马戛尔尼的心思没有白费。20 多年后——1816 年（清嘉庆二十一年），就是这个小斯当东辅佐英国阿美士德特使，再次出使中国。小斯当东几乎完全重演了马戛尔尼的一幕——也是乘船直抵大沽口，也是因为是否行跪见礼的问题和中方发生争执，也是没有取得丝毫外交成果。小斯当东的下场比马戛尔尼更坏，他几乎就是被嘉庆皇帝下令驱逐回国的。于是小斯当东自然比马戛尔尼更加气急败坏，他表达愤慨的语言也远比马戛尔尼直截了当。他向他的同伴表示：

——一旦和平使命失败，就必需准备不那么和平的远征。

——如果我们要和中国订立一个条约，这个条约必须是在刺刀尖下，依照我们的命令写下来，并要在大炮的瞄准下，才能发生效力。

把小斯当东们推选为议员的英国社会，一边打造舰船巨炮，一边寻找推倒中国巨人的撬杠。

他们终于找到了一根非常好使的撬杠。它的名字，叫鸦片。

罂粟花　罂粟火

6. 一剑封喉

19 世纪之初的某一天，被囚禁在圣海伦纳岛上的法国皇帝拿破仑·波拿巴对一位英国人（据说就是那个在中国碰了一鼻子灰的特使阿美士德）说出了一段很“著名”的话。他说：

> 要同这个幅员广大、物产丰富的帝国（指中国）作战，是世界上最大的蠢事。你可能开始会成功，你们会夺取他们的船只，破坏他们的商业。但你们也会让他们明白自己的力量。他们会思考，然后说：建造船只，用火炮把船只装备起来，使我们同他们一样强大。他们会把炮手从法国、美国，甚至伦敦请来，建造一支舰队，然后把你们战败！

最后，拿破仑加重语气，敲打着被说愣了的英国人：

中国一旦被惊醒，世界都会为之震动！

拿破仑关于中国的“咒语”，立即传遍了整个欧洲。

后来，我们的一些同胞每次读到法国落难皇帝的这句“咒语”，就傻乎乎地引以为荣，焕发自豪。

其实，拿破仑绝对不是中华民族的“知音”。他也许只是想吓唬吓唬英国佬儿，让他们不要得意忘形。

给任何思想插上翅膀的，都不是思想本身，而是需要这一思想的天空。拿破仑的这句“咒语”之所以迅速席卷欧洲，乃是因为它恰恰拨动了西方社会的心弦，表达了西方社会面对中国时，在文化心理上的深深敌意、忌惮、恐惧，外加上日渐无法遏止的贪婪。

接下来的推理就是：既然中国的醒来如此可怕，那最好的主意就是让他越睡越沉。沿着这样的思路，英国立刻就发现了可以昏睡一个民族的东西——鸦片。

鸦片的“妙用”，实在数说不清：

——在鸦片面前，天朝“物产丰盈，无所不有”的贸易壁垒，转瞬崩溃垮塌；自给自足的自然经济抵抗外国商品的顽强防线，一夜之间，全线溃败。

——在鸦片面前，剽悍善战的满族武士、八旗精锐，如同西风凋碧树，迅即萎靡软缩。正所谓：“以鸠形鹄面之徒，为执锐披坚之旅，又安冀其能折冲御辱乎？”

——在鸦片面前，中国官员的政治理念被欲望所吞噬，夷夏之辨的教条为贪欲所征服。

——在鸦片面前，几千年来形成的道德规范与社会约束机制，顷刻冰消瓦解。鸦片横行的地区内，出现了一个奇特的社会景观：为了从鸦片这个魔鬼手中获得快乐和利益，有房的卖房，有地的卖地，有祖传古玩的卖祖传古玩，有官职的出卖官职，有权力的出卖权力，实在什么都没有，就出卖柔弱的妻子和娇嫩的女儿，出卖贞节和尊严，出卖肉体和灵魂，出卖国家和民族……

——在鸦片面前，中国封闭的大门，缝隙越来越大，白花花的银子外流，对外贸易逆差激增。

一切来得这样简单，发了横财的英国鸦片商人们乐疯了。当年的洪仁辉辈，费尽心机所追求的，不及今天从天而降者之万一。这好运怎么会如此轻易地降临呢！

眼看一切闹得不可收拾，礼部侍郎朱尊、兵部给事中许球、江南道御史袁玉麟、鸿胪寺卿黄爵滋、两江总督陶澍、四川总督苏廷玉、湖广总督林则徐纷纷上书，主张严禁鸦片。终于，紫禁城里的道光皇帝拍了龙书案：

“禁烟！”

“禁烟！”

“禁烟！”

于是，林则徐衔王命南下广东，以雷霆手段，查禁烟馆，拘拿奸商，羁押不法官吏，包围英国商馆，限期收缴鸦片。1839年6月3日至25日（清道光十九年四月二十二日至五月十三日），呼隆隆一阵炮响，林则徐一次就在虎门销毁鸦片1500余箱，总计237万余斤。

此时的伦敦，一片愁云惨雾笼罩。

1837—1838年的经济危机，使小斯当东们餐桌上的烤猪瘦了，壁炉里的炭火弱了，腰上的钱袋瘪了。小斯当东们的脑子里整天转悠的，就是如何发动侵略战争，占领新的市场，加紧对外掠夺。他们向往着用刺刀攫来全世界的黄金白银，然后用如许多的黄金白银铸造英国的太阳，驱散泰晤士河上的浓雾。突然间，从东方传来了“中国禁止鸦片贸易”的消息。往日仇恨仍在，今天危机重来，机遇千载难逢。英国震惊了，亢奋了，爆炸了，他们已经没有耐心顾忌拿破仑的“咒语”了。

曼彻斯特商会的主席莫克维卡兴奋不已：“中国方面的无理举动，给了我们一个战争的机会，这对英国是很有利的。”

伦敦九大鸦片商人向唐宁街上书进言：“大不列颠现在极应以武力向中国要求恢复名誉。”

英国驻华商务监督查理·义律（C·Elliot）致函英国外交大臣巴麦尊（H·J·T·Palmerston）：“怯懦和傲慢是中国政府的两个显著特点……对付中国的唯一办法，就是先揍他一顿，然后再作解释。”

议员小斯当东（托马斯·斯当东）也“挺身而出”登上英国下议院的讲台，他以自己两次出使中国的“权威经历”为资本，摇唇鼓舌，大放厥词，鼓吹英国对中国不要抱任何幻想，英国的对华政策太软弱了。现在，是该用大炮向中国算总账的时候了。马上开战，直打到天津、北京去，最终使这个貌似强大的帝国屈服，这才是最正确的选择。

从中国逃回英国的鸦片商人查顿出谋划策：“要和中国打仗，不用打别的地方。天津距北京不过50英里，只要我们进兵直隶海口，封锁大沽口，攻打天津，在那里造成恐慌，就大可逼迫清政府屈服。”

外交大臣巴麦尊立即对英国皇家海军说：“海军司令应该立即前往北直隶湾，亲自组织白河的封锁。遇到开往首都去的运粮船，尽可能地多多捕捉。”

英国的对华作战决定就这样在一片战争叫嚣中确定了下来。1840年1月16日，英国维多利亚女王发表重要讲话，称：“在中国发生的事件造成我臣民同该国商业的中断，此事深为影响我臣民的利益以及朕王权的尊严。对此，朕早经注意，今后仍将继续予以最密切的关注。”2月20日，维多利亚女王发布命令，任命英国海军好望角舰队总司令乔治·懿律（G·Elliot）少将和他的堂兄弟查理·义律为正副全权代表，并委任懿律为英国东方远征军总司令，由布尔利为陆军司令、伯麦为海军司令。

也是这一天，懿律接到了英外交大臣巴麦尊的“第一号训令”，内中详细开列了英国远征军侵华的具体步骤，其核心是：

> 第一步，封锁珠江口，力求通过对广州的军事威慑、海上封锁和武力打击，迫使中国尽早屈服；
>
> 第二步，一旦在广州的军事行动不能达到预期的目的，就北上占领舟山群岛，封锁甬江口、长江口、黄河口，逐步武力逼近中国的政治中心——北京，通过军事上的渐次胜利，让中国皇帝感到威胁日渐临近，动摇其决心，改变其立场，结束其对抗；
>
> 第三步，在上述行动依然无法扭转中国的态度时，就要径趋北直隶湾，封锁白河口，攻占大沽口，在清廷的大门口施以更大的压力，迫使其无条件接受英国的要求。

很显然，英国从一开始发动鸦片战争，就瞄准了大清国的软肋。洪仁辉、马戛尔尼、阿美士德和小斯当东的在华经历，早已显示出天朝大门的准确位置，现在只要对准这个大门——大沽口，架上大炮，定能“一剑封喉”，收到奇效，解决在广州等远离皇城的边远地方所无法解决的问题。

不幸的是：英国人对中国政治的经验性的认识，偏偏切合了大清国的实际。

此后，几乎所有对华入侵的外国军队，都希望走英国人探得的这道门径，而且屡试不爽。

4月底，英国之剑——东方远征军的旗舰“麦尔威里”号及“摩底士底”号、“哥伦拜恩”号等先后自好望角的开普顿启锚开航，驶往印度加尔各答与其他军舰会合，然后集结编队，进犯中国。

1840年6月，英国远征军4000多人，各型舰船48艘，相继抵达广州珠江口外。战争，终于不可避免地爆发了。

算起来，6月28日，英军封锁广州所有河道入口的这一天，才是战事的开始。但是，英军主力在广州外海只停留了两天——6月30日，英军统帅懿律就任命士密为英粤海舰队司令，率领“都鲁壹”号等4艘战舰、1艘汽船，在广州外海对珠江口继续进行封锁；然后自己率大队人马，开始北上。

显然，英军对强硬的两广总督林则徐不抱任何幻想。有消息称，林则徐早已调集水路官兵加紧训练，组织数千壮丁编练水勇，还在虎门海面安设木牌铁链，在炮台上增加火炮，时刻准备迎敌开战。面对严阵以待的林则徐，懿律只是在广州虚晃一枪，就决定放弃巴麦尊“训令”中的“第一步”，置广州于不顾，直接实施“第二步”、“第三步”方案。

7月2日，英军舰队抵达厦门海面，懿律命令“布朗底”号驶进厦门港屿仔尾。舰长胞诅根据懿律的指示，派海军少尉尼科尔逊和翻译罗伯聃乘小艇划向海岸，准备向中国递交《致大清国皇帝钦命宰相书》——一份英国给中国的“最后通牒”。这份“最后通牒”本来是要送交林则徐的，但广州方面未予理睬，英军即朝厦门转递。但厦门守军同样拒绝接受。3日，胞诅派出30多名水兵强行登陆，遭到厦门守军的阻击，英军1名水兵中弹，2人落水，胞诅舰长也跌落水中。恼羞成怒的胞诅命令英舰朝岸上开炮，打死中国守军9名，打伤14名，击毁房屋20多间。清军岸上兵力也组织还击，还派了一些水勇，藏在商船中，进行偷袭。双方持续战斗了3个多小时，英舰“布朗底”号始终没有办法接近海岸，只得恨恨而去。有趣的是，“布朗底”号只是英国舰队中装备44门舰炮的一艘中等军舰，它始终单独执行任务，英军其他舰只都没来增援。显然，英军在厦门，同样是虚晃一枪。

7月6日，继续北上的英军攻陷了近乎未设防的浙江定海。定海水师总兵张朝发负伤落水；定海县知县姚怀祥在城破之时，抱着官印逃出北门，在普慈寺梵宫池投水自尽。定海县典使全福不甘屈辱，挺刃抗敌，杀死英军一人，后也遭英军杀害。英军对定海进行了几近疯狂的大搜掠、大抢劫，定海县城乡民居被洗劫一空。

7月10日，英舰“康威”号、“阿吉林”号和“鳄鱼”号封锁宁波及长江口。

“第二步”方案实施至此，英国人停下手来，打算对中国政府的反应作一番观望。可是，他们什么也没有等到，面前这个被自己侵略、羞辱了的国家的迟钝反应。英国人弄不明白：难道大清国的痛感神经已经麻痹了？

其实，他们根本不知道中国沿海官员如何处置像定海失守这样的大事。浙江巡抚乌尔恭额早在定海未失之前，就认定定海一岛，海外孤悬，易攻难守，并将定海守军撤走。定海失守之后，他自知罪责非轻，便不敢具实上奏，只是含糊其辞地说：“洋人兵舰驶入定海县，登岸滋事，请派大员剿办。”

等道光皇帝接到奏折做出反应时，开始实施“第三步”方案的英军舰队已经进入渤海，兵临大沽口。站在英舰桅杆旁的懿律已可以通过望远镜清楚地看到大沽炮台青灰色的身影了。

大沽炮台静悄悄的，毫无战争的迹象，不知它是对战争毫无防备，还是设了什么“埋伏”？

哪里有什么“埋伏”！

面对英国人刺来的“封喉一剑”，大清朝廷毫无准备。

7. 大沽闻警

英国舰队越过大竹岛、高山岛、候鸡岛，侵入渤海湾，是1840年的8月6日。第二天，义律就乘船驶进大沽海口，进行航道测量。9日，英国舰队的舰船全部在大沽口外海集结停泊。11日，英国舰队旗舰“威里士厘”号近抵大沽口外拦江沙处水域。

用现代人的眼光去审视这支大英帝国的舰队，一定会发出很多疑问——它其实并不像人们惯常以为的那么强大，起码这支由不同速度、不同种类舰只组成的舰队，还称不上是一支够格儿的海上作战编队。它们来大沽口时基本上没有组成编队，一只只舰船各顾各地朝北方驶来，抵达大沽口的时间有先有后，彼此相差了好几天。面对这样一支连基本的协同动作也做不出的舰队，中国沿海官兵居然既没有例行公事地出头拦截询问一下，也没有哪怕是为顾全脸面而主动骚扰它一下。沿海炮台同样一炮不发，长江以北的中国海防仿佛突然间瞎了、聋了、哑了。

国家军队和地方官吏这种装聋作哑、怯战渎职的毫无自尊的行径愈赤裸，敌人的实力就愈被夸大。因为只有关于敌人强大的传言神话，才能冲淡自己的无能，解脱自己的失职。而所有这些真实的和扭曲的信息，最终必然会汇聚于道光皇帝的龙书案上，构成了一片关于当前形势的幻象。道光皇帝必须在短时间内，面对这片亦真亦假、似真似假、真假难辨的幻象，为他的王朝做出决断。

就个人资质而论，道光皇帝旻宁在清代的皇帝中，无论如何也算不得很窝囊。客观地说，他比他的任何一个继任者都有所作为。

旻宁是嘉庆皇帝的第二子，幼年不但接受了相当严格的文化教育，而且精于骑射。他 10 岁那年，就曾随“皇爷爷”乾隆行围于威逊格尔。那还是大清国的盛世，草海子的四周战旗如云，精壮的八旗武士披甲列队。卸去了脚链的鹞鹰和海东青腾空展翅盘旋，沉雄洪亮的海螺号响起，健儿们呼哨着策马飞奔，把猎物驱赶出来。10 岁皇孙旻宁跃跃欲试，纵马驰骋，居然引弓获鹿，献于年迈的皇爷爷马前，喜得乾隆又是赏黄马褂，又赐花翎，还专门作诗记录此事。嘉庆四年，17 岁的旻宁被内定为皇嗣。嘉庆十八年（1813 年），京城爆发了李文成、林清领导的天理教农民起义，在宫内部分太监的策应下，近百人两路攻入紫禁城，入内右门，甚至爬上了养心门两侧的南墙头。恰好此时嘉庆皇帝秋狝木兰，不在京城。旻宁临危不惧，指挥平乱，还亲自“御枪射二贼，余贼溃散，乱始平”。为了这件事，他晋封智亲王。1820 年，他继承大统，成为大清国的新君主，开始了他的多事之秋。即位之后，他整饬吏治，改革漕盐，开禁采矿，还特别崇尚节俭，反对奢靡。据说他带头身体力行，有“食不兼味，衣不重裘”的名声。他要求八旗兵丁习射时，只准穿布衣布靴，六品以下旗员不准穿绸缎，甚至连皇子皇孙纳聘时的礼单，他都要亲自过目，稍有糜费，便厉加训斥。

遗憾的是，道光皇帝所面对的，不仅仅是治理好王朝内政的使命，他还要面对西方强敌入侵这样一个全新的课题。对此，道光皇帝在御书房里承继的知识，显得太不够了。

英国人卫三畏（一译卫廉士）在评价道光皇帝下决心查禁鸦片这件事时说：“鸦片是在最彻底的手段下被销毁了……在世界史上，一个非基督教的君主宁愿销毁损害他的臣民的东西，而不愿出售它来满足自己的腰包，这是唯一的一个实例。全部事务的处理，在人类历史上也必将永远是一个最为卓越的事件。”虽然如此，要想让道光皇帝带领他的封建国家抗击西方的侵略并战而胜之，那显然是不可能、也不现实的。

最初，他安慰自己：天津海口防范严密，“果有夷船驶入，自可有备无虞”。于是，他谕令直隶总督琦善：英船“倘驶至天津，求通贸易……断不能据情转奏，以杜其觊觎之私。倘有桀骜情形，即统率弁兵，相机剿办”。可他并不知道，天津这个皇都大门，防务居然格外空虚。此时，天津的全部驻军只有800人。就是这800人，还担负着看守仓库、管理监狱、巡视城防等各种差使。至于葛沽、大沽、海口的三个营，按清制应各有500人左右，但缺员空额太多，其中葛沽只有100人，大沽、海口的两个营，只各有几十个士兵。大沽炮台的炮位少得可怜，以前设在大沽附近芦家嘴的水师营还有几门炮，但早已锈死，再也放不响了。

这段时间里，忙坏了直隶总督琦善。

一年前，林则徐南下禁烟，就有人进言，要直隶整饬海防，严防夷人窜犯。当时的琦善，回报以鼻孔的一声“哧”——林则徐禁烟是在广州，离直隶好几千里，关我的直隶什么事？

现在，这位满洲贵族感到了危机。

这灾难将临的感觉，琦善十分熟悉。

琦善，字敬庵，博尔济吉特氏满洲正黄旗人。他的先祖格得理尔因率部族归附，得授一等侯爵世袭。琦善这半生，从廪生授刑部员外郎，到世袭一等侯实授直隶总督，可谓宦海沉浮，几起几落。嘉庆二十四年和道光七年，琦善两次因为办砸了差使，遭到贬斥。现在，他又面临了前所未有的艰难和挑战，他知道，这次的差使要是再办砸了，丢官事小，恐怕连脑袋也保不住。

历史真是残酷，它先是设下一个个死结让人去解，然后把失败的“解结人”钉在耻辱柱上嘲弄。琦善，就是这样一个毫无前途的“解结人”。

大热天，琦善罩袍束带，汗透重衫，连夜调动可以调动的一切兵力。他先是从正定、河间抽调了1000人赶赴大沽，又从张家口协调来副将石生玉，从务关路调来参将郝永泰，从东路调来同知何耿绳，三路人马秘密前往北塘设防。清河道朱壬林、开州协副将向荣、山永协副将泰兴也奉命在北塘至山海关一带驻屯。与此同时，为了防止内部有人交通洋人，他还把沿海渔船逐一编号，“以便纠稽，断其勾引。”

琦善的眼睛熬得通红，脸色青黄，微微浮肿。清晨，他骑马巡视大沽沿海：大沽、北塘等沿海海口，水下一律埋了暗桩，宽阔的海口如今只能容纳一船出入。沿海兵民正在担土修筑加固炮台，一群士兵夹杂在百姓中，吆喝着抓紧铺平道路，以便拉运从宣化赶运来的大炮。到处乱糟糟的，人心惶惶，谣言四起，士兵和将官们垂头丧气，不知将会发生什么事情。

大沽炮台上的士兵衣衫褴褛，刀矛生锈，士气相当低落。白天，他们一边拔除炮台上的蒿草，一边东张西望，准备着夜间开小差。炮位上所有的大炮几乎都打不响，桶里的火药已不知出自哪个年代，一堆堆的炮弹锈蚀得像堆驴粪蛋儿。有几个兵，昨天站岗时犯了大烟瘾，被拉出去砍了头，至死，他们的烟瘾都没有过去，以至掉脑袋时哼也没力气哼上一声。

站在大沽炮台上东望，海面上烟雾弥漫。琦善举起单管千里眼，久久地注视着英舰队。与其说他用眼睛看到，倒不如说他用那颗怯惧的心感觉到了英舰上黑洞洞的炮口。

琦善的心越来越往下沉。

作为大清官吏，琦善所有的从政经验，大都在治理河道、兴办漕运上，对外交他一窍不通；而作为直隶总督，他主要的军事使命其实是对内的——防止来自国内的事变，扑灭一切可能危及朝廷安危的奸民暴乱。现在，却要他转而应付外患，对付外敌；而且一旦对外开战失利，洋人就可能突破海口，长驱直入，震动京师。须知从大沽沿白河到通州，不过三两日水路，而由通州走旱路逼近北京城，只要区区半天呀。当此情景，他琦善能不怕吗？

现在，琦善恨一个人——林则徐。

你林则徐出风头，到广东禁烟，惹得洋人北上，找皇上算账。连累我的身家性命不谈，一旦洋人上岸，骚扰北京，动摇国本，看你这乱臣贼子有何面目对天下！

愤愤亦复惶惶的琦善，连夜给道光皇帝写了奏折，声称：洋人船坚炮利，气势汹汹。大沽炮位陈旧，兵力严重不足。虽臣肝脑涂地，亦断无坚守获胜的可能。“且本年即经击退，明岁仍可复来，边衅一开，兵结莫释……而频年防守，亦不免费饷劳师。”反思今天的窘境，都是林则徐在广州处置不当引起的，他一意孤行，让君父为之担忧，这是为臣子的所为吗？为今之计，似只有对英国人“好言相诱”，让他们先离开天津再说。

8月9日夜，狂风撼树，暴雨如注，霹雳闪电，震荡天宇。大风雨中，道光皇帝接到了琦善的奏折。

他当然相信琦善，否则也不会让他做直隶总督。但事关大局，林则徐还在广州轰轰烈烈地准备和洋人一战，整个禁烟大计正处在紧要关头，自己当年决心禁烟的旦旦信誓仍在太和殿的雕梁画柱间回响，难道就此“软”了?!

这一夜，道光皇帝彻夜未眠。

他努力使自己从最初决心查禁鸦片的冲动中“清醒”过来，他必须面对西方强大的武力重新检视自己的力量，必须承认大清八旗武士对飘忽于海上的外国军舰毫无办法，必须思考一旦大沽门破，英人将肆虐于皇城之下的后果。

道光皇帝为难的这个风雨之夜，整个中国的命运面临重大的转折。

8. 天心生变

8月的广州，潮湿闷热。

林则徐挥汗如雨，“哗哗”扇着扇子，不时用汗巾擦着脑门儿。

在他的案头，是一幅大清沿海形势图。那上面，清晰地标记着近日英国舰队的行动轨迹——一条浓浓的墨线笔直向北。

须发皆白的老将军关天培低声问：“大帅，英夷在我广东讨不得半点便宜，近日舍广东而北上，犯厦门，寇舟山，攻宁波，一路向北，意欲何为?”

林则徐没有抬头，沉吟不答。

关天培有些急了，提高声音：“莫非英夷要北上天津，要挟朝廷？倘若如此，大帅，这禁烟大计恐怕……”

“滋圃老将军，”林则徐挥手止住关天培的话头，“英夷用心深矣，用心深矣呀！虽然如此，我圣上英明天纵，难道会听凭洋人的威吓挟持?”

关天培满面忧色，与林则徐对视了片刻，长叹一声道："天心如铁石，临危不变更，那当然最好。可我担心的是……"

"啪!"林则徐挥动蒲扇，拍死了一只长脚蚊子，正巧，蚊子的死尸横在了地图上的大沽口。林则徐眉梢一轩，伏下身用汗巾把蚊子的尸体揩去。

"大帅，要变天了，要不要关上窗子?"侍卫走进来问林则徐。

林则徐抬眼望天，刚才，窗外还是晴空万里，转瞬间，竟然已是黑云泼墨，山雨欲来。

林则徐起身来到门外，仰天沉吟："滋圃，是要变天了。"

天，真的变了。

道光皇帝做出了决定，要在大沽口和英夷谈判。

8月9日那个风雨之夜，道光皇帝谕琦善：

> 督饬所属严密防范，临时仍相机办理，如该夷船驶至海口，果无桀骜情形，不必遽行开枪开炮。倘有投递禀帖情事，无论夷字汉字，即将原禀进呈。

皇上"软"了。

这一天，琦善以手加额，庆幸皇上英明，也庆幸自己能够正确领会皇上的心意，而没有押错宝……

这一天，紫禁城内外的无数只眼睛里满含笑意。这些隐忍着快乐的朝廷大员们，和南方的鸦片交易本来就有着千丝万缕的联系。当年林则徐力排众议，鼓吹禁烟，他们碍于道光皇帝，不敢公然反对。现在，林则徐的差使办砸了，烟没有禁绝，反招惹了英夷。没听皇上训斥他吗："汝言外而断绝通商，并未断绝；内而查拿犯法，亦不能净尽，无非空言搪塞，不但终无实济，反生出许多波澜，思之曷胜愤懑。”咱们且擦亮西洋眼镜，看他林大钦差怎么下台吧。

这一天，皇上要“招抚”外夷的消息不胫而走，立刻传遍了北京四九城。前几天还六神无主的大小买卖人家放起了鞭炮，庆贺天下又太平了；原本害怕应征上阵去打外国人的八旗子弟们也还了阳，重新架着黄雀儿笼子泡天桥品茉莉花茶听起了大鼓书；南城一带专门代修刀枪剑戟、铠甲盔头的京城磨刀匠们，生意又清淡了下来……

这一天，林则徐仍在广州组织兵民，准备与英夷决一死战。

禁烟之前，道光皇帝盲目地确信了天朝的力量；英国舰队兵犯大沽后，他又盲目地听信了琦善们的禀报。他从小就读过“民为重，社稷次之，君为轻”的圣训。禁烟，正是为江山社稷计，为黎民百姓计。但禁烟应该在远离京城的广州进行，必须对“国本无伤”。一旦麻烦直接延伸到皇城脚下、危及整个他的皇权时，他内心政治天平上的孰“轻”孰“重”，怎么会不发生根本的颠倒?

然而，让一个高傲的天朝皇帝从气壮如牛变为畏敌如虎，实在也不是一件容易的事。这些日子，道光皇帝的脾气特别大，动辄摔茶碗，打太监，掀桌子，撕折子，但发泄之后，他还得把对外政策从“剿办”变为“绥抚”，毕竟，鸦片泛滥比丢却江山更容易接受。

天朝几乎是在和外夷定城下之盟。这一重任历史地落在了直隶总督琦善的身上。由此，琦善成为大清国以对等的身份对外交涉的第一人；由此，琦善注定成为一个耻辱与卑鄙的角色——假如在京剧的戏台上，琦善必定要被塑造成一个白脸的奸臣——尽管头戴珊瑚顶子孔雀花翎的琦善实际上长得仪表堂堂。

含章的见闻。他写道：

> 英吉利夷船式样，长圆共分三种，最大的，舱分三层，逐层有炮百余位，每层前后又各设大炮，约重七八千斤。其次的，舱中分二层，炮亦不少。再次的，叫做火焰轮，并无风帆，内外皆有风轮，中设火池，上有风斗，火乘风起，烟气上熏，轮盘即激水自转，无风无潮，顺水逆水皆能飞渡……

又是一份真假难辨的情报。假如英船真的这样神乎奇技，厉害非凡，也就难怪沿海官兵不能抵抗了。道光皇帝再次受了琦善们的愚弄，此时，他下定决心，尽快结束这场麻烦，免得惹翻这伙海上怪物，铸成大患。

8 月 20 日，道光皇帝下旨，命琦善晓谕懿律：

> 上年林则徐等查禁烟土，未能仰体大公至正之意，以至受人欺蒙，措置失当。兹所求昭雪之冤，大皇帝早有所闻，必当逐细查明，重治其罪。现已派钦差大臣驰至广东，秉公查办，定能代申冤抑。该统帅懿律等，着即转棹南返，听候办理。

这份“上谕”，结束了林则徐的禁烟使命。

这份“上谕”，标志着大清帝国在西方的坚船利炮面前，第一次低下了它高傲的头，从此，再也没有抬起来。

这份“上谕”，正是琦善需要的“底牌”。他接到“上谕”后，立即组织了一个庞大的“劳军”队伍，包括阉牛 20 只，肥羊 200 只，大批的家禽和 2000 多个鸡蛋。他派人把这些东西送上英船，“以示天朝招徕远人之意”。然后调集力量，在大沽口的南岸搭建起一座临时房屋——他将在这里举行与英国侵略者的谈判。

9. 白河谈判

直隶总督琦善的确是个“干才”。几天之间，他就把大清国的重要军事要塞大沽口，变成了一座大戏台——他将成为这部前所未有的大戏的主角和导演。

戏的“序幕”，是表现天朝大国排场的“过场”：为此，琦善调集了能工巧匠，变魔术似的在大沽口的南岸搭建了一座大营。营内按八卦方位建起八个同样大小的白色帆布帐篷，里面布置了桌椅，供人休息。八个帐篷围成椭圆形，环绕通连着用来进行正式会谈的中心大帐。大帐门内，迎面是一架宝蓝色的丝绸软屏风，上面绣满海水江崖和一轮血红的太阳。大营的四周埋下了一圈木桩，围以白帆布，还插满了飞龙、飞虎、飞熊、飞豹旗。琦善从天津带来的卫队打起十二分精神列立两厢，其他部队则远近错落，树起各色旗帜，排成古怪的阵势。整个大营看上去既整洁、通透，又庄严、神秘。（不远处是大沽炮台，炮台上的士兵在低矮的女墙后面，围着锈迹斑驳，根本打不响的铁炮或蹲或坐，延颈张望，那神情如同一群农民，在村头戏台下翘首等待锣鼓响罢青衣花脸粉墨登场。）

戏的“开场”，是双方主角的亮相：8 月 30 日清晨，英方代表义律带领随员和三四名军官，乘坐小艇登岸。起初，英国人要求中方代表前往英舰谈判，而琦善称天朝“自来无此体制”，反邀英方上岸会谈。懿律开始倒也痛快答应，事后又觉得自己作为大英帝国的全权代表，出面和一个还不知是否拥有全权的中国官员谈判，实在是“不对等”的，很是损伤大英帝国的尊严。于是他托病不出，由他的堂弟、副使义律前来会谈。这天，义律身着大英帝国皇家海军军服，挎枪佩剑，高靴马刺，衣襟上金色的刺绣在阳光下闪闪发光。中方代表、大清直隶总督琦善出迎了，他新剃了头，辫发梳拢得一丝不苟。这天，他反复斟酌，还是没有穿着朝服或补服，而是着一件圆领大襟的宝蓝色窄袖常服袍，腰间松松地束一根湖色金丝绣的常服带，足登粉底儿缎靴，但头上戴的却是顶镂花金座，饰东珠、衔红宝石的一品大员凉帽，帽后插一根孔雀花翎。琦善认为这样的装束十分得体——既不显得过于简慢，又不至于太郑重其事。（其实英国人对他的这番“小意思”，根本不可能理解。比起大清国的官员，英国人似乎更注重实际，而忽视那些本来就搞不懂的繁文缛节。）

戏的“第一幕”，是这样开始的：

当义律率从人进入大帐时，琦善从椅子上站起身，矜持地微微拱拱手，请对方就座。他缓缓地开口道：“今日本督与英吉利副使在此相见，这个，中西风俗，各依其邦，凡在座诸位，免冠可，不免冠，亦可。”

义律弄不清琦善为什么首先谈起戴不戴帽子的事儿，正思发问，一位通译已经开始逐一向他介绍起参加会谈的中方官员来了。待双方介绍完毕，义律正要把谈话引向正题，琦善却道：“贵副使清晨启程，一路风波劳顿，本督在此特备了早饭，请副使用过。”

义律被请到另外一座帐篷内，只见帐内摆着好几张桌子，桌上堆满了香气扑鼻的菜肴，每张桌子上的菜肴都不下 30 种。这顿令义律大快朵颐的“早餐”，吃了很长时间。席间，琦善进食很少，起初话也不多，只是一个劲儿地观察着面前吃相难看的这个洋鬼子。越观察，也就越坚定了一个信念——这群洋鬼子，是林则徐招惹来的，不是我直隶总督琦善招惹来的。既然如此，哄也好，骗也好，只要他们答应离开大沽口，南返广州，就万事大吉。至于朝廷如何处置善后，自有朝廷的道理。

整个长达六个小时的艰难的会谈，就在琦善“脚本”的引导下进行。

这是中国与西方的第一次对等的外交谈判，然而，在外交上，对等，并不等于平等。由于有了停泊在大沽外海的军舰，英国人这次不会再像当年洪仁辉、马戛尔尼那样苦苦请求天朝施舍了，他们因为大炮的撑腰而显得气壮如牛，蛮横无理。义律反复强调的，就是要中方答应巴麦尊信中提出的要求，即：赔偿被林则徐销毁的鸦片烟价，确保此后中英官吏商民平等相待，划出一个或数个沿海岛屿供英商往来住用，索还商欠，赔偿军费。否则，英方将不得不采取行动维护自身的利益和女王臣民的尊严。

面对英国人赤裸裸的要挟，琦善使出的，不是针锋相对、刚猛强烈的“少林拳脚”，而是如封似闭、绵里藏针的“太极推手”。他什么都不明确拒绝，也什么都不敢答应，因为道光皇帝根本就没有赋予他这样的权力，他所求所望的，只是让英舰队尽快离开大沽口。

琦善把事情想得“通通透透”，说得“入情入理”，他说：

“此次广东的事情，想必其中另有些原故。我大清皇上，德被四海，不计华夷，必然会另外简派钦差大员前往广东，查明办理，倘贵国商民所受冤情属实，能不为之昭雪乎？”

“至于贵国首相及贵使提出的各项请求条款，其实不是本督所能肯否的。不过，本朝做事，向来遵循祖制、成例，以本督看，既无此先例，也难变通。就算可以商量，那也要待尔等回到广州以后，慢慢计较。”

“尔等北来天津，无非是让我皇上知晓尔等的冤情。现在，我皇上已经知道了内情，尔等目的已经达到，理当回南等候消息。再滞留不去，岂不于理有亏?”

“本督为尔等设想，万里风波，来到中国，无非为了贸易。如果闹得贵我两国伤了和气，必然断了双方的买卖，这又于尔等何利之有呢?”

转弯抹角，巧舌如簧，难为了琦善大人这张嘴。

整个大沽谈判过程中，琦善始终小心翼翼地绕过一些令双方“难堪”的敏感问题。他没有理直气壮地谴责质问英国人凭什么炮攻广州，兵寇厦门，强占舟山，劫掠宁波，凭什么杀我民众，破我城池，掠我财富。琦善不是不知道他应当充当的角色，不是不知道他应当代表一个主权国家、一个独立民族，向施暴于己的入侵者讨还公道。但他太聪明了，他懂得什么叫“顾全大局”。

对于琦善们，还有哪个“局”比皇上的安危更大?只要英国人别老在大沽口对着北京城架起大炮“搅局”，还有什么他不能答应?

大帐里的会谈一声高，一声低，气氛时而紧张，时而轻松。最后，琦善告诉义律，他本人没有最后的决定权，一切还要禀报皇上，请耐心地等待十二天。

大沽口的太阳开始偏西的时候，义律钻出了会谈的大帐。他可以说得到了很多，也可以说一无所获，他对中国的事情依旧是百思不得其解。

义律抬头朝大沽炮台张望，女墙间早已空无一人——炮台上的士兵守候了半日，台下没啥动静，他们兴味索然，不知到哪儿风凉去了。

十二天一晃而过——9 月 20 日，当英国人再次来催问结果时，出面的依旧是那个千总白含章。白含章告诉懿律：前与贵使谈判的我直隶总督琦善大人，今已作为钦差大臣，奉旨前往广州查办鸦片纠纷去了。请你们速速南下广州，琦善大人正在那里恭候各位，一定给贵使一个最终的解决办法。

北风要起了，懿律要走了，再不走，风向对他的风帆战舰就不利了。可懿律部下那些骄横不可一世的军官，却对此不能接受，他们叫嚷着战争，埋怨懿律让琦善“涮”了。他们说：天津、北京就在眼前，就凭大沽口那些生锈的铁炮，还挡得住我们的猛攻？我们应当“用聚集在天津的漕船上的火焰，如果需要的话，再加上天津城头的大火，去唤醒中国皇帝的恐惧，到那时，我们的要求一定会得到满足”。

懿律和义律俩兄弟比这些下级军官清醒得多，他们不止知道自己的风帆战舰需要季风的关照，而且清楚目前他们的远征舰队其实还不具备荡平面前这个天朝大国的能耐。中国，就像琦善在大沽口摆下的宴席。宴席很好吃，但毕竟太丰盛了，大英帝国远征舰队的胃口再大，也不可能一餐而尽之。况且，如果不是中国的对外政策动摇不定，如果不是琦善等中国官员怯懦软弱，如果不是中国的军队毫无斗志，大英帝国的远征军又能得到什么呢？

强盗手里有一把刀，但总是藏在衣襟下，轻易不肯露出。刀不露刃，产生的是一种无形的威慑力，而一旦拔刀在手，也不过是一把刀而已。这个道理，懿律兄弟早就清楚了。

懿律走了，离开大沽口转回广州，去收获他的战争果实。当他到达广州时，那个强硬的林则徐已经被解除了职务，林则徐武装起来的民兵水勇也被全部遣散，出面收拾残局的，换成了“友善”而“通达”的琦善。懿律明白，北上大沽口，向北京施加压力的战略行动，培育出了多么甜美的桃子，如今，那“桃子”已经熟透，只待他去采摘、品尝——尽管采摘的过程中还会有一些波折。

懿律展开地图，用红笔在大沽口上重重地画上了一个圈。他要骄傲地告诉他的后继者：以往的，和本次皇家舰队远征中国的经验证明：中国皇帝宁愿出让国家主权和利益，而不愿接受可能危及自身安全的战争。因此，谁要想在中国有所得，就应该直接开上战舰去威逼大沽口，威逼北京城。那里，才是中国真正的大门，而你手中的大炮就是开启这扇大门的钥匙。

西方强盗的确没有再等多久，就又一次沿着这条“经验性”航线来捅大清国的软肋，来扣天朝一敲就颤抖的大门。那是十余年后，那一次，西方强盗给大沽口，给中国带来了更深的灾难和更大的耻辱，史称：第二次鸦片战争。

血火津沽

10. 战争中的风景

第一次鸦片战争的结果，是中国被迫与西方侵略者签订第一个不平等条约——《南京条约》。

从懿律率舰队自大沽口返回广州，到条约的正式签订，中间又经历了近两年的波折乃至战争。道光皇帝甚至曾一度调集兵力，对英宣战。但由于作战的失利，清政府不得不回到大沽口危机时就基本确定了的屈辱求和的政策上来。按照丧权辱国的《南京条约》，中国要赔偿英国鸦片费及军费2100万元，先付600万元，余款以每年税金偿还，分4年还清；开广州、福州、厦门、宁波、上海五港为商埠，允许英商寄居贸易，并在各通商口岸建立英国领事馆；中英双方对等官员之间平等往来；废除公行垄断制度；协定海关税则，对英商进出口货物一律 秉公征税”；割让香港为英国领地。

负责签订这项条约的，在英方，已经不是懿律兄弟。懿律因病提前回国；义律办事不力，遭到英国女王的斥责被免了职。52岁的爱尔兰人璞鼎查（H・Pottinger）爵士接替了他们的东方使命。在中国，曾发下“罂花不绝誓无还”誓愿的林则徐早已“获罪”，在“罂粟之火”焚烧他的国土时，被迫离开广州，发配伊犁；一味和洋人打太极拳的钦差大臣，署理两广总督琦善下场更惨，他因“在粤议款，不得要领”，“善予香港，善许通商”等罪名，被革职锁拿，解京治罪，查抄家产。替代他的，是钦差大臣耆英、伊里布。

作为中国近代史上第一次沉痛的创伤，《南京条约》的签订始末曾被无数国人描述记载。但了解一些当时发生的真实的故事，也许比所有的议论都更发人深省，比如“耆英投梅”，比如“伊里布用典”，比如“郭士力吟诗”……他们同样构成了这场民族战争中的“风景”。

清宗室耆英，字介春，隶正蓝旗。据说他学问不错，又是在京满族贵介中出了名的风雅之士。当年，因为为道光皇帝“相度龙泉峪万年吉地（皇陵）”，深得圣心，加太子少保。琦善被问罪后，耆英作为能员干将，由盛京将军任上调任广州将军。后因奕经在浙江战败，改署杭州将军，留在浙江督办洋务。期间，一味强调“夷情可畏”，力主妥协投降。1842年8月，英军直入长江，兵临石头城下。耆英奉旨在宁与英方举行谈判。谈判，自然免不了要吃饭。耆英在南京城里江考棚盛排筵宴，宴请英方首席谈判代表璞鼎查及其随员。席间，耆英强颜欢笑，插科打诨，曲意逢应，竭尽讨好之能事。见璞鼎查没有特别的高兴表情，耆英急中生智，想出一个绝招。这个已经52岁的中国高级官员脸上浮现出一派小孩子似的顽皮笑容，涎着脸儿对璞鼎查说：“仆有一绝技，可助今日盛宴的余兴，不知贵使可愿一试否？”璞鼎查不知耆英葫芦里卖的什么药，正犹豫间，只听耆英道："贵使可把嘴张开，仆能隔席投梅，枚枚可入贵使之口。"这一招，本是北京风月场中娼妓与嫖客吃花酒时的"节目"，耆英对此自然不陌生。可璞鼎查不知是不是一种侮辱，他涨红了脸，急切间却又想不出如何拒绝。耆英偏偏不知收敛，一个劲儿地恳求璞鼎查张嘴。璞鼎查无奈，只好随他。耆英挽起袖子，拇指食指拈起蜜饯梅子，乜斜着眼睛瞄准璞鼎查轻轻投去，梅子居然颗颗入口。一时，引得在场众人大笑不止。耆英不禁为之顾盼生辉，自鸣得意，其丑态暴露无遗。

另一位负责中英谈判的钦差大臣、广州将军伊里布也好不到哪里去。伊里布，字莘农，镶黄旗的红带子出身，嘉庆六年中进士，授国子监学政，后出任陕西、山东、云南巡抚，云贵总督，擢协办大学士。据说伊里布既是满族贵介中难得一见的饱学之士，又能带兵平叛，道光皇帝视之为股肱。鸦片战争爆发之初，道光皇帝特意调他任两江总督。可他畏敌如虎，力主妥协，还与英军私订浙江停战协议，事发之后，一度被革职。1842 年，伊里布被重新启用，参与和谈。8 月 29 日，是中英《南京条约》签字的日子。这几天，伊里布的身体一直不好，英国人主动提出可以送给伊里布一些药品。偏偏伊里布派去取药的家丁张喜登上英船"皇后"号后贪了几杯洋酒，喝得酩酊大醉，结果把怎么吃药的方子弄丢了，害得伊里布大人一次把洋药全吞了下去，结果旧病未去，反加新疾。为了不致因此耽搁条约的签署，英方派出医生前往探视。伊里布偏偏既要硬挺，又要卖弄自己的才情。英国医生问他："大人吃了昨天带回的药，感觉可好？"伊里布强撑着说："很好，很好。昔日陆抗曾服羊祜赠药，成千古佳话，今日之事，也是如此，也是如此。"洋人医生听罢，茫然不解其意。张喜忙解释道："这个陆抗，是三国末年的吴将；羊祜是西晋将军。吴晋相争，陆羊对峙。但两人互相交往，各不侵扰。陆抗有病，羊祜赠药，陆抗坦然而服，以示诚信无欺。”洋医生听得满头雾水，似懂非懂，伊里布却在一旁得意洋洋，以为自己用典恰切，起码在学问上占得了上风。

《南京条约》签署后，英国侵略者得到了他们谋求的一切，自然兴高采烈。英军成群结队，离开军舰，上岸游览。在南京聚宝门外的报国寺，英国兵发现了一座精美绝伦的千佛绿琉璃宝塔。他们怪叫着七手八脚攀上宝塔，用刺刀撬下琉璃瓦，带回舰上作为战利品。至今，伦敦大英博物馆里还收藏着几块佛塔上的琉璃残片。当时，在英军有个精通汉文的基督教传教士，叫郭士力（G · Cutzlaff 又译郭实腊）。他早在 1831 年，就受雇于英国东印度公司，来到中国，在上海等地贩卖鸦片，从事间谍活动。1834 年，任英国驻华商务监督处的翻译。鸦片战争中，任英国侵略军在舟山建立的伪政权的“行政长官”。《南京条约》签订时，他也在场。面对英国士兵在报国寺的疯狂劫掠，郭士力兴奋之情，难以抑止，居然在琉璃塔下吟出半通不通的汉文诗一首，诗曰：

聚宝门外金陵塔，
天朝国土脚下踏。
东方巨龙虽骄傲，
俯首伏爪一纤手。

这“一纤手”，指当时的英国维多利亚女王，那一年，女王年方 22 岁，的确是“玉指纤纤撷杏花”的年纪……

让我们回过头来，看看大沽口的战争风景。

英舰在大沽口外陈兵40余日，以炮火相要挟。经与清直隶总督琦善进行谈判，最终南下广州。对于这样一件丧权辱国的事，道光皇帝给自己找了个台阶。他在伊里布的奏折上批道："英夷如海中鲸鳄，去来无定……好在彼志图贸易，又称诉冤，是我办理得手之机。岂非片言片纸远胜十万之师耶？"

既然和谈可抵"十万之师"，道光皇帝指示琦善：到广东去后，应"将应留应撤各兵，分别核办"，意思就是要解散林则徐武装的民兵水勇。接着，他甚至谕令沿海各督抚也酌量裁撤防兵，以节约饷糈。直到1841年，南方形势再度告急，道光皇帝才略知侵略者的贪得无厌。1月7日，道光皇帝连下7道谕旨，调兵加防。其中，大沽口的安危自然不容忽视。他嘱咐接替琦善的直隶总督讷尔经额：天津海口靠近京都，"尤宜慎重防堵。"必须立即亲赴大沽海口，严加防范。"当该夷船只敢再来至天津等处，逼近口岸，即开放枪炮，痛加轰击。如再来投递夷书，一概拒绝，不准接收。"并令讷尔经额将京城里存放的30尊大炮运到大沽口。

这个讷尔经额，字近堂，是满洲正白旗人，嘉庆进士出身，从主事、道员，一路惨淡经营，做到布政使、山东巡抚、湖广总督，后因事一下子降为驻藏帮办大臣、西宁办事大臣。鸦片战争中，他刚刚恢复到甘陕总督，未几移直隶总督，在仕途上屡经颠沛的讷尔经额敢不尽心竭力？

一时间，京津道上，车辚辚，马萧萧，尘烟蔽日，旌翻号响。天津镇总兵陈金绶、宣化镇总兵石生玉各带人马，奔大沽，赴北塘。

原野，光秃秃的。冬日的阳光照在津沽一带泛着碱花儿的土地上，闪着白光。一阵风过，咸涩涩地辣人的眼。大道上，穿着粗布黑棉裤棉袄的士兵们肩扛长矛，腰上挂着装玉米面大饼老腌咸菜的包袱，跑得灰头土脸，气喘吁吁。队伍中的营旗半卷，似乎打不起精神，旗帜下的军官们披挂着老式的生牛皮甲胄，提着大刀，骑在马上，他们用嘶哑的嗓子吆喝、叱骂，一边驱赶着他的部下向前，一边朝东方的海上张望。

海上，连个洋鬼子的影子也没有。

天气，一天一天地变暖，北风势弱，东南风将起。江南道监察御史黎光曙首先上《筹天津海防折》，他说："去年夷船驶入天津，窥我虚实。窃恐东南风发，彼将复至，不可不赶紧预备。"他提出，守口，以大沽、北塘为要；御敌，则火炮为要。

黎光曙等官员的警告和建议，立即得到了道光皇帝的呼应：说得对呀，南风一起，保不准英夷还要北上。其所以能欺我者，不就是仰仗他的舰船大炮吗？他立即谕令讷尔经额："攻寇之法，御炮为先"，"炮位越多越好，如何添置铁炮，即迅速督匠兴造，各按隘口布置周密，以资防御而壮军威。"道光皇帝真的急了，有讷尔经额经办京津防务，他还不放心，2 月 2 日，他又任命理藩院尚书赛尚阿为钦差大臣，直奔天津，查办建造炮台事宜。

这段日子，大沽口炮台的士兵真是开了眼，不长的时间里，他们一次次列队，一次次出迎钦差大人莅临。什么赛尚阿、玉明、僧格林沁、穆彰阿、巴清德……几辈子也没见过这么多的钦差大臣呀。至于朝廷下达的关于大沽防务的谕旨那就更多了，三天一传旨，五天一领命，总有几十条吧。

不久，从大沽传来好消息：各地抽调的部队已经陆续赶到。大沽口南北两岸炮台已经加固，且又新筑炮台两座。按照赛尚阿的说法，新筑第一座炮台正对河口，相距不及一里，夷船进口，至北转舵，我兵攻击，最为得力。第二座炮台距河心半里，为新建第一座炮台之接应，恰到好处。新筑炮台前，还有土垒一座，可安炮位，夷船如闯入海口，可予攻击。土垒前还可加筑拦潮坝，内可容兵。至于大炮，以前各营存放的旧式铁炮，大半炮膛锈蚀，不堪使用。现经努力，已在大沽南北炮台之上，安设六千六百斤至七千斤大炮两门、四千数百斤大炮三门、两千至两千数百斤大炮十七门、一千数百斤大炮二十门、一千斤大炮十门、五百斤小炮八门；北塘海口安设二千斤至三千斤大炮六门、一千斤至一千数百斤大炮十门、五百斤至七百斤小炮四门。

客观地说，由于危机迫近的现实，大沽口的防务的确在短时间内得到了加强。赛尚阿、讷尔经额等人也的确是颇费心思。但无法掩盖的问题依然存在。首先，大沽口战区没有一支可与敌海上交锋的舰队，从作战指导思想上就是坚持单纯的陆路防御；从战役布势上，是主动放弃了制海权，所以大清国从一开始就已输了一筹。其次，大沽防务，需要大批兵力，而大沽乃至天津本身的兵力不足，只好临时抽调，建制混乱，难以统一指挥。况且敌情不定，厚集兵力以待之，则劳师费饷；临时调集，又恐往返徒劳，缓急难济。再有，炮械陈旧落后，笨重难操，士兵训练无素，射炮失准，加之后勤补给手段落后，实在难以保证作战胜利……

更为令人担心的，是将帅不知敌情，对作战心中无数。可笑的是偏偏有人自作聪明，瞎指挥。1842 年春，军机大臣穆彰阿奉旨前往大沽口，查看防务情况。这个穆彰阿，字子朴，号鹤舫，满洲镶蓝旗人，郭佳氏。是个在朝中盘踞日久的大官僚，官居内务府大臣、步军统领、兵部尚书、吏部尚书，授大学士。道光年间，他出任军机大臣长达二十余年。此人门生故吏遍天下，权倾朝野。一贯贪渎媚外，甚至包庇走私烟贩和受贿官员，从中索取暴利。在禁烟运动还处于高潮时，他就暗中阻挠破坏，诬陷林则徐，怂恿琦善求和。他到了大沽口后，提出了“严益加严，密益加密，不动声色”的所谓“十二字方针”。其实，对于如何作战，他一窍不通。在他主持炮制的所谓《筹议防剿机宜十三条》中写道：英国人的船上，有不少马匹，好像不是为了上岸后骑乘的。同时，英船上还有不少“竹人”，这是干什么的呢？估计就是兵书《火龙经》上说的“真马假人烧营之法”。其用法，可能就是开动机括，令“竹人”驾驭真马，放火冲烧我营垒，不可不防。但这样做，敌上岸，必选荒僻光秃的沿海，“我兵见了，（应）迅即飞报，后路驰往，乘其半渡，易于攻剿……如猝不及伏，即先用火球火弹抛掷，再用藤牌兵滚斫马足，马必惊逸，我兵再以枪炮横击之，使其人马不能相顾，可期得手。”

把英军拉炮车用的马匹当成什么“真马假人烧营之法”，还空谈出一套“战法”，如此指挥作战，怎么能获得胜利？

幸亏战争在南方诸省纷纷陷落后就结束了。“真马假人烧营之法”终于没有出现，穆彰阿大人的妙计也没有派上用场。

战争，终于和大沽口擦肩而过。

《南京条约》签订后，天津压力减轻，大沽口防务立即减员撤编。

不久，大沽口又恢复了1840年前的“宁静”：

炮台上的青草，又长高了……

大炮上的铁锈，又生满了……

壕堑里的积水，又变臭了……

大沽口的士兵，又唱起了那首军营中流传了多年的老歌：

穿号衣，吃兵饷，
不抱老婆抱大枪。
不种地，不纳粮，
小命一条由他娘。

跟着大人上战场，
真刀实枪干一场。
封妻荫子咱不想，
只盼天天喝二两。
就算明儿个没了命，
狗肚子里面睡得香。

11. 变与不变

当事大臣，先之以操切，继之以畏葸，遂遗宵旰之忧。所谓有君而无臣，能将顺而不能匡救。国步之濒，肇端于此。

——这就是写在《清史稿·宣宗本纪》结尾的话，算作对道光皇帝命运的一段总结。

鸦片战争失败后，道光皇帝在内忧外患的交困中，强撑病体临朝，身子日见不支。道光三十年正月十四丁未（1850 年 2 月 25 日），终于撒手归西。皇四子奕䜣继位，时年 19 岁，是为清咸丰皇帝。

关于咸丰的继位，还有一段极具“中国特色”的故事。

当年，道光皇帝在选“接班人”的问题上举棋不定。皇四子奕䜣和皇六子奕䜣，谁当大任？总是看不准。围绕未来的皇位，两个阿哥之间，展开了微妙万端的明争暗斗。这时，一个叫杜受田的人起了至关重要的作用。

侍读学士杜受田，是奕䜣的老师，自然希望自己的学生成为储君。一次，道光皇帝南苑打猎，按例诸皇子要陪王伴驾。行前，杜受田找到奕䜣，说："四阿哥到了南苑，只要如此这般，大事可定。"见奕䜣一时还在犯迷糊，杜受田跪在地下，老泪纵横地说："这是关系到四阿哥一生的大事，请千万千万按老臣说的办。"

第二天，大队人马到了南苑围场。众皇子哪个不想在皇阿玛面前显显身手？于是纷纷跃马张弓，捕杀猎物。独独奕䜣端坐马上不动，还约束手下不准射杀生灵。其他皇子跑来问他，他只是推托身体不好，无法驰骋射猎。到了晚上，诸皇子都有斩获，其中尤以六皇子奕䜣猎物最多，独奕䜣两手空空。道光皇帝见状，不禁勃然大怒，对他大声斥责。奕䜣也不分辩，待道光皇帝发过火，才照搬老师杜受田教的话解释道："儿臣虽然无能，但只要动手，当不至于一无所获。但儿臣想到眼下春回大地，正是鸟兽孕育之期。所以儿臣不忍伤害它们，以干天和。当然，儿臣也不愿和各位兄弟们争高低。"

一番话，只说得道光皇帝怒云尽散，连声说好。这样一个讲仁德、懂孝悌的阿哥，将来做了"接班人"，一定能宽仁治国。从此，奕䜣继位的事就算"拍板儿"了。

这不是野史，也不是演义，这是历史典籍中确切的记载。

大清王朝内部宫廷斗争的悲喜剧锣鼓依旧。千古不易的戏剧主题，正被烂熟的政治智慧渲染，发挥到极致。而此时，世界正在突变，变得更加恐怖和血腥。

对此，紫禁城里那个靠狡智得了皇位，正忙着和兰贵人"天地一家春"的咸丰皇帝哪里晓得？

19世纪五六十年代，正是西欧、北美的经济飞速发展的黄金岁月。第一次鸦片战争后的10年间，英、法、美等国资本主义经济，像热气球一样膨胀。1850年，英国的工业生产占世界工业生产总额的30%，对外贸易占世界贸易额的21%，大英帝国的腰包越来越鼓，在世界垄断地位的宝座上越坐越得意。而此时的法国也不甘落后，工业总产值增加了2倍，商品输出和殖民扩张都达到了前所未有的高潮。大洋彼岸的美国同样发展飞快，煤铁产量均超越了法国，轮船总吨位跃居世界第二位。

经济越是飞速发展，对国外市场的依赖越迫切，殖民扩张的野心也就越膨胀。无疑，中国成为一个巨大的潜在市场，一块令人垂涎的肥肉。英、法、美等国不仅要推销鸦片，还要大量倾销商品，进尔牟取暴利。它们再也无法满足于1840—1842年在中国获得的那些好处，当年，它们动用了大炮，在天朝庞大的肌体上撬开了几扇小窗，就兴高采烈，真是“太小器”了。现在，它们要的不再是几个通商口岸，它们要的是整个中国。

它们完全有理由做这样的美梦，因为它们拥有了远比10年前更庞大的舰队和更粗的大炮。由于工业化的巨大催生作用，英法等国的军事工业取得了长足的发展。主力舰只已基本完成了从风帆舰船向蒸气舰船的过渡，这种新式军舰不仅航速提高，舰体也多为铁质。同时，舰炮的威力也大大增加。英国皇家海军装备了当时世界上最为先进的后装线膛炮——阿姆斯特朗炮，其射程可远达5000码（约合4500米），射击精度也有很大提高。至于步兵，更是今非昔比，新装备的线膛枪射速快，射程远，精度高。如果说10年前英国军队在中国的胜利，大半得益于中国的软弱和混乱，那么现在，单纯从军事力量的对比上，中国就已经毫无疑义地处在了下风。

一个叫那罗企尼茨基的外国人写道：事实上，“还在1850—

1854 年，英国政府就已经在考虑对中国发动新的战争。”此时的法国正一边忙活着掠夺越南，一边盯着英国在中国的收割。它不能容忍英国独自享有中国这顿盛宴，于是主张和英国一起对华采取行动。美国自然愿意看到英法对华作战，因为他可以不费吹灰之力，就援例均沾列强的在华利益。北方的俄国一直对中国心存不轨；克里米亚战争失败后，俄国独占黑海海峡和巴尔干半岛的野心受挫，便转而向东瞄准中国，企图通过支持英法入侵，在中国渔利。

日之将夕，悲风骤起；

天下大势，变动不居；

强虏狼伺，危如累卵。

1844 年，一位扬州秀才叫黄均宰的，第一个使用了“变局”这个词来描述时局。的确，数千年未有之大变局无法回避，数千年未遇之大灾难已经临头，越是危难临头，越是能够诞生崭新的观念，孕育出思想的巨人。面对危机，国中有识之士，纷纷起而求变图强，如林则徐、魏源、姚莹、梁廷楠、包世臣、徐继畬、冯桂芬、夏燮、林福祥、汪永泰、萧令裕、杨炳南……一时精英，横空出世，辨识夷情，谋求自强，建言著述，议论风生。特别是以魏源为代表的“师夷长技以制夷”的卓越思想，更成为一个时代民族自强的风标，标志着中华民族的精魂已经开始探索从危亡走向重生的道路。

然而，“思想”的伟大时代，常常是“制度”的黑暗年代。

林则徐、魏源的声音不可能传递到咸丰皇帝的耳朵里，咸丰皇帝所能听到的，除了征剿太平天国起义的消息和后宫佳丽们的燕语莺声，就是如市井流传的对联所描述的“著著著，著奴才该死；是是是，是天子英明”了。

英法两国早已等得不耐烦了。对于它们来说，真是万事俱备，只要一个借口，就可以公然发动侵华战争。而借口，只要寻找，总是有的。

不久，英国人就发现了停泊在广州海珠炮台附近的那只叫“亚罗”号的绿色划艇。

大变，再次来临。

12.“亚罗”号事件

1856 年（清咸丰六年）10 月初，广东水师千总梁国定接到报告，说在海珠炮台下的省河里，有一艘形迹可疑的神秘船只，叫“亚罗”号。

省河里的民船挨挨挤挤，舷橹相接，帆樯如林，“亚罗”号并不起眼。可它的舷窗上为什么要用布遮着？近来，梁国定正在四处搜查缉捕海盗郭亮的父亲，这个郭老头儿是不是藏在里面？

梁国定决定采取行动。8 日清晨，他带人突然冲上“亚罗”号，将船上的 12 名水手全部缉拿。

按理，中国当局在中国的领土上缉拿人犯，和英国一点关系也没有，可偏偏是这件事，引发了惊天动地的大事变。

还记得《南京条约》签署后在报国寺赋诗一首的郭士力吧？这个人早年迎娶了一位英国斯特拉福德郡姑娘做妻子，并收留抚养了妻子 14 岁的小弟弟巴夏礼（H · Parkes）。

“小舅子”巴夏礼早年丧父，生计无着，被叔叔拉扯长大，自小倒也伶俐。随姐夫到了中国后，先是在澳门读书，学习汉文，后来又被姐夫推荐给英国侵华军全权代表璞鼎查做了一阵子小跟班儿。巴夏礼如同一切贫穷而又见识过富有的底层人物一样，渴望机遇、奋斗与成功。如今，凄惘东来寄人篱下的“小舅子”已经28岁，成了大英帝国驻广州的代理领事，正随时准备干出一番惊世骇俗的事业，闯出自己的前程儿。

得知“亚罗”号被搜查，巴夏礼立即带人跑来，找到梁国定，摆出一副找事儿的样子，厉声质问：“‘亚罗’号是在香港注册的英国船只，船主苏亚成领有香港英商通航证书，你们中国水师无权对其进行搜捕。这是对大英帝国合法权益的严重侵害。”

梁国定理直气壮地反驳：“这些人身犯国法，我是奉命逮捕，与你英国人何干？”

巴夏礼继续强词夺理：“即使他们的确是犯了罪，也应该由英国领事馆拘问，你们中国人有这个权力吗？告诉你，现在，我要把人带走。同时，我代表英国政府向贵国提出抗议，你们侵犯了大英帝国的权宜，而且，在拘捕人犯的过程中，你们的人还扯下了大英帝国的国旗，这是不能容忍的。”

梁国定也强硬起来：“这事儿，我可做不得主。况且，那船上本来就没挂着你英国的国旗。”

巴夏礼振振有词：“条约（指《虎门条约》）第9条规定：对英船上的所有犯罪者的起诉，应通过英国当局。你们这样做，就是违反条约！”

梁国定拍拍肋下挎着的腰刀，冷哼一声：“我是个当兵的，上司让我抓我就抓，让我杀我就杀，不懂什么条约不条约，你有话可以找我们叶督宪叶大人去。”

巴夏礼觉得和梁国定争辩解决不了问题，愤愤而回。当晚，巴夏礼就向两广总督叶名琛提出了抗议照会。同时，他向英国驻香港总督兼驻华全权公使包令（J·Bowring）作了汇报。包令一查，原来“亚罗”号所持的执照，早在半个月前就到期了，因此，它既不受英国的庇护，也无权悬挂英国国旗。

但是，包令怎能坐视这对华开战良机的丧失？他早就等待着这一天。此时此刻，英军已经开始行动，英舰正悄悄向内河机动。即使没有“亚罗”号纠纷，包令也准备炮轰猎德炮台，公然挑起战端。他指示巴夏礼：“你应该立即通知钦差大臣（指叶名琛），对已经发生的事情我要求道歉，并要求保证将来英国国旗受到尊重。这种通信往来限于48小时之内，一旦超过时间，你便受命随即要求海军当局协助你强迫要求赔偿。”同时，他通知英国舰队司令西马糜各厘，立即率军舰进占有利阵位，随时准备对中国发起猝不及防的攻击。

广州城总督衙门里的两广总督叶名琛，是个“怪人”。

叶名琛，字昆臣，湖北汉阳人，道光年间中了进士，此后在仕途上一步一个脚印，拾阶而上，历任知府、道台、布政使、巡抚，直至两广总督、授协办大学士。历史上，对他有毁有誉。毁之者，认为他内战内行，外战外行；刚愎自用，妄自尊大；大敌当前，处置失措；昧于敌情，相信扶乩；昏愦无能，顽固不化。对他在战争中失常的表现，也下了“不战、不和、不守；不死、不降、不走”的考语。誉之者，认为叶名琛是条生不逢时、死不逢地的汉子，他不屈于外敌，“亚罗”号事件之前，曾顶住压力，多次挫败英夷进驻广州城的阴谋。英军攻城时，他虽然办法不多，但还是硬撑了很久，比起那些见敌望风而逃的官儿强多了。他身当大变，本就一木难撑，即所谓“纵云一范军中有，怎耐诸君壁上观”，但他起码还能保持气节。最后以堂堂天朝总督之身被英军捕获，押往印度加尔各答，做了“海上苏武”。据说他因为“不食周粟”，一年后在印度绝食而死，良可哀矣。

然而，历史不会因为后人的品评而改变。叶名琛接到巴夏礼的抗议照会后，迫于压力，先是放回了5个人。但巴夏礼不依不饶，非要放回全部人犯。叶名琛无奈，只好让南海县令华廷杰携带照会和全部12名人犯去广州城外的英领事馆交涉。没想到巴夏礼有意刁难，提出一定要那个“凶蛮无礼”的水师千总梁国定亲自送回人犯，并前来赔礼道歉。

最后，巴夏礼给叶名琛下了最后通牒：“以明天午后为限，如逾期不允所请，即进兵攻城。”

这一天，是1856年的10月22日。

叶名琛似乎觉得巴夏礼这个洋鬼子不可理喻。他判断英国人绝不可能为此等鸡毛蒜皮的小事开战。第二天——10月23日，是原定举行广东武举乡试的日子。为朝廷遴选人才，是件大事，叶名琛当然不会顾及小小的巴夏礼的威胁。

武举乡试，依旧是考校应试生员的马步三箭，举石锁，舞关王大刀。身为总督，叶名琛要亲临校场主持考试。

就在叶名琛校场点评生员的马步功夫的时候，英国人进攻的炮声响了起来。

第二次鸦片战争爆发，新一轮的民族灾难开始了。

……从10月23日开战，广州的战斗进行得一波三折。英军几度进逼广州，甚至曾经冲进城中，抢掠了叶名琛的总督衙门。严格地说，叶名琛的确没有组织起像样的防御战役。当英军展开进攻时，他“镇定自若”，坚持说：“必无事，日暮且走。”广州毕竟太大了。当时，英军在华的兵力总共不过2000人，要全部占据广州，也不可能。与此同时，英军的暴行，激起了广东人民的极大愤怒，“南海大沥九十六乡绅董，练勇万余名，自备粮械，”声言要“与英夷决胜负”。受雇于外国人的中国人也纷纷罢工。为外国人服务的十三行商馆被焚毁，英军舰船遭到广州百姓自制的火船攻击，英国人汲水的水井里也被投了毒。焦头烂额的英军，只好被迫撤出省河，等待援军。而叶名琛在北京关于“设法驾驭”、“以息兵端”的指令下，也没有组织追剿。广州之战，进入异常蹊跷的胶着状态。

被暂时的休战迷惑的咸丰皇帝一时居然大喜过望，他表彰叶名琛说：“该督久任粤疆，熟悉夷情，必能设法驾驭，操纵得宜。朕亦不为遥制。”

然而此时，英国人一天也没有闲着，他们在加紧酝酿更大的战争。

在中国爆发的战争，给伦敦带来了新的兴奋点。1857 年（清咸丰七年）春天，伦敦接到了包令的详细报告，首相巴麦尊（H·J·T·Palmerston）和外交大臣克拉兰顿（Clarendon）激动得难以自制。同年 4 月，英国国会下院开会，讨论对华作战方针。一批好战的议员立即掀起了战争的叫嚣。

巴麦尊首先发言，指出：“英国遭受了很大的侵害”，“我国的条约权利已经被践踏。”

曾出任广州领事的下院议员阿礼国（R·Alcock）随声附和：“从过去的许多事实证明，不（对华）诉诸武力是不行的。要维持我国工厂的生产和提高大英国的声誉，必须进行战争；要消除中国的民族偏见和妄自尊大的态度，必须进行战争。”

曾出任中国公使的文翰（S·G·Bonham）紧接着表示：“《南京条约》所确定的狭窄范围和很有限的让步原则，实际上是承认了过去的传统……废除这种原则并重建一个不同的基础，是我们政治上的平等所必需的。然而过去的九年来，我们尽了很大的努力，数次往返于广州、白河之间，毫无结果。因此，我同意阿礼国的意见，我们除了战争，别无选择。”

但是以科布登为首的反对党议员纷纷表示反对，他们并非主持正义，而是认为此刻开战，时机不对。因为英国正在经历一次严重的经济危机，很难拿出巨额的军费开支。况且以区区“亚罗”号事件为借口对中国宣战，也未免太牵强，太缺乏“绅士风度”了。

英国“民主政治”的争吵结果，是投票决定另一个主权国家的命运。

但票面的统计让主战派失望：263 票对 247 票，对华战争提案居然被否决。恼羞成怒的巴麦尊当然不能就此罢休，他使出强硬的手段，坚决地解散了下院。并用尽一切手段，凑足了所需票数，强行通过了对华作战的议案。

紧接着，巴麦尊任命额尔金（Elgin）为全权大使，赶赴中国，主持战争。同时，英国照会法、美、俄三国，要求它们对华采取一致的战争行动。

法国几乎没有经过任何犹豫，就命令葛罗（Gros）为全权大使，带领军队，赶赴中国战场，参加到侵华作战的行列中。

此时此刻，英国人和法国人，重新回忆起 1841 年英舰队兵临大沽口所获得的“惠而不费”的“超值享受”。他们的目光再次从中国广州转移到了临近京津的大沽口。

1857 年 4 月 20 日，英国外交大臣克拉兰顿给额尔金下达训令：

女王陛下指派阁下为解决英国政府与中国皇帝之间各种重要事务的高级专员和全权大使。我接收女王之命转达以下指示：如果谈判破裂，女王陛下政府将采取下列的一项或多项行动：

一、封锁白河（大沽口）；

二、占领扬子江上大运河的入口处；

三、占领舟山；

四、封锁芝罘及其他中国海口；

五、切断大运河通过黄河的入口处；

六、在广州上游登陆，占领制高点……

封锁、占领大沽口，直接威胁北京，要挟中国皇帝屈服，被列为第一要务。

无独有偶，1857 年 5 月 9 日法国外交大臣给葛罗的训令中也明确写道：

你要到白河（大沽口）去，和北京直接交涉。

而法国海军大臣在给法国驻印度支那舰队司令果戈·德热努依里的信中更是强调：葛罗北上去白河（大沽口）前，战争可能已“带有国际性质”。那么，法国军队应当配合在白河的威慑行动，“占领舟山港及其附近地区”，并“派军队去扬子江，切断运河的交通”。

大沽口，中国的“软肋”，已经毫无秘密地暴露在西方列强的面前，以致西方列强每一次对华采取侵略行动之前，他们首先在地图上寻找的，都是那片白沙漫漫、平旷无险的土地。

他们试图用中国人的血，把白河变成一条“红河”。

大沽口，再次面临危机。

13. 敌情与风月

自打 1857 年 12 月以来，从南方传来的，都是让人心惊肉跳的坏消息。

——12月中旬，英夷、法夷纠集海陆军兵5000之众，兵临广州城，占省河，取炮台，进而准备攻城，非要叶名琛赔偿被广州民众烧毁的十三行商馆损失。叶名琛总督坚信扶乩的结果，认为根本不必理睬他们这些洋鬼子，大仙说了，只要挺过十一月二十五日（1858年1月9日），危难自解。

——新任驻华美国公使列维廉（W·B·Reed）接到美国国务院的训令，要求他和英法施行“外交合作”，并授权向中国表示：美国认为英法的对华要求是“公正合宜”的，美国对英法的军事行动“表示赞同”。但美国又不急于直接参与战事，以便在适当的时机出面“调停”，从而继续上演鹬蚌相争、渔翁得利的好戏。

——俄国已派普提雅廷出使中国。他本来是想以帮助清政府镇压太平天国起义为条件，为沙皇牟取黑龙江以北的大片中国领土的，遭到拒绝后，普提雅廷立即转道香港，加入了英法美的联合阵线。普提雅廷还向联合阵线提供了他们珍藏已久的秘密——从大沽口到通州再进攻北京的具体路线和实际可行性论证。

——12月底，广州陷落，叶名琛被俘，南方战局糜烂不可收拾。

——1858年2月4日，英法美俄四国公使通过上海领事馆向清政府提出照会，要求公使在北京设馆居住，开放沿海新口岸，准许外国人自由游历内地，赔偿军费及广州侨民的损失，修订税则等等。清政府彷徨无计，意图拖延，请求英法美三国公使回广州与接替叶名琛的新任两广总督黄宗汉商办，俄国公使回黑龙江等候办理结果。四国公使哪里会这样听话？3月底，四国公使相继自香港来到上海，共同商议对策。英国公使额尔金首先提出：“看来，现在只有让我们的战舰出现在白河口内，才有可能迫使中国皇帝和他的政府就范。”老奸巨猾的俄国公使普提雅廷也随之煽动说：“现在的确只有这一个办法，就是：占领天津，直接威胁北京。”会谈结果是四国达成共识，即立即组织联军北上天津大沽口，和中国皇帝在炮口下直接对话。威慑不成，就一不做二不休，一直打到北京去！

此时此刻，大清国的咸丰皇帝在干什么？

2000年3月的一个春夜，笔者写到此处，禁不住要停笔思索——综观清史，咸丰皇帝大概要算做最后一个可以乾纲独断的君主了（他以下的同治、光绪、宣统，无一例外地生活在一个女人的阴影下）。按照一般的理解，咸丰也绝不是一个智力低下的皇帝。在他继承大统之初，国家新败，国库空虚，官吏腐败，时局艰危。他也曾有过励精图治的决心。他要求整顿吏治，发掘人才，广招直言，凡有利于国家的，皆可“具实直陈，封章密奏”。他的政治举措虽然没有得到认真的施行，但起码可以证明咸丰皇帝还不痴呆，还不至于像“戏说”历史的电影电视中所表现那样只会“御褥争战”吧？可是，面对江山社稷的大危机，他究竟为什么会表现得如此糊涂如此麻木呢？

请看：广州失陷，天下震动。咸丰却认为夷人占了广州，应当满足了。于是命令广州巡抚柏贵，要“以情理开导之”，好言劝说夷人撤兵，然后再“相机筹办”。对于侵略者北上的可能，他本来若明若暗，但却坚信“至该夷欲来天津，自有办法，毋庸过虑”。直到3月里四国联军分批北上，英舰10余艘、法舰6艘、美舰3艘、俄舰1艘，相继开往大沽口时，咸丰皇帝还固执地认为这“自是虚声恫吓”而已。

有人说：咸丰皇帝有病——他身患“虚症”，凡是身患虚症，又拥有一定权力的男人，最容易暴躁亢奋，多疑易变，自大自尊，终日焦虑不安，且满脑子不切实际的狂想……

也有人说：咸丰皇帝其实没病，只是酒色过度之后，进补不当，吃了太多的人参，喝了太多的鹿血，内虚而外实，下寒而上热，冰炭交攻，水火不济，烹煎肝肺，克袭肾阳，难免心气浮躁，焦思少眠，精神散乱，生出些个不着边际的怪想法又不听别人的劝说……

医学的逻辑无法改变历史的逻辑。不管咸丰皇帝真病也好，假病也好，现在，英法美俄的军舰给他“治病”来了。

此时此刻，大沽口炮台垛口旁的士兵们，已经可以清清楚楚地看到海面上夷船冒出的浓烟了。这个时候，大沽口一共只有炮台4座，其中北岸1座、南岸3座，装备射程近、射速慢、威力不大的旧式火炮数十门，守军也只有700人。

刚刚署理直隶总督的谭廷襄来了，在大沽口海神庙建起了临时营帐。这个谭廷襄，字竹崖，浙江山阴人，道光十三年的进士出身。观其一生事业，可以概括成一副对联：“写得一手好文章，专事争功诿过；当了多年大昏官，荣辱不弃烟灯。”其人品官声，可见一斑。

咸丰皇帝给谭廷襄的旨意上说：“天津系畿辅重地，商贾辐辏，极应严为之备，以免疏虞。”但皇上没说要打，只是让谭廷襄“于海口各要隘，不动声色，严密防范。如果夷船驶到，须先严禁沿海居民毋得接济食物，私通贸易，使其不能久留；一面委派妥员与之理论，令其驶回广东，听候查办”。

视察了大沽炮台，谭廷襄心里打起了鼓。皇上说：让夷船“驶回广东，听候查办”。哧——洋鬼子要是听皇上的话，叶名琛叶大人也就不用当俘虏了。不当家不知柴米贵，不担担子不觉沉！可皇上毕竟是皇上，他谭廷襄敢直言的话，也就不叫谭廷襄了。

问题是怎么向皇上交代。这奏折既要顺着皇上的意思走，又要稍稍讲讲大沽口的危机，给将来留个退步，还要显示出自己深知戎情，不负皇上重托。哎，难呀！当官儿有时也不容易！谭廷襄顾不得返回直隶总督在天津的行署，就在海神庙大营里吸足鸦片，打起精神起草奏折。这一夜，谭大人用出了自己江南才子的一切本事，写得好辛苦，他没敢直接告诉皇上大沽口缺兵少炮，甚堪忧虑，而是东拉西扯地写道：查夷兵“长于水战而不长于陆，狡猾性成，未必肯舍长就短”，因此，我军设防应“仍以水路为主，兼备炮台后陆路”。除了这个不着边际的“作战方针”之外，谭廷襄还提出应当在白河两岸炮台间架设临时性浮桥，“以通南北两岸之路”，并加强北塘海口的防务。同时，还应该请大沽口当地绅商筹办民团乡勇、稽查海口船只，有事时可先断洋人的接济，等等。

战云密布，时间对谭廷襄、对大沽口是多么宝贵呀。可一天又一天过去了，大沽口的兵，不见增一个；炮，不见添一门。连炮台上的士兵们都焦急起来。他们打从来到大沽口，耳朵里灌满的，就是当年与英国舰队对峙的往事。老兵的故事中充满着夸张色彩，洋鬼子的大炮有多粗，战船有多大，洋人浑身有多长的红毛，鸬鹚长腿怎么不会打弯儿。还传说上次英夷来大沽，龙王爷和关圣帝显了灵，连夜派金盔金甲神兵一万三千六百二十四名，捉拿英夷首领，不杀不斩，一顿鞭打，薄施惩戒，放了回去。吓得英夷，连夜不战而逃。也不知这次龙王爷、关圣帝还会不会显灵。要不，咱别擦这门破炮，也别磨这把铁刀了，咱们还是到龙王庙、老爷庙烧烧香吧……

大沽人六神无主时，朝廷又下旨了。皇上说：你们别大惊小怪，吓唬自己。夷船至大沽，“必先投递夷文，窥我动静，未必遽行滋扰。”

又过数日，圣旨再下，要求谭廷襄对英法美俄联军“仍当以礼相待”，因为朝廷正在“思柔远之方”。这道圣旨下达时，直隶总督谭廷襄、直隶布政使钱炘和，负责大沽沿线防务的军官——直隶提督张殿员、天津镇总兵达年都在场。圣旨上还特意要求张殿员、达年，夷兵来前，尔等当约束士卒，“不动声色，严密防守，若夷船到后，自当多拨兵勇，张大声势，使该夷不敢轻视。”

张殿员行伍出身，躁急脾气。他听完旨意，起身问谭廷襄：“大帅，夷人诡计阴谋甚多，我军必须抓紧时间，增兵添炮，凭险设防，才是应敌之策。朝廷这虚声恫吓的办法儿，标下以为未必管用。”

“住口，谁让你妄议?”谭廷襄不待张殿员说完，大声喝止。

坐在一旁的钱炘和站起来，抖抖衣襟，伸手拍拍张殿员的肩头，半似解释，半似讥笑地说：“殿员兄，你忠勇可嘉，令兄弟佩服。可你还真的想和洋人打上一仗呀?”

“那依你……”

钱炘和哑然失笑：“你的任务，不过是摆开阵势，吓阻一番而已。”

谭廷襄打了个哈欠，挥手让大家散去，自己回到内营吸鸦片去了。

钱炘和呢，这些日子他有一个秘密。原来，钱大人有“寡人之疾”，离不了女人。出兵放马到大沽口多日，他如何耐得。于是心生一计，让小妾女扮男装，混入军营，夜夜寻欢，淫声浪语，传于帐外，引得巡逻士兵，纷纷持枪荷戟，伫足偷听窃笑不止。

敌情日急于海口，风月正浓于营中。

大清国，就是这样准备应接西方世界蓄谋已久、精心准备的武装进攻。

14. 炮台激战

进入4月中旬，援兵终于慢腾腾地开来了。此时，大沽前线聚集了各种建制的部队总共8000人。前敌主帅谭廷襄率督标各营驻防大沽东、西两村之间的海神庙。张殿员和天津右营游击沙春元率一部分提标兵守北岸炮台；达年和大沽协副将德魁率镇标及大沽协兵守南岸炮台。“风流大员”钱炘和总办粮台，清河道崇员总理营务处。刑部左侍郎国瑞、护军统领珠勒亨、副都统富勒敦泰率京营马步各队及火器营、健锐营兵2000余人，携带火炮30门也赶到海口。担任主要防御作战任务的是前路炮台，后路各营负责援应，彼此相距仅数里，一旦开战，完全可以前后相顾。

北京城里的咸丰皇帝，也开始对大沽防御形势担了心。多疑的皇帝派工部尚书文彩秘密抵达天津，想了解一下谭廷襄究竟在干什么。文彩到天津后，根本就没有前往大沽，而是责令中营守备李万年“轻骑简从，潜赴海口”，对谭廷襄的作战部署和前敌敌情作秘密查访。

不久，李万年“私访”归来。根据他的报告，文彩向咸丰皇帝禀报：“海口内有炮台四座，上安铜铁大炮，或八九尊，或五六尊。炮台下土墙内，安设大小炮位，多寡不等。沿河要隘处所，均有营盘驻扎。并有本地乡绅带团勇千名，屯扎西草沽地方。”至于敌情，文彩禀报：“惟拦江沙以内，南炮台中炮台以外，约计里许，有火轮船八只、艇船三只，往来游驶。其未入海口火轮船尚有十只。”

凭着这份语焉不详的禀报，咸丰皇帝怎么能弄清前敌的情况？他只好依旧寄希望于“前往理谕，设法羁縻”。

确实，英法美俄四国舰队到达大沽口后，的确制造了要谈判调停的假象。他们用外交谈判做幌子，和清政府周旋，以赢得战前最后的准备时间。并秘密侦察大沽防御部署，测量水道，设立航标，进行临战训练。这个时候，在大沽的侵略军共有：英军舰船炮艇15艘、炮185门、兵力2052人；法军舰船炮艇11艘、炮164门、兵力600人；美军舰船3艘、炮100门；俄军舰船1艘、炮6门。总计舰船33艘、炮455门、兵力数千人。这样庞大、散乱的一支“多国部队”，又是劳师远征，当然需要一段时间的战前休整。

“击敌于疲惫之时，攻敌于未阵之际”，这本是最佳的进攻良机。可是，前敌主帅谭廷襄，却在忙别的事情。

直隶总督谭廷襄忙坏了。他早已顾不得战争准备了。根据皇上的旨意，他开始和四国公使进行“马拉松”式的谈判。

谈判的情况可以说是当时大沽口的一道“风景”。谭廷襄在中炮台的一侧坐西向东搭建了芦席大棚，里面挂上红布帷幔，铺上红毡，摆上桌椅，陈设果品、蜜饯，棚外还有小伙房，随时准备着开宴款待各国公使。几乎每天下午四点左右，外国使节就乘划艇来到河岸。谭廷襄派来的四人轿早已在此恭候。外国使节昂然入轿，轿前的西洋乐队立刻吹打起来，一路呜呜哇哇，有点儿像乡间的请神会，闹社火。四国本来就是抱着战争的目的北上的，谈判只是借口，所以你来我往，轮番上阵。在谈判的底牌上，却互通声气，联合起来，要价越来越高，所谓“俄国要攫取中国领土，法国要传教，英国要发展贸易，美国则要扩大其影响。表面上两个（英、法）要‘打’，两个（美、俄）要‘和’”，把个谭廷襄捉弄得糊里糊涂。正是：这壁厢唇舌焦，百般劝；那壁厢明谈判，暗备战。

待一切准备得差不多了，英国公使额尔金、法国公使葛罗分别向谭廷襄发来照会，再次重申有关谈判条款，并强硬地限令清政府在6日之内予以答复，否则，就要诉诸武力。

面对日见紧迫的期限，谭廷襄也不得不说点儿实话了。他向咸丰皇帝奏报：

> 惟臣等自上月十六日至今，与该夷等相持已二十余日，其间情况变幻，倏忽不同，大抵俄酋阴为主谋，英、法恃强挟制，美酋则两相依附。一国之事，各国皆知，诡计多端，合而图我。

没等咸丰皇帝做出回答，5月19日，英法已决定次日发起进攻。

为了确保攻击得手，英法敦请美国副公使卫廉士于19日中午前往大沽。

卫廉士像个和平使者一样，衣冠整洁，步履从容，带着微笑，来到炮台。当时在炮台的钱炘和忙迎上去，作揖打拱。卫廉士也假装近乎，和钱炘和磨了一阵牙。其实，卫廉士就是要制造假象，迷惑对手，同时，也看看炮台的戒备程度。

如此“谈判”，当然不会有结果。但卫廉士看到了他想看到的一切。

下午，卫廉士向英法联军报告：今晚明晨，可以动手。

当晚，联军开始行动。停泊在外海的8艘舰船，突然鱼贯向前机动，冲过拦江沙，和先期在此停泊的8艘舰船会合。另外20多只载满登陆部队的舢板也赶到，隐蔽在军舰的后面。敌各舰集结完毕，立即鸣响鼓号，桅杆上升起了准备战斗的旗帜。联军的作战部署是：

首先，由英舰“鸬鹚”号、“霰弹”号、“火箭”号组成第一队，在英国海军上尉图依翁的指挥下，负责攻打南岸炮台。由法舰“雪崩”号、“龙骑兵”号、“纳姆罗”号组成第二队，在法国海军上尉弗里诺指挥下，负责攻打北岸炮台。并规定两队必须同时发起攻击。

其次，由457人组成第一登陆队，攻取北岸炮台；由721人组成第二登陆队，攻取南岸炮台。

此外，其他战舰由英国海军上将西马糜各厘、法国海军上将果戈·德热努依里共同指挥，相机支援。

5月20日，太阳照常升起，清晨照常来到。

上午8时，两只悬挂英法两国国旗的小艇从舰群中划出，法军上校雷诺、英军上尉霍尔，送来了英法两国公使额尔金和葛罗的最后通牒，要求立即让四国公使前往天津，限令清军：必须在两个小时内交出大沽炮台，否则，炮击将立刻开始。

谭廷襄一下子就傻了。

将近10点，联军炮艇驶近大沽口炮台。10点整，敌舰上黑洞洞的炮口突然火光一闪，数排炮弹飞向了大沽南、北炮台。

“轰——”

“轰——”

爆炸声震耳欲聋，巨大的黑色烟柱腾空而起，炮台前的土垒沙石飞溅，遮没了炮台守军的视线。

战争，真的开始了。

清军开始似乎被惊呆了。根据北京的指示，在任何时候，他们都“不得先行开炮”。但当敌人的炮弹在炮台前炸响的时候，北京的旨意、谭廷襄的命令就全都失去了意义。也许只沉默了一分钟，南北两岸的主炮台和左、右炮台的火炮就开始还击了。

突前的英法两个编队 6 艘炮舰，一边开炮轰击，一边开足马力朝前冲。西马縻各厘和德热努依里乘坐的旗舰“斯莱尼”号上的大口径远程炮也开始射击。

敌人的炮火相当凶猛。相比之下，清守军的火炮显得运转不灵，威力也小得多。再加上敌舰是乘落潮而来，距离又远，守军的大部分炮弹打不着敌舰。但是，敌舰毕竟暴露在毫无遮掩的河口，清军的炮击把河口滩头，炸成一片，烟柱水柱，此起彼伏。不久，4 只满载联军登陆部队的舢板相继中弹，船身一歪，船底立刻朝了天。船上的登陆兵全部落水，没有受伤的手忙脚乱地往邻船上爬；受伤的在河心尖叫着，哭喊着，载沉载浮；另外一些，伤口上淌出的血染红了周围的河水，人却已经放漂了。

敌军的炮火更加猛烈了。游击沙春元指挥的北炮台、总兵达年指挥的南炮台遭到敌炮火的重点轰击。炮台的围墙倒了，顶盖也掀了，整个炮台变了个样，像是一座座燃烧的土山丘。炮台里的情况更加危急，炮弹火药越打越少，伤亡越来越大，不少火炮被击毁，有的被震翻在一旁，还有的火炮没打多久就炸了膛。

可是，能打响的火炮仍在还击。对射中，冲在前边的敌舰“霰弹”号甲板突然“轰隆”一声，像被一只从天而降的巨锤砸了个正着。紧接着，爆炸声四起，“霰弹”号舰长的身体从指挥台上被掀了出去，在半空中翻了个圈，“扑通通”落入水中。其他十几个水兵，也当场被炸死。

这时，大沽守军埋伏在河口以内的 50 多只火船、火筏一齐冲了出来，一边燃烧，一边顺河水撞向敌舰。英法海军哪里见识过这种战术，舢板上的敌人惊叫着，七手八脚用船桨和上了刺刀的步枪撑开火船、火筏。一时间，白河燃烧了，变成了一条愤怒的火河。

“告诉大帅，马上来增援！”

“请求大帅，速送来炮弹火药！”

“马队！快出动骑兵！沿河打龟儿子的！”

炮台上的将官们呼喊着、咆哮着。他们身边，能开火射击的大炮每时每刻都在减少，受伤的士兵来不及包扎，都在坚持战斗；停止战斗的，鲜血已经流尽。将官们的眼睛里喷着火。什么“遥相支援”，什么“互为策应”，谭廷襄在哪里？钱炘和在哪里？后援部队在哪里？

从危急中的炮台上西望，可以遥遥看到海神庙大营，但看不到谭廷襄那张惊惶失措的脸。因为此时，谭廷襄、钱炘和已经出了大营。他们不是向前支援，而是飞快地冲进大沽村。在那里，他们找到了事先藏好的两顶轿子，立刻钻进去，让卫兵抬着他们，仓皇西逃。后路清军见前方有人逃了下来，以为炮台已经失守，一时兵勇惊溃，弃甲曳兵，整个后备部队迅速散乱瓦解，在通往天津的大道上形成了汹涌的败兵狂潮。

炮台，仍在英勇的守军手中。

但是，大炮已经停止了呼啸。

炮台上，一下子静了。所有的人——将军和士兵，都脱光了上衣，袒露出胸膛。这里，似乎已经没有了将军和士兵的分别，只有一样的血肉之躯。他们每个人的手里，都握着大刀、长矛、铁叉和木棍，准备和敌人死拼。是的，同是军人，当他处身于整体的仓皇溃败中时，他就怯懦，就完全可能成为逃兵；而当他置身于整体的不屈战斗中时，他就勇敢，就是无畏的勇士。

敌人开始在炮火消歇的河口强行登陆了。此刻，距离敌人发动第一轮炮击，不过一个小时。

红色。

黑色。

白色。

蓝色。

一片五颜六色的洋鬼子军服，一片五颜六色的洋鬼子旗帜，一片闪闪发光的敌人的刺刀。近了，又近了，已经可以看到洋鬼子的黄头发、黄胡子、蓝眼珠了。

“冲!”

不知是谁的喊声。随着这喊声，炮台上的军人挺直了身躯，他们跃出了残破的护墙，身体已经不再敏捷，但他们手中的长矛、大刀一点也不颤抖，那耀眼的锋刃上反射着正午太阳的光芒。

……游击沙春元倒下了。

……都司陈毅倒下了。

……千总常荣恩、刘英魁，把总李荣，经制外委赵国璧、石振纲，护军校班全布、增锦，骁骑校蔡昌年，鸟枪蓝翎西富广倒下了。

……更多的没有留下姓名的士兵倒下了。

所有参加最后的白刃格斗的军人都倒下了，没有一个人逃跑，没有一个人投降。

连参战的四国联军军人都为之震惊。他们感到了恐惧，纷纷闭上眼睛，不敢直面这被鲜血染红的炮台。

15. 大溃败

大清国的旗帜从白河口消失了，英国的米字旗和法国的三色旗升上了硝烟未散的大沽炮台。

联军的军舰顺利地进驻内河，停泊在东沽的浮桥一带。

登陆兵开始扫荡大沽的乡村镇店，东西两沽的老百姓遭了殃。在侵略军的刺刀下，他们背着老的，抱着小的，啼哭呼喊，奔逃在春天的田野间，田里青青的禾苗被栽种它们的主人践踏。联军截击、驱赶着无辜的乡民，强迫他们回到住所，头缠白布，门插白旗，以示投降。

联军开始检点伤亡。他们公布的数字是：参战联军共1800人，其中法军阵亡7人，受伤59人；英军阵亡5人，受伤17人。

炮台几乎被炮火夷平了，砖石满地，炮械狼藉，焚烧尸体的臭气熏天。

在炮台上，侵略军看到了400具中国军人的尸体。其中很多尸体已被烧得焦黑，几乎无法辨认哪个是士兵，哪个是军官。死者的身躯其实并不高大，但他们始终不瞑的眼睛，因为仇恨而变得狞厉扭曲的脸，实在让人畏惧。

此时此刻，人们在寻找谭廷襄，寻找钱炘和。

钱炘和在逃跑中和谭廷襄走散了。这个“风流情种”据说在逃亡的路上，也没有抛弃他的小妾们。对于他的结局，我们没有兴趣追究，只记得民间流传着这样两句“赞语”：携二金钗贮大营，风流最是孔方兄。“孔方兄”，就是钱，此处暗指的，就是钱炘和。

谭廷襄仍在逃跑。下午2点，好不容易逃进了驻新城的游击官署。谭廷襄的官服不知什么时候扯掉了半幅下摆，帽子上的花翎也歪在肩头，靴子上满是尘土，里面汗水叽叽，腰刀上的系锁断了，刀身一直拖到了地面。他喘着粗气，顾不得一品大员的体面，抓起茶壶就是一通“咕咚咕咚”的豪饮。一直抬着他的护兵，早已瘫倒在地，连说话的力气也没了。

“当此国难，各位能和本督共赴时艰，”谭廷襄对卫队说，“可见都是忠勇之士。本督一定不会亏待你们，将来一定代奏皇上，论功行赏……”

就在这时，街头一片大乱。从前方溃败下来的士兵和逃难的两沽百姓，像一股潮水，灌了个满街满巷。

什么叫做军队的“溃败”，那不是一种有组织、成建制的转移，那是一种失窝蚁、乱群蜂般的混乱、惊慌。没有了队伍，没有了号令，没有了长官，没有了纪律，没有了尊严，没有了意识，甚至没有了方向，只是跑，追随着大部分人流盲目地跑，既不问身在何处，也不知将去何方，只知道每迈进一步，就离死亡远一步；每停留一刻，就多一分危险。逃跑中的士兵开始撕扯前胸后背上写着“勇”字的标志。没有了这个标志，他们的军服就和老百姓的衣服没有什么两样了。一时间，大道上到处散乱着士兵的包头、腰带、裹腿、“勇”字。但是士兵们还没有扔掉他们的刀，而且好多人的肩上多了花花绿绿的包袱，显然，士兵和土匪已经没有什么两样，他们的武器正好供他们沿途抢劫。被抢劫的还有食品，还有箱柜，还有骡马。士兵们骑着抢来的骡马，不久，他们将在一个黑夜逃回附近自家的村子。在村口，他们会把战刀扔进枯井里，然后躲进家门，待风声过后，他们就牵着从张家村抢来的骡马，去耕李家村自己的薄田。另外一些士兵将逃进城里，最终成为流民——有武艺的去看家护院，有力气的去当短工脚夫，军乐手改行打执事吹喇叭，受伤不治的沦为乞丐，最终死于街头……你让他们为战争的失败负责吗？你要他们为自己的行为羞耻吗？那你就错了。不信你把他们中的任何一个拉上未曾陷落的炮台，保准个个都是好样的。可是现在不同了，现在他们失去了共同的东西——“军魂”，他们不再是军人，也还不是百姓，他们的名字，叫“乱兵”。

这，就是“溃败”。没有什么东西比一支军队的溃败更令人恐惧的了。

谭廷襄目睹了他的军队的溃败，他的第一个反映就是：快！跟上！一齐逃！

当夜10点，谭廷襄谭大人乘轿执灯，总算逃到了咸水沽。在这里，谭廷襄遇上了千总常荣恩年迈的父亲。常老汉还不知道自己的儿子已经在炮台上为国捐躯了，一个劲儿地向谭廷襄追问儿子的下落。

谭廷襄低下了头。他也不知道常荣恩的确切消息，但他知道常老汉的儿子很可能永远留在炮台上了。

还是在常老汉的帮助下，谭廷襄谭大人在一家店铺里喝到了今天的第一口玉米粥。次日凌晨，他继续西逃，直奔天津。

进城后，谭廷襄的心稍微安定了。这时，他看见一群天津市民正围着一群军人，于是过去查看。

只见，这群灰头土脸的军人都软瘫在地上，个个盔歪甲斜。有的军官光着头，把顶翎挂在腰带上，样子狼狈至极，惹得市民驻足围观。

谭廷襄问：“你们是那个标的？为何在此现眼？”

“回大人，我们是崇纶大人和乌尔昆泰大人的部下。”

“两位大人呢？”

“回大人，两位大人开始乘轿跑在我们前边，后来抬轿的跑不动了，两位大人就夺了军士们的马，提前进城了。”

“那你们……”

“我们跑了一整天，实在跑不动了。”

谭廷襄长叹一声，鼻子有些发酸，眼泪差点掉了下来。他背过身，步履沉重地朝前走。

前方是天津紫竹林，那里有一座庙，谭廷襄得马上赶回庙里，先抽上一口大烟，然后树起直隶总督的旗号，发出将令，收拢散乱的残兵败将。

天，要亮了，今天干什么？怎么办？谭廷襄的脑袋乱成了一锅粥。

22日，谭廷襄勉强聚拢的部队集结完毕，开赴新城迎战。但只行进了8里，就停在贺家口，挑壕安营，布兵排炮。谭廷襄检点兵丁，人不过五百，炮不过十余门，且都不足千斤，加上军心涣散，不断有士兵开小差，这样的防御，其实不过是摆摆样子罢了。

第二天（23日），四国联军的大队舰船自东沽开来。谭廷襄得知消息，忙命令守备张振熊、知州卞宝书乘上骡车，上插白旗，前往咸水沽与敌人对话。可是联军舰队根本就不让他们上船，张、卞二人只好回来。谭廷襄率领的步兵向葛沽做了一次象征性的机动，也草草收兵，退回天津南关的海光寺。

联军兵临天津城下的消息不胫而走，人心大乱，商民纷纷携家带口，弃城而逃。跑得最快的，还是那些官员。钦差验米大臣文彩、仓场侍郎崇纶半夜就押着粮船，带着家眷，逃出了危城。一时整个天津，除了一个叫石赞清的之外，其他官员家眷全部出了城。

24日的夜里，谭廷襄不得不向咸丰皇帝做个交代。他拿起笔，久久无法落在纸上。

就是这支生花妙笔，为他写过多少绝妙好词。许多次，他办砸了差使，但一经这支笔描述，居然能够化丑为美，化腐朽为神奇，使他转危为安，甚至反而得到皇上的奖掖。现在，它为什么这样生涩？

大溃败的事实，曾经在他的心里产生过巨大的震动，逃亡路上所见到的一切，使他残存的良心受着痛苦的煎熬。他甚至曾经想过一死以谢天下。然而，千古艰难唯一死，想起死，想起北京菜市口外那刑场上的血光，活命自保的意识终于战胜了良知，他的那支笔，也慢慢灵动起来。

他首先把失去战机的责任巧妙地推给皇上："敕令羁縻，并不得先行开炮，致（夷人）有藉口，臣等早经通饬钦尊。"关于作战过程，他写道："该夷投递逆文，未及数刻，即有火轮船闯进北炮台，转身开炮。先击南炮台，使两炮台皆不得力。"看来，不是他谭廷襄指挥不力，而是洋人狡猾使诈，不讲信义。说到他本人在战斗中的表现，他编造说：当时炮台守将不断有人阵亡，"兵即不能立足"，这时，是他依旧"在后督战"。直到大沽炮台陷落，队伍退至草头沽时，他还镇定自若，与驻扎在那里的侍郎国瑞合兵一处，准备振奋神威，杀个回马一枪，一举夺回炮台！可惜，咱兵器不力，只得作罢。

谭廷襄的笔越来越好使。关于天津的战守问题，他又开始侃侃而谈："统观事态，细察夷情，有不能战，不易守，不得不抚者"。理由是："洋炮厉害，两岸一里内不能立足，此不能战一；我方抬枪抬炮不能伤其船，此不能战二。河无阻隔，筑坝泄水、沉船均不能见效，此不能守一；城郊船只塞满，岸屋栉比，此不能守二。"

总之，现在不能再打了，"宜'抚'不宜'剿'"。

几天来，咸丰皇帝处在极度的暴怒、亢奋之中。朕真是瞎了眼，千挑万选，选了谭廷襄这么一个混蛋当直隶总督。不是说"兵力足恃，布置皆妥"吗？怎么"一经开战，即失炮台"？你"督率无方"，也就罢了，听说还坐着轿子逃跑。你个带兵打仗的总督官儿，难道连马都不会骑了。如此胆小无能，丧师辱国，留尔何用?!

越想越气，越气越急，咸丰皇帝伸手就抓，什么铜掐丝珐琅炉瓶，什么定瓷平足笔洗，什么紫檀木嵌玉如意，抓到什么是什么，全摔到了地上。他急促地咳嗽着，脸色由涨紫到铁青。

他立下密谕，命600里加急传递："谭廷襄督办天津防务，调度无方，著先行革职留任，拔去花翎，以示薄惩。"他告诉谭廷襄等，当前要"务使郡城确保无虞，方可徐图议抚。若再有贻误，致失事机，朕唯有执法惩治，不能宽贷"。

这一夜，紫禁城里春风依旧，和煦撩人。后宫嫔妃，照样精心梳洗打扮，盼望着皇上翻她的牌子。但咸丰皇帝没有精力也没有心情。这一夜，他一直在咳嗽。清晨的时候，他咳血了。

他是忍了又忍，才没有立即杀了这个误国误君的谭廷襄，只不过革了他的职，拔了他的花翎而已。因为这个时候，你能让谁去收拾残局呢，来不及了呀。

几天来，天津的消息一时不来，咸丰皇帝就一时坐立不安；消息来了，他又心惊肉跳地不敢看。洋人开炮打散了谭廷襄虚设在贺家口的防御线，近抵天津城，占据东浮桥，向南仓一带机动。谭廷襄的部队不敢与敌交锋，节节败退，已经退到了天津城的西关外。偏偏这个时候，谭廷襄还要演戏给他看，叫喊着要和敌人决一死战，并上奏说：罪臣自誓，定"与津同存亡"。吓得天津的绅商父老，一齐跪在谭廷襄面前，请求他顾全天津百姓的生命，不要冒险蛮干。谭廷襄呢，自然就坡下驴，继续龟缩避战。咸丰皇帝也不得不装傻，应付谭廷襄："汝节制全省，岂止一津郡？若如是自誓，实为有负委任。"内心里，早把个谭廷襄看透了，恨死了。

接到圣旨，谭廷襄放了心。他知道，皇上连丢掉天津的思想准备都有了，这仗也就快打到头了。

16. 城下之盟

皇上不打了，谈判了。

其标志性的动作是5月28日内阁正式发出的上谕。上谕说：

> 著派大学士桂良、吏部尚书花沙纳，驰驿前往天津海口，查办事件。钦此。

发完上谕，咸丰皇帝又想起了惠亲王向他推荐的一个能人，他，就是订立《南京条约》时演出“投梅”丑剧的耆英。“调他去天津，他是前朝老臣，久办夷务，一定能把议‘抚’事宜办得妥妥帖帖。”

没想到，耆英由此走上了一条“不归路”。

中国皇帝发出谈判信号，说明战争的果实开始变红，变软，变得甜蜜成熟。这个时候，英法美俄四国开始为自己的利益争夺起来。其中英国的在华利益最大，攫取新特权的要求也最迫切。法国当然不愿英国“专美于前”，俄国自有关于中国东北利益的打算，美国只想坐收渔利，享受“最惠国待遇”那份美餐。

“分开谈，分开谈，各谈各的，谁有本事谁多得！”四国公使抛开了“正义联盟”的外衣，好像一家人死了老爹，几兄弟争家产争红了眼，争先恐后地去找没死的老娘，因为谁控制了老娘，谁就可能先拿到金库的钥匙。而那个老娘呢，想到的只是儿子们别再动武，她实在已经经不住推搡了。

首先来谈判的当然是英国。

6 月 5 日，东阁大学士、钦差大臣桂良和吏部尚书花沙纳在天津城南三里外的海光寺，与英国公使额尔金举行第一次会谈。

这天的情景，真是不能不看。

这一天，额尔金兴致很高，他要在中国摆摆排场。他乘坐着金顶绿呢八抬大轿，随从的 10 名文官也各乘四人轿，军官 4 名则骑乘高头大马。所有文武官员都挎着刀剑。浩浩荡荡的轿马队伍最前面，是中国当地官员派出的 4 名县役，手持柳条开道。后面，是一路吹吹打打的英国的军乐队。200 名头戴白军帽，身穿红色短上衣的英国士兵列队相随，他们个个手持火枪，枪上插着明晃晃的刺刀。其所用的轿马夫役，都是中国当地官员提供的。

相比之下，桂良、花沙纳就寒酸得多了。这在讲究天朝威仪、讲究尊严礼秩的中国，还很罕见。那天，他们所带的不过 20 几个随员、兵丁而已。为了确保钦差大臣的安全，谭廷襄还是在海光寺的周围布置了一支 400 人的部队，很有点《甘露寺》中贾化的味道。

海光寺后楼是正式的谈判地点。楼内地上铺着红毡，坐北朝南安放了三张桌子，东西两侧，各有两张桌子。当然，桌上少不了要摆满美酒佳肴。

宾主坐定，双方出示各国皇帝授命全权办理相关事务的官方文件。英国女王签字钤印的敕书，发布于 1857 年 3 月 28 日，至今已经在额尔金的怀里揣了一年两个月零八天。

这一天的主要议程就是交换文书和吃饭。此后，法国公使葛罗、俄国公使普提雅廷、美国公使列维廉的到来，大致也是这一套——见面、作揖、换文、敬酒、让菜、请茶、送客……

外国公使可没有这么客气。为英国公使额尔金做翻译的有两个人，一个叫威妥玛（T·Wade），一个叫李泰国（H·N·Lay）。在中国近代史上，活跃着不少西方人，其中当然有不少

"恶人"，比如"小舅子"巴夏礼，比如后来带兵火烧圆明园的额尔金，等等。李泰国则应当算做所有"西方恶人"中最流氓无赖的一个。

这个李泰国，是英国女王花园监督官儿的孙子，英国海军名将纳尔逊的侄外孙子。鸦片战争后，李泰国就跟着爹爹来到中国，先是随巴夏礼的姐夫郭士力学习汉语，后来当上了英国驻上海代理副领事，时年22岁，人称"毛孩子领事"。对这个年薪500英镑很难出人头地的职务，李泰国并不满足。于是，他不惜讨好江苏巡抚吉尔杭阿，终于谋到了年薪1450英镑的税务管理委员会英方委员的职务。从此，他就一直盘踞在中国海关，干尽坏事。最后，又亲手制造了"阿斯本舰队"的大骗局，把清政府狠狠地"涮"了一把，才回了国。

就是这个李泰国，谈判时比额尔金还额尔金，对中国谈判代表"神色俱厉"，"言语狂悖"，每每"咆哮要挟"，竭尽威逼折辱之能事。

连一旁的俄国公使普提雅廷都看着别扭，私下里对法国公使葛罗说："是不是让额尔金嘱咐嘱咐这个小翻译，别再采取这种和全权代表的崇高地位不相称的强暴态度。"

可额尔金根本不睬，他相信一句英国谚语："养狗本来就是让它咬人的"。

事情传到北京，气恼了一位王爷——当年的六阿哥——恭亲王奕䜣。恭亲王特地上奏一本："闻李泰国系广东民人，世为通事，市井无赖之徒，胆敢与钦差大臣睹面肆争，毫无畏惮……若不加以惩创，不特外夷藐视，将来李泰国必至各处海口扬言自负，恐从此效尤者日众。拟请敕下桂良等，待其无礼肆闹时，立即拿下，或当场正法，或解京治罪。"后来，知道李泰国并不是广东人，而是纯种儿的英国人，才只好作罢。

谈判还在进行。英法美俄提出种种要求，桂良只好唇焦舌敝地讨价还价。矛盾的焦点，开始时是三条，一是准外国人在长江自由航行；二是准外国人到内地去传教；三是准外国人在北京设立使馆。后来，桂良实在顶不住了，同意了一、二两项，但对“在京设使馆”一项，断然不敢应允。

说来奇怪，咸丰皇帝把广州丢了、总督大员让人家抓去当了俘虏，他不心疼；大沽失陷，京津危机，他还能和人家坐下来谈判；后来退让到连长江也可以开放，洋人也可以随便到内地传教，为什么偏偏不让外国人在京设立使馆呢？

要破解这个谜团，先要看看为什么额尔金说：“这个条约（指正在谈判的《天津条约》）最重要的东西是北京驻使，没有这一项，这个条约一文不值。”

西方列强最恨的，就是中国传统的排外自大，他们觉得，要彻底打开中国大门，首先要打破中国封闭的心理防线，而在中国皇上眼皮底下驻使，是最好的办法。因为这意味着迫使中国与欧美在西方的国际秩序下建立起经常性的外交关系。此外，还可以借此对清政府经常不断地提条件，施压力，牟取想要的利益，并对一贯排外的清政府实施监督和控制……

咸丰皇帝对于西方列强的险恶用心其实若明若暗，他的说法是：北京是皇城，是天子所在之地，供奉着列祖列宗。让洋人居住，祖宗没那个规矩。

而桂良的表示似乎更清楚——在议及“开放长江”时，桂良对葛罗说：“这就譬如一个人，你可以砍他的手，断他的足，但你总不能剖他的肚子吧！”按照这个推理，广州是天朝的手足，长江是天朝的肚子，北京才是天朝的头颅。手足保不住，退而保全肚子；等到连肚子也保不住了，起码还要保住头颅。头颅哪里是可以轻易丢失的？

大清国的“手足——肚子——头颅逻辑”一点也没有打动西方列强。他们开始从香港调集兵力，扬言要占天津，上北京。渤海被封锁，漕运航道完全瘫痪，北京粮食告急，米价飞快上涨了三倍半。

打，打不得；谈，又谈不下去。怎么办？

咸丰皇帝着急，就痛责桂良、花沙纳无能；桂良、花沙纳着急，就上奏折劝皇上服软。最后，桂良索性直截了当地告诉皇上：这洋人是谈一次，增加一份条件；谈一次，多提一些要求，“若不及早图维，更恐夜长梦多……奴才等负疚深重，只好俟事定之后，再请皇上圣恩，将奴才从重治罪。”

接到这道奏折，咸丰皇帝知道一切都无可挽回了。他一个人坐着，久久地、久久地坐着，不吃、不喝、不恼、不怒、不哭、不笑，从傍晚到入夜，从掌灯到黎明。

军机处的大臣们，跪了一院子。谁都不敢出声，谁也不敢走开。

君臣隔窗，无声地度过了一个漆黑的夜晚。

1858年（咸丰八年）6月26日，《中英天津条约》签署。这一天，距大沽口陷落才36天。在此前后，中俄、中美、中法《天津条约》也相继签署。这些条约的内容不尽相同，主要之点包括：

一、外国公使进驻北京；

二、增开牛庄（后改营口）、登州（后改烟台）、台湾（台南）、淡水、潮州（后改汕头）、琼州、汉口、九江、南京、镇江为通商口岸；

三、外国船只可以在长江各口岸自由航行；

四、外国人可往内地游历、通商、传教；

五、中国海关由外国人帮办税务；

六、进出口货物一律按照时价抽5%的关税，外货入内地只加征2.5%的子口税；

七、对英国赔偿银400万两、对法国赔偿银200万两……

作为这次谈判的一个插曲，是耆英大人的死。

英国人对耆英，不是恨，是厌恶。这个白白胖胖的家伙，他总是笑，总是要表现他的温文尔雅和滑稽俏皮。他说话，总是绕来绕去，而且非常不讲“信义”，表面上和我们亲着呢，转过脸就骂我们是“蛮夷”。上次在南京，他一边往璞鼎查大人的嘴里投那种很甜的小型干果，听说叫蜜饯梅子，一边和我们签署和约。可是事后，好多条款执行得都不彻底。再找他耆英，根本找不到。这一回，可是饶不了他。

有一天，耆英到美国公使列维廉的船上去拜会。列维廉有意把他引到一个玻璃柜子前面。耆英一看，里面居然全是朝廷办理夷务的档案，还有不少皇上的朱批。一问，知道是英国军队占领广州时，从叶名琛的总督衙门里缴获的。

耆英不看便罢，看后，汗就流了下来。原来，这里面有不少文件出于他的笔下，言语之间，不是在咒骂“夷人”，就是在夸耀自己如何耍弄洋鬼子。这些文件，成了西方列强要挟牟利的把柄，动不动就拿出来，指责、威胁，扬言一定要报复耆英。吓得耆英终日魂不守舍，时时刻刻都在提防洋鬼子会突然闯进来要他的命。这段时间里，耆英不但帮不上桂良的忙，桂良反而要替耆英解释、说和，求得谅解。桂良见事情不好收拾，就秘密上奏，要求咸丰皇帝把耆英调回去，以免因为耆英，影响谈判大计。耆英呢，自知洋人一定饶不了他，没等圣旨下达，就私自跑回北京躲了起来。

“谁让他跑回来的!”本来这些日子咸丰皇帝的心情就极为恶劣，一听此事，不禁勃然大怒。

原来推荐耆英去天津的惠亲王绵愉，生怕皇上转而迁怒自己，忙上本参奏:“耆英畏葸无能，擅自回京，请即正法。”

咸丰皇帝盛怒之下，命令将耆英抓起来。不久，命耆英“在宗人府空室自尽”。

耆英就这样结束了自己不光彩的一生。

从津门到午门

17. 僧王爷

僧王爷——僧格林沁阴沉着脸，站在大沽口残破的炮台上。他那对鹰眼里布满血丝，像是要和谁拼命。

他，是皇上的鹰，皇上的虎豹猎犬。

在围剿太平天国起义的作战最紧张激烈的时候，在南方抵御外敌的战事最为艰难窘迫的时候，皇上始终没有放僧格林沁过长江。他的部队一直在北京的前后左右转悠。僧格林沁知道，这，就是信任，就是倚重，他是皇上的“干城”，皇上总是把最后一道防线交给他僧格林沁。

海风吹动着僧格林沁的袍襟。夕阳西下，天上的怪云通红，像一条无声流淌的血河。大营里的牛皮帐篷群中传出了野牛角和海螺号声，号角呜咽苍凉，使眼前的海滩、河道、炮台、蒿草，一切一切，都变得更加荒芜凄凉。

几个骑兵拖着长声吆喝着，赶着大群的战马回营了。这些蒙古马个头虽然不算高大，但个个膘肥体壮，毛色亮润，远远望去，如同一片涌动的乌云。

看见马、听见号角，僧格林沁想起了他的家乡——茫茫的蒙古科尔沁大草原……

僧格林沁，博尔济吉特氏。他的亲生父亲，是科尔沁部落的四等台吉。当年，科尔沁草原的主人、嘉庆皇帝的额驸索特纳木多布斋没有子嗣，嘉庆皇帝就让他在族众中选一个俊彦子弟，作为继承人。僧格林沁被列入待选的名单。当时的僧格林沁生得身高体壮，仪表堂堂，在众多子弟中，仿佛群狼中的猛虎。嘉庆皇帝见了十分喜爱，命索特纳木多布斋立僧格林沁为子嗣。计算起来，他和咸丰皇帝虽然没有血缘关系，但却又是同辈的兄弟。

僧格林沁幼好骑射，膂力过人，尤其好武不文，喜欢放马猎熊，带兵打仗。1825 年（道光五年），索特纳木多布斋去世，僧格林沁承袭爵位，封为科尔沁札萨克多罗郡王。1834 年（道光十四年），授御前大臣，补正白旗领侍卫内大臣，正蓝旗蒙古都统，总理行营。不久，又调镶白旗满洲都统。《清史稿》上说他“出入近闱，最被恩宠”，可见无虚。僧格林沁这半生，打了不少仗。1853 年（咸丰三年），太平天国北伐军开始向北方进攻，从安徽出发，一直打到河南，然后入直隶，直扑北京。不久又突然转入山西，调动清军，然后再次进攻北京。咸丰皇帝任命惠亲王绵愉为奉命大将军，命僧格林沁为参赞大臣，防堵太平天国北伐军。临行前，咸丰皇帝在乾清宫，亲自向僧格林沁颁发参赞大臣官防，还亲手赐给他纳库素光宝刀一柄。此后，僧格林沁在河北、山东境内与太平天国北伐军多次作战。近两年，终于击溃北伐军。灭强敌，卫京师，安社稷，慰圣心，僧格林沁声誉鹊起，加恩亲王世袭罔替。当他班师回朝时，咸丰皇帝在养心殿亲自接见，行抱见礼，赐朝珠及团龙补褂，还赐宴勤政殿。这份荣誉、恩宠，真是到了头。

现在，又是皇上这柄宝刀出鞘的时候了。

然而现在，僧格林沁只想杀人。要杀、杀、杀，杀谭廷襄，杀钱炘和，杀张殿员，达年，杀尽这些误国误君的家伙！《天津条约》签订后，洋人得到了想要的东西，开着军舰走了。咸丰皇帝怎么会咽下这口气。他把满肚子的苦水全倒给了僧格林沁。他说："此次构衅，事发仓促。起于广州，波及大沽。洋人欺我，官员误我。海口要塞，形同虚设。以至我大清京畿，遭人践踏，堂堂天朝，任人宰割。为君者，无以对宗庙，没脸见列祖列宗。为臣者，愧对天下，辜负朕心。思想起来，朕恨恨难平。"

"奴才请皇上平息怒火，是奴才等办事不力。"僧格林沁跪着，但却挺直上身，扬起那张被愤恨扭曲了的脸。

"哎——与卿何干？"咸丰皇帝长叹一声，"为今之计，你说怎么办？"

"奴才以为，办事不力、临阵逃脱的官员要严治其罪。天津大沽的炮台也要重建，然后厚集兵力，加强防御。奴才请皇上恩准奴才去天津，别人怕洋人，奴才不怕。奴才就不信蒙古铁骑治不服洋鬼子。"

僧格林沁的话，直说得君臣两人，热血沸腾，热泪淋漓。

现在，钦差大臣僧格林沁与礼部尚书、署直隶总督瑞麟都到了大沽口。

僧格林沁已不是第一次来大沽口了。当年，林则徐广州禁烟，英国军舰闯近白河，他僧格林沁就曾奉先帝之命，视察海口。那次，他一来到大沽口，就先在炮台底下的河滩上，招来一群炮台士兵和当地乡民。僧格林沁说："这大沽口，方圆数十里。你们在这儿居住、守备多年，谁说得清地理形势、讲得明防敌的紧要之处，爷有赏。当兵的升把总、千总；种地的，爷大营里的骡马随便你挑，要爷的坐骑也行。”

他来到炮台，问守兵们：“这炮，会打吗，揍两炮给爷看看。”守兵得令，轰隆轰隆地一气放了52炮，其中有18炮命中目标。僧格林沁拍着哨官的脑袋：“小兔崽子，打得还行，就是这炮太小。”

在炮台上，僧格林沁发现守兵个个蜷缩着身体，一问才知时近严冬，当兵的身无御寒衣，住无挡风墙。僧格林沁火了，提着马鞭子到处找营务官算账。并传令：“兵分两班：不值更的回附近村子睡觉，值更的必须有窝棚防寒。给每个当兵的发棉衣银子。冻死一个兵，爷操你八辈儿祖宗。”

有一天，僧格林沁看见一群打雁为生的大沽居民，就详细询问了打雁之法。然后，他招来北塘守将石生玉：“爷问你，是洋鬼子跑得快，还是大雁飞得快?”

石生玉道：“回王爷，当然是雁飞得快。”

僧格林沁笑了：“快把那群打雁的追回来，给他们发饷吃粮，洋鬼子来了，就当是大雁轰狗日的。”

然而，这一次，僧格林沁没有这么好的兴致，也没有这么大的耐心了。他，就想杀人。

僧格林沁进驻北塘，在兴隆街东端乡绅李廷模的家里建起了钦差大臣行辕。当天，召集在天津大沽一线的所有在任的和戴罪听参的文武官员，行辕接见。

众官员心怀忐忑，战战兢兢，知道今天僧王爷的刀磨得特别快。到了行辕，只见僧王爷的护兵们一个个挺胸拔肚，持枪挎刀，杀气腾腾，不禁为之矮了一截。进得厅门，参拜王命旗牌、尚方宝剑，参拜钦差大臣僧王爷、瑞麟大人。然后，只待发落。

僧格林沁半晌不语，鹰眼刀子似的从每个人的脸上划过，大厅里静得让人窒息。突然，僧格林沁笑了，他说："各位大人，今天，本王倒想起一个人——前任直隶总督谭廷襄。这个孱头萝卜秧子，平日里舞文弄墨，哪里把咱家这个兵坯放在眼里。"

众人随声附和："谭廷襄有罪、有罪……"

"他是有罪！"僧格林沁猛地一拍桌子，声色俱厉："他谭廷襄身为直隶总督，有责督率将士抗敌护国，可是他，调度无方，指挥失误，还临阵乘轿逃跑。哼，本王上本参他，他还分辩说：'原来本是骑马撤退，后来马跑不动了，才改乘轿。'这样的官儿，不该杀吗？"

"该杀，十分的该杀。"厅上人赶紧说。

"该杀的还有呢。"僧格林沁接着说："张殿员、达年、德魁，炮台失守，不能死战夺回，随护军过河逃跑。张殿员过河时还往水里跳。怎么没淹死他！大清律明文规定：'守边将帅被贼攻围，不能固守而辄弃去，因而失陷城寨者，斩'。你们说，这几个大英雄谁不该杀？"

"……"厅下已经没有了回声。

僧格林沁厉声点名："富勒敦泰、珠勒亨、国瑞！"

三个待参的官员忙出班跪倒。

"我今天只问你们，战前你们带来了多少大炮，现在还有多少大炮。"

富勒敦泰哼哼唧唧地答："回王爷，炮台和两岸的大炮原本不少，后被夷炮击毁，经标下等努力争抢，抢回千斤铜炮九门，尚堪使用。"

"呸！"僧格林沁推案而起："那九门铜炮是你抢出来的？那是两沽的老百姓冒死保全，埋在地下，才留下来的。你当本王是瞎子聋子吗？像你们这样猪狗不如的东西，留着肩膀上的七斤半还有什么用。"他一挥手："给我拿下，撤差，马棚里候参！"

这一天，僧格林沁一气查办了几十个文武官员。最后，他突然发现自己所坐的这间大厅有点别扭。细看之下，发现这套住宅，新盖不久，砖木结构，雕梁画柱。前后三进的院子，大厅三卷飞檐，居然一派王府的格局。僧格林沁厉声喝问："这是哪家的王府?"

侍卫告诉他："回王爷，这不是王府，是乡绅李廷模的宅子。"

"什么?一个乡绅，造房违制，还反了他了，叫他进来。"

侍卫赶紧去找李廷模，告诉他王爷发火了，正在查他的"超标准住房"问题。李廷模吓坏了，忙往侍卫的大拇指上套翡翠扳指儿，求指一条活命的路。侍卫在李廷模的耳朵旁低语数句，就把他带上大厅。

李廷模进了大厅，双膝跪倒，叩头如鸡啄碎米。

僧格林沁问："李廷模，你这王府盖得不错。皇上什么时候封你为王的，怎么不请爷喝上一杯喜酒呀。"

李廷模硬着头皮，分辩道："小民叩见王爷。小民哪里敢私造王府，小民这是专门给王爷您准备的。"

"狡辩，你怎知本王一定要到这里来?"

"王爷是大清国的关云长、赵子龙、薛仁贵、穆桂英。小民想，哪个大阵仗不得您老人家挂帅呀。想着想着，圣上还真派您为钦差大臣，督办海防。小民琢磨，这北塘，本是直隶海防的紧要之地，王爷哪里能不光顾?所以先给王爷准备了府邸。您看，这房真是新盖的，瓦垅里的灰还没干透呢。"

一番话，说得僧格林沁破颜而笑："妈的，好一张利口。"他转身问侍卫们："哪个兔崽子得了李廷模的好处，把他教得这么会说话?"

得了扳指儿的侍卫不敢隐瞒，上前领罪。僧格林沁却哈哈大笑："好个王八羔子，今晚爷和瑞麟大人的酒钱，就从你的饷银里扣！"

从此，他就住在了李廷模的这座福隆大厅。

18. 风波再起

僧王爷在大沽，爱吃大沽口的特产——大白菜和水蜜桃。

相传，老年间大沽口有个王老汉，是个远近闻名的瓜菜把式，孤身一人，勤劳老实。那年，他种了一畦黄瓜，其中一棵藤上，结出个黄瓜王，有小猪崽儿那么大。一天夜里，王老汉梦见来了几个神仙，告诉他说：那黄瓜王的肚子里，有把金钥匙。王老汉醒来，切开黄瓜王一看，真有一把金钥匙。他刚拿起金钥匙，就见大沽口的河水裂开了，出现了一座宫殿似的大海门，上面上了把黄金锁。王老汉吓了一跳，战战兢兢地用手中的金钥匙打开海门上的黄金锁。只见海门里面，金碧辉煌，各种奇珍异宝，数也数不清。王老汉想：我一个种菜的，要这些东西有什么用？他就挑了一把白菜种子、一棵桃树苗子，出了海门。这时，海门关上了，消失了，重新成了一片河水。王老汉把白菜种子种下，桃树苗儿栽上，结出的白菜、水蜜桃名传津沽。有人说：这是"海门的白菜龙宫的桃儿"。

如今，僧王爷来到这被西方列强的炮火轰塌的"海门"，他不是来寻金钥匙，而是来铸铁锁。

自从僧格林沁带领京营及东三省蒙古马队，从通州抵达大沽口，大沽口就成了个大兵营。僧格林沁会同礼部尚书署直隶总督瑞麟、署直隶提督西安将军托明阿商量，当务之急，是先恢复大沽炮台。

僧格林沁决定，大沽河口处，一共要建造炮台7座。除3座新建炮台外，其他4座仍在原炮台基础上建造，但要高出原炮台3到5丈，且要加宽加厚，上面安放1万斤和1万2千斤的大炮，用于远攻敌舰。炮台之下修起长达数里的堤墙，堤高3丈、宽2丈，内盖营房，上设木垒，留出炮眼，用于近击敌兵。向外国船只购买和京城安定门外铸炮局铸造的大炮已陆续运来，总数达到64门。在炮台之外，沿堤墙又建起土垒窖子，上面密布枪眼，可以放置抬枪鸟铳、强弓硬弩攻敌。沿炮台之外，深挖壕沟，灌放河水，竖立木栅，加强防护。此外，还在北岸石头缝地方新建炮台1座，作为后路策应。

与此同时，僧格林沁和瑞麟还在大沽以西、天津城东30里的双港一带河湾处，建立后方防线。沿河每5里路程，设连营1座，共计10营，每营可屯兵1000人，四周深沟阔地，建起高墙，层层设防。这样，海口炮台为“前敌门户”，双港防线为“后应藩篱”。两道防线相距水路100里，河水中埋设了蒺藜木桩。至于大沽口到山海关一线，则本着“择要分布”的原则，分别在北塘海口、丰润的涧河口、乐亭的清河口及老田沟、昌黎的浪窝口及蒲河口，直到山海关内的白塔岭、秦皇岛、小河口等处，部署了相应的兵力。其中除大沽口外最为重要的北塘驻军达1600人。

僧格林沁的火龙驹是匹伊犁良骥，任河滩道满是碎石，鞍韂始终平稳如船。僧格林沁端坐马上，带着数十名戈什哈沿着白河转悠。他的眼里布满血丝，但毫无倦态。他走进临河不远处的铸造场，工匠们正按他的命令铸造拦江铁索。僧格林沁跳下马，走到熊熊的炉火前，问：“三道铁索，几天给爷造出来？”

工匠们围拢上来说：“回王爷，铁索好造，可是怎么让它在河里半浮半沉呢？”

僧格林沁皱皱眉，挠挠大秃脑门儿，吩咐说：“给爷抬个大木盆，装满了水。”

工匠们依言而作。僧格林沁又让人找来好几种木头，放进木盆，发现松杉的浮力最大。僧格林沁大笑：“给爷多准备一些松杉，铁索打造好了，把松杉木捆在上面，保证半沉半浮。铁索前面，再配备铁戗，连成筏子。洋鬼子要闯爷的白河，就撞沉他个小舅子。”

当时的大沽口，额定兵力总共不过1600人。大沽水师自道光元年裁撤，目前船无一只，兵无一个。为了加强防务，僧格林沁和瑞麟请求添设水师兵丁2000人，加上步兵800人、骑兵200，总兵力可达3000人。同时，从广东、福建抽调大号战船、艇船各2艘，备齐炮械，北上大沽设防。

调兵遣将要银子，咸丰皇帝破例批准：从藩库拨银3万两垫用。又允许“部拨库银数万两，以济急需”。天津绅商富贾，也纷纷认捐银子，支援大沽防线的建设。

有兵有炮有银子，僧格林沁的心情好多了。他驰马来到新补充的士兵面前，发现这些士兵一个个没有一点“兵”样儿。僧格林沁脸一沉，用马鞭子指着问话：“你，原来是哪个营的？跟着哪家将军？”

士兵憨憨地笑着：“俺是晒盐的，一直跟着俺舅。”

“你呢？”僧格林沁又问另外一个兵。

“俺除了打鱼，还拉纤。”

“你是种地的吧？”

“大人眼力好，俺是孟老黑家的长工，种地是个好把式。动枪动刀的，俺怕是不如他。”这个兵说着，指指身边一个小个子。

僧格林沁上下打量这个小个子，问："你敢杀人?"

"阿弥陀佛，俺是个和尚。"

气得僧格林沁真想扬起马鞭，没头没脑地一顿狂抽。可他忍住了，厉声说："没当过兵，打过仗，爷也不能怪你们。可你们给爷记住：从今往后，练兵练胆，跟爷上阵，别当孬种。爷绝不会亏待你们。谁要是怕苦怕死，熊包式的，爷的鞭子可不吃素。"

离开这群新兵，僧格林沁立刻上折子："查海口现役兵丁3000名，均系附近居民，虽无农田，或驾驶船只，或在盐场工作，或捕鱼为业，均可养赡家口。入伍充兵，均非所愿，其应募而来者，大半无一技之长。"他请求，"将京旗京营官兵抽调800名，拔赴海口，分扎两岸炮台"，把新兵换防到二线双港一带。然后，应派遣副都统成保率哲里木蒙古骑兵500人，驻防新城；二等侍卫舒明安应率昭乌达蒙古骑兵500人，驻防新河。这样，各路兵马，俱是精锐，总数可达4000人。

僧格林沁把火龙驹的缰绳扔给戈什哈，自己上了小船，命令水手划向鸡心滩。他在激流中，监督着水手在鸡心滩上插立一根旗杆。然后回到炮台，对炮目们说："今天风大浪高，爷就是要挑这样的天儿，让你们打靶。看见鸡心滩上的旗杆了吧，将来洋鬼子来了，以到拦江沙内鸡心滩一带为限。一进鸡心滩，就开炮打狗日的。现在，给爷瞄准了打，打中的，赏二两银子去喝高粱白；打不中，赏他几十鞭子!"

他来到水勇之间，让大伙儿全脱光衣服。说："当兵的，光腚露鸟不算寒碜。听爷的命令：举着旗子，游到对岸。游过去的，回营吃牛肉大饼；游不过去的，天黑前不许穿裤子。"结果，这天有100多兵没有游过河，不但不让穿裤子，还把他们二两八钱的水勇钱粮，减为二两三钱的普通士兵钱粮。

僧格林沁笑了，他拍着直隶提督史荣椿和署天津镇总兵汤苏的肩膀说："爷带兵，就是这么个带法儿。功夫到了，磨炼多了，保险没有一个孬种。走，叫上格绷额、龙汝元，绘制沿海形势图去，皇上还等着瞧哩。"

这些日子，咸丰皇帝亦忧亦喜。喜的是，僧格林沁在大沽布防得当，使京津的防务显然比以前强固了许多。忧的是，英法各国最近又在紧紧相逼。

《天津条约》签订后，咸丰皇帝终日耿耿于怀。特别是外国派使驻京一节，怎么想也咽不下这口气。正好，按照《天津条约》第26款的规定，清政府将和列强于1858年10月在上海继续进行关于修订税则的谈判。咸丰皇帝异想天开，认为这是"夷务一大转机"。他密令中方谈判代表桂良、花沙纳："尔等此次前去上海，不用多费唇舌。只告诉他们，朕愿完全豁免洋货进口之税，鸦片贸易也可弛禁。但前所谈《天津条约》，就此完全作废。"

桂良、花沙纳闻听，简直不相信自己的耳朵。皇上的龙意天裁怎么变得这么快，这么突然？废除条约，外国人能答应吗？

反对咸丰皇帝这个"决策"的，还有以两江总督何桂清为首的一批上海官员。何桂清是什么好东西？他反对咸丰皇帝的决策，表面上的理由是"关税乃军饷之源"，其实，收取关税的同时，他会有不少"沾润"。那可是白花花的银子呀。再说，他和洋人还有不少秘密交易，比如，向国外贩卖中国劳工，就是他何桂清的"杰作"。

桂良、花沙纳明知道和洋人谈判时，"欲其罢弃全约，势必不行"，但又要给皇上一个满意的交代。他们商量，皇上最恼火的，就是外国在京驻使一条，要是这一条可以免除，咱们的差使也就算有个交代了。于是，他们在上海谈判中，不惜出让大量权宜，力求换取外国公使不在京设馆居住这一条。外国人马士在一本叫做《中华帝国对外关系史》的书里，记录了两位中方谈判大员当时的为难样子。他们甚至哀求道：在北京设馆居住，“对中国的害处有许多方面，非我们用语言所尽能表达。（这样做会）使中国政府在中国人民眼里失去威信。”

英国代表额尔金当然不会放弃以“手枪对准咽喉”的方式获得的《天津条约》。但狡猾的额尔金表示可以向英国政府提出建议，即：当明年英使到北京换约时，如果中方好好接待，并认真执行《天津条约》的各项条款，那么英国也不一定非要在北京驻使。比如，可以在北京以外择地居住，有了公务随时进京，也可尝试。这样做的条件是：降低进出口税，部分货物免税，海关聘用洋人，鸦片贸易合法……

为了额尔金开出的“空头支票”，为了迎合咸丰皇帝不愿外使驻京的典型的封闭心态，桂良、花沙纳于1858年11月8日在上海与英国代表签订了中英《通商章程善后条约》，中国的国家主权和权宜再次遭到极大的伤害。

额尔金心满意足。1859年3月，他像一个完成重大使命的“英雄”一样，奉诏回国。临走时，他告诉英国驻华舰队司令西马縻各厘：要警惕中国人清醒过来，一朝反悔。因此，你必须尽快在上海集中强大的兵力和足够的炮舰，准备武装护送新任英国公使普鲁斯（Bruce）到北京换约。如果到时候中国人反悔，就照原来的办法，以大沽口为突破口，再次教训这个庞大而软弱的国家一顿！此后，他乘船回国，走到斯里兰卡的加尔港，正遇上接替他的新任英国驻华公使、他的弟弟普鲁斯。兄弟俩久别重逢，谈得最多的，还是如何迫使中国老老实实地执行《天津条约》的所有条款。

无独有偶，法国人也在为这件事做打算。法国公使葛罗1858年10月28日写信给本国外交大臣，分析了清政府可能的态度，他说：《天津条约》“是在距离北京仅几英里的地方对中国皇帝本人进行威胁，用枪口逼迫中国皇帝接受的条约”。“其中有些条款在中国皇帝看来是莫大的耻辱，对他本人和他的庞大帝国是致命的打击。”因此，“我深恐出现反复。我认为执行这样的条约必须有强大的武力为后盾。”

1859年的春天，英新任驻华公使普鲁斯和法新任驻华公使布尔布隆来到香港，与英法海军舰队司令会晤。他们达成共识：到北京换约，必须由强大的舰队武力护送，其兵力不能少于第一次大沽战役时的数量。一旦清政府悔约，就在大沽口就地展开攻击。那扇天朝残破的大门是不经我们打的。

而此时，桂良、花沙纳还盼望着外国列强能同意不去北京，而在上海换约。当他们在上海傻等的时候，新任英国侵华舰队司令贺布（V·A·J·Hope，又译作何伯——笔者注），已经率领英国军舰19艘、法国军舰2艘、美国军舰3艘，载陆军2000人，向大沽口驶去。此时，是1859年的6月。

19. 大沽扬威

老百姓常说：一个当官儿的，不怕你不干事甚至干错事，就怕你没廉耻。

两江总督何桂清，恰恰没有最起码的廉耻。

不久前，出于私利，他还主张妥协投降，反对废止《天津条约》。此后，他又作为钦差大臣参与了上海的谈判。谈判中，他极尽卑躬屈膝之能事，款待外国使节唯恐不周。据额尔金日记记载：

与中国官员的谈判“虽说不上艰苦，但也是我们职责中最乏味的事情。我们经常看到中国代表站在门口，口中不断称：‘请、请’，等候接待我们。然后，我们就被请上一座凉爽的楼厅，在这儿，能够极目远眺那些朝上翻卷而起的屋顶。会谈时，中国官员照例要频频敬烟，以助谈兴，并不断以丰富的杏仁和茶点相款待。就这样，我们处理完一天的事务后，照例会被强迫请到楼下一层的房间里去共同进餐。我们通常借故逃避。因为这意味着要吃油腻很重的、品种繁多且不知道名字的食物，并经常比赛豪饮烫热的绍兴酒，以此来结束我们一天的辛苦……”

“谈判就是请客吃饭”，“外交就是请客吃饭”，这是大清国的一代风俗，倒也怪不得何桂清。可怪的是何桂清“转变思想观念”的神速和与皇上“保持一致”的坚定。他像所有督抚大员一样，在皇上身边收买、安插了“眼线”。这些日子，“眼线”（可能就是某太监或某贵妃某答应）传来消息：咸丰皇帝对上海谈判的结果十分失望，愤愤难忍，终日徘徊室内，食量大减。何桂清意识到：自己的态度必须转变，而且“表态”一定要快。等别人都“表”了“态”再说话，就一点意思也没有了。

他急匆匆地上折子，先是声泪俱下地表示了一番自己如何理解皇上的烦恼，如何因为自己身为臣子不能替皇上分忧而茶不思、饭不想，寝食难安。最后出了个极臭的主意：调集军队，趁外国公使“来年赴北京换约之时，聚而歼之”。

就是这么个馊主意，居然获得了咸丰皇帝的注意。还说：何桂清这个建议“颇有关系”，“朕思迟则生变，莫若先发以制。”他一面密令在大沽口的僧格林沁加紧备战，一面命令办事大臣，一定要“阻其进京及赴天津之计”。他向外国人发出警告：“若再前往，必启兵端。”表示：“进京一层，不但长驻不能允许，即随时往来，亦可不必。”可是没过多久，咸丰皇帝突然又变得松动了起来。他提出了所谓“万不得已之下策”，说：“倘该夷坚持不肯，务须剀切言明，议定由海口进京时，所带人数不准过十名，不得携带军械。到京后照外国进京之例，不得坐轿摆队。换约之后，即行回帆，不许在京久驻。”

主子这样的心无主见，连最狡猾的奴才似何桂清辈，都不知如何“紧跟形势”了。

英国人根本就不理睬中国皇帝的警告。1859 年 6 月 13 日，英国海军舰队决定不再理会北京派去的钦差大臣，立即北上大沽口。临行前，英国公使普鲁斯居然焕发出一份“幽默感”，他问桂良：“我们就要到白河去了，桂大人，你是不是有兴趣搭乘我们的火轮船一齐去天津？”

法国人紧紧跟随着英国人的脚步。6 月 30 日，法国公使致函外交大臣，说：“当唯一能对军事问题做出判断的英国海军少将贺布认为我们将稳操胜券时，我们就应当不惜武力来打开白河的大门，并继续向北京挺进……我决定在任何情况下都和他站在一起，一旦发生冲突，我们的旗帜应该和英国的旗帜在一起飘扬。”

1859 年（咸丰九年）6 月 16 日，英法舰队与随行的美国军舰在曹妃甸集结后，开向大沽口。战争，再次无法避免地爆发了。

战争的开始，有时突然，有时相当拖沓。

17日的早晨，僧格林沁就端坐在大沽口南岸的主炮台中，手里丁丁当当地转着两只保定府出的铁球。

这时，有人禀报：“王爷，拦江沙外，有敌人舰船4艘，往来游弋。并有舢板3艘，乘员十几人，正在向炮台靠拢。”

僧格林沁举起千里眼，朝炮台下望。果然，有十几个洋鬼子，正在艰难地划过布满铁戗、横亘拦江铁索的河面。其实，拦江铁索并不是把整个河面封死，而是仅留下窄窄的一条航道。英法联军的舢板在狭窄的水道上转了很久，才接近炮台。

僧格林沁像瞧戏法儿似的，看得兴致勃勃。最后，他诡秘地一笑，挥手叫过一位军官，附在他耳边低语几句。

军官得令，命令手下兵勇脱下军装，然后带着他们稀稀拉拉地走出炮台，行不成行，队不成队，没有鼓号，也没有旗帜，活脱脱一群乡勇民兵。此时的炮台，静悄悄的，看不见一个人、一面旗、一门炮，所有的军人都埋伏在炮台里。

舢板上有个叫马理逊的英国人，会说汉语。他朝化装的士兵喊话：“喂——我们是大英国使节，要进北京换约的，你们赶快把河里这些莫名其妙的东西清走！”

那清兵军官回话：“这儿没有当官儿的，也没有军队，只有我们这几个逮贼护院的乡勇。这些铁索是防山贼海盗用的，我们不敢拆。”

马理逊又说：“你们防盗，我们不管。可是根据和你们国家大官们商量的，允许我们的军舰进入河道。”

清兵们说：“什么大官，我们不认识。你们要进河，干什么呀?”

马理逊说：“我们没有别的意思，是为和平而来。”

“那你们干什么要带那么多的兵?”

马理逊无言以对，露出凶相：“限你们三天之内，拆除河里这些障碍物，否则，我们就自己动手了。”

清兵军官说：“放屁，这铁索拉建的时候用了好几个月，三天能拆除吗。再说，这是当兵的干的事，我们管不着。”

说着，带队回炮台，见僧格林沁交令。僧格林沁听完叙述，哈哈大笑，连说“有趣、有趣”。

其实，僧格林沁的心，并不轻松。

敌人兵临城下，朝廷战和不定，朝令夕改。朝中那些大小家雀儿，整天围着皇上七嘴八舌，嘁嘁喳喳，显文采，表忠心，就是拿不出个准主意。直到现在，连洋鬼子长了几根鸟毛都数得清了，还不知让不让开炮。但带了半辈子兵，他知道情况越紧急，越要打打哈哈，开开玩笑，稳住军心。

不久，敌人的战舰接近鸡心滩。双方胶着，战端一触即发。按照僧格林沁的脾气，早就轰炮射击了。偏偏这时皇上来了旨意，让派人到外国舰队去，用中国船只接护西方使节上岸，走陆路进京。

僧格林沁只好照办，正要派人前往，突然又有一伙英国兵乘舢板抵近炮台，还送来一封信，说是“奉命护送公使进京换约，要在此耽搁一些日子。可能还要有部分官兵上岸采办食品蔬菜，请不要阻拦。”僧格林沁当然知道所谓“上岸采办”，一定有鬼。他对天津道孙治说：“洋鬼子在和爷耍心眼儿，绝不能给他们上岸的借口。你马上给他们准备些猪羊米面送去，堵上狗日的嘴。”

两厢相持，过了几天。中方本来提出英法使节由北塘上岸，少带从人，走陆路进北京。6 月 25 日，英国公使普鲁斯正式拒绝了这个要求，并命令动用武力，打开从大沽口到天津的河道。

这，就是战争的号令。

清晨，英国海军少将贺布指挥 13 艘舰艇驶近，炮艇都停在铁戗拦江索的附近，距炮台800码展开横梯队战斗队型。登陆兵留在不远处抢来的帆船上，时刻准备增援上岸。

骄横的英国皇家海军将军贺布，身穿雪白的海军将军服，挺胸站立在甲板上，观察着两岸的炮台。那些黑糊糊的建筑物，难道就是中国要塞的防御工事？那上面怎么盖着芦席，好像老百姓的窝棚？那里静悄悄的，分明没有一个人，如果它就是炮台，又有什么可怕的呢？

炮台上真的鸦雀无声，只有一群灰色的鸽子，在炮台上空盘旋。

下午2点，贺布命令做好战斗准备，炮弹上膛。他命令“负鼠”号动手拆除铁戗，拉动铁索，设立浮标，开辟航道。然后，“负鼠”号在前，挂着贺布的舰队司令旗的“鸻鸟”号在后，钻入窄窄的航道。

直隶提督史荣椿此刻正在南岸中炮台上观察敌人的动静。这个行伍出身的河北汉子，死人堆里打了半生的滚儿，胆气足，勇气大。他常对部下说：“洋鬼子占我国土，杀我人民，欺我军中无英雄。现在，咱们跟着僧王爷守大沽。这大沽背后，就是天津，就是北京。咱要拼死一战，让洋鬼子看看咱中国人，个个是岳武穆，个个是杨六郎。”此时，他手下的官兵早忍耐不住了，纷纷请求开炮。可史荣椿摇摇头，让大家冷静再冷静。

这时，英舰发了疯似的朝拦江索冲撞过来。一次冲击，没有撞断；再次冲击，铁索依旧纹丝不动。敌舰进无路，退不甘，犹豫不决。

好机会！南炮台的史荣椿、北炮台的龙汝元，几乎同时把手中的令旗举起。突然间，炮台上的芦席被掀了起来，露出黑洞洞的炮口。

“开炮！”

随着一声令下，所有的大炮一齐喷出了愤怒的火焰。巨大的轰鸣声惊得灰鸽群四散飞去。

炮台上大炮的射击距离和角度，都是平时测量好的。憋足了劲的炮手向狭窄的河道中机动不灵的敌舰展开了猛烈的轰击。一排排的炮弹飞向河心，在敌舰群中炸响。

突如其来的打击把英法侵略军吓蒙了。参加过这次战斗的英国官兵回忆道：开始，“所有炮台都像怪物似的沉睡在沙岸上，听不到它们的一点声音，也看不到什么旗帜。”“然而一下子，就像变魔术似的，所有本来掩护着炮台大炮的草席都卷了起来，顷刻之间全部大炮一齐开火。”

炮台守军准确的炮火覆盖了敌舰群。敌舰像失去方向的困兽东冲西撞。但它们很快就组织起疯狂的反扑，威力强大的舰炮朝炮台轰击过来，炸得炮台周围飞沙走石。远处的敌舰，也高扬炮口，进行远距离射击。开花炮弹在炮台的前后左右炸开。

从炮械上比较，清军相对落后。炮台上的大炮开始时轰击猛烈，但射速较慢，对射中明显吃着亏。战斗进入了最紧张的阶段。

北岸炮台上的大沽协副将龙汝元，也是个行伍出身的河北人，“打仗不要命”的名声传于三军。此时，敌人炮火集中轰击而来，异常猛烈，一时有压制住北岸炮台大炮的趋势，龙汝元身边的士兵被弹片碎石打得抬不起头。龙汝元急了，他吼叫着：“是孬种的下去躲着，是爷们儿的，给老子填炮弹！”说罢，他扑上离敌舰最近的炮位，亲自瞄准，点燃炮捻，大炮“轰隆”一声，射中了敌舰。这时，龙汝元觉得胸口涌出一股热流，用手一捂，潮湿黏稠。撕裂的疼痛几乎使他仰面栽倒。龙汝元斜靠在炮位上，眼睛里喷出火焰。他对跑过来扶持他的士兵说：“你就扶我站在这儿，你不行了，就换别人，一定不要让我倒下。”

士兵哭求道:“将军，你到后面坐坐，包扎一下伤口吧。”

龙汝元摇摇头，艰难地说:“没用了。记住，别让我倒下。我不倒，炮就不会停!”

士兵们见此情景，群情激奋，个个奋不顾身，把仇恨的炮弹倾泻到敌舰的头上。

南炮台的情况也相当紧张。史荣椿稳稳地站在炮台上，他的口令清晰准确，平平静静，听不出一点紧张。这份镇定，感染着炮台上的士兵，给他们注入着无形的力量。突然，一发炮弹飞来，弹片“呼”地切进了史荣椿的臂膀。史荣椿皱皱眉，平静地让士兵给他拔出弹片，包好伤口。然后正襟危坐在椅子上，继续指挥战斗。

在他的身旁，海口营都司奇车布倒下了……

正白旗鸟枪护军校尉塔光慎倒下了……

千总王世扬倒下了……

把总张文炳、外委张义倒下了……

敌人的炮火再次袭来，史荣椿知道自己再次负伤，但他已经分辨不出什么地方在流血、在抽搐，他觉得自己的目光开始散乱，脑子里一片迷茫。但是他努力使自己清醒，他对身边的官兵说:“兄弟们，我要先行一步了。你们要是我的好兄弟，要是咱中国的好汉子，这炮就不许停!”

“打!”士兵们发了疯，对准敌舰，狠狠地开炮射击。

“茶隼”号中弹，眼看着河水灌进船舱，甲板立刻歪斜……

“庇护”号中弹，被撕裂的甲板像敞开的肚皮，艇身迅速下沉……

“鸬鹚”号中弹，桅杆歪斜在一旁，如同烤熟的火鸡上斜插着的餐刀……

最倒霉的是联军旗舰“鸻鸟”号。南、北炮台上的炮火，集中朝敌旗舰上猛烈轰击。“鸻鸟”号上的大炮被炸得飞上了半空，桅杆断裂，贺布的将旗已炸成碎布片，飞散在火光中。甲板上下乱成一团，水兵们开始争抢救生器材。不知什么时候，“鸻鸟”号的舰长特里克已经被炸死，脖子扭曲出一个奇怪的角度，耷拉在一侧。就在刚才，他还对贺布说：‘将军，我们看来是冲不过去了。这样打下去没有出路。看看你的周围吧！’贺布沿着特里克的手环顾四周，“鸻鸟”号的甲板变成了一片废墟，到处堆满了死尸和伤员，士兵们最后的呻吟声完全被炮声覆盖淹没。待贺布回过头来，特里克已经不再能和他讲话了。

贺布的心里一阵颤抖。他觉得裤子有些湿，低头一看，雪白的军裤上鲜血淋漓，染得通红。他张皇四顾，口中嘟嘟囔囔，不知是在祷告，还是在喊疼。整个战斗过程中，这个自视甚高的将军几乎没有发布出一个有效的命令。

幸亏“鸬鹚”号艰难地向被炸毁的旗舰靠拢过来。贺布挣扎着，拖着伤腿，一跳一跳地朝“鸬鹚”号上逃，样子活像个摔散架的木偶。

可是“鸬鹚”号也几乎失去了机动能力，炮台守军的炮弹还在四周爆炸，“鸬鹚”号随时也有沉没的危险。贺布正在焦急万分时，远处开来一艘美国快艇，“看，是我们的美国朋友。”贺布叫喊的声音已经完全变了调。

美国快艇把贺布救起。贺布抬眼一看，救他的居然是美国远东舰队司令达底拿。如此狼狈的相见，彼此都感到尴尬。达底拿命令：“马上离开这条该死的河。”他指挥快艇向河口以外的停泊场开去。正逃跑间，炮台守军的大炮追踪而至。美国远东舰队司令达底拿的旗舰“托依旺”号本来是在护卫达底拿，没想到率先中弹。炮弹击中了指挥台，舵手一声不吭地死在了舵轮下；副舰长受了重伤，半个身子倒挂在破碎的舷窗上。

激战至下午 4 时，联军所有的舰艇全部遭到重创，6 艘失去了战斗力，“茶隼”号、“庇护”号等 4 艘军舰被击毁或击沉。倒霉的“鸻鸟”号上 40 多名水手仅仅活下来 1 个人。

下午 5 时，包扎好伤口的贺布不甘失败，命令开始发动登陆作战。在英军上校勒蒙的率领下，千余名联军陆战队分乘 20 余艘帆船、舢板，在舰炮的掩护下于大沽口南岸强行登陆。贺布的企图是，先强占大沽口南岸炮台，立住脚跟，再徐图进攻北岸炮台。

可是，守军早已按照僧格林沁战前的布置，引水将炮台外的河滩灌成一片沼泽，而且还有三道深深的壕沟横在台前。侵略军的登陆部队一上岸，就陷进没膝的烂泥中，跑不得跑，走不得走，只有一路匍匐，艰难爬行。突然，一阵密集的排枪射击过来，登陆兵被打得抬不起头来，死伤甚众。原来，是僧格林沁派来的火器营和鸟枪队赶来支援了。

敌人的登陆兵被压制了回去，在阵地前，留下了一片死尸。

6 月 25 日的黄昏降临了。残阳如血，照在血气纵横的疆场上，连风中都充满着浓烈的血腥。惊飞的灰鸽群又飞了回来，鸽子们扑打着翅膀，在战场上空高高的盘旋，不敢降落。

天刚一暗，敌人再次利用夜色掩护攻向炮台。他们抬着便桥，扛着云梯，一边放枪，一边冲锋。突然，天空中火弹横飞，火花绽放，照如白昼。这是守军给敌人特意准备的礼物。暴露在火光下的敌人还没有清醒，就挨了一顿排枪扫射，铁砂铁弹，打得洋鬼子哭爹喊妈。

一些登陆兵自知已无退路，拼命地往炮台上冲，有的还爬到了炮台的第一道壕边。这时，他们才发现壕沟很深，便桥和云梯太短，根本过不去。正待举枪射击，又发现步枪早已灌满泥沙，不能发火。可炮台守军的抬枪鸟铳一排又一排地打来了，打得登陆兵抱头鼠窜。

直到半夜，敌人才撤回到军舰上。突然沉静下来的大沽炮台之下，横躺竖卧着数百具敌人的尸体。

20. 时势艰难

蒙古王爷僧格林沁，骑着他的火龙驹在战火消散的白河岸边奔驰。身后的戈什哈们挥动鞭子抽打马匹，才算勉强跟上。

马蹄扬起一路飞尘，骑手的吆喝和战马的嘶鸣从飞尘中传出。河边芦苇丛中的水鸟惊飞起来，扑棱棱贴着水面掠向对岸。

僧格林沁打胜了，他的部队痛击英法侵略者，赢得了近代史上中国军队对外作战的最大胜利。咸丰皇帝兴奋得从御座上腾身站起，双眼泛着亢奋的光亮。

作为奖励，咸丰皇帝赏赐给僧格林沁“御用烟壶一对、时辰表一对”。

怀揣着“御用烟壶”的僧格林沁在大沽口埋葬了他的阵亡将士。

炮台守军直隶提督史荣椿、大沽协副将龙汝元以下32人战死沙场。检点烈士遗体时，人们发现史荣椿的致命伤是在腹部，撩开战袍，肠子已经全部流了出来，空空的腹腔和两只靴子里面满满的都是血。至于其他的烈士，大多多处中弹，几乎无法辨认那一处伤是致命的。而英法联军的损失是战舰6伤4沉，毙命负伤的数字记载各异，有的说是200人，有的说是400人，有的说是超过550人。英国侵华舰队司令贺布也被打成重伤。20年后，这个贺布晋升为英国皇家海军元帅，但提起大沽口的失败，他还心有余悸。

僧格林沁来到史荣椿阵亡的炮台上，双手合十，闭着眼睛，默默对天祷告。他举起整整一木桶老白干，慢慢地浇洒在被战火硝烟熏得焦黑的炮位上。

炮手们按照他的命令装填好大炮，僧格林沁举起点炮的火绳，吼一声："弟兄们，僧格林沁代万岁爷给你们送行了！"

大炮"轰——"地炸响了，炮弹在远处的鸡心滩溅起巨大的水柱。

1859年的夏秋之际，整个欧洲都在谈论英法联军在中国大沽口战场上的重大失败。从王公大臣到议会议员，从基督教教士到董事会老板，从伦敦街头叫嚷奔跑的报童到巴黎豪宅浓妆艳抹的贵妇，都在七嘴八舌，大惊小怪，议论纷纷。

了解一些真相的外国人回答了整个欧洲的疑问。

对那些来中国后一直一帆风顺的人来说，这次失败是何等出乎意料之外。这确实是一次可怕的惨败。但是他们（指英法联军）中间没有一个人责骂中国人，或者一股劲儿地对中国人发火。因为整个仗中国人打得很漂亮，而联军确实是被打败了。（——《卫三畏（S·W·Williams）日记》）

·（中国人）有什么过错呢？他们不过是阻拦了通往未被开放的城市的去路而已。难道英法公使有权利乘船去天津吗？不仅因为他们（指英法联军）打了第一枪，所以是侵略者，而且整个事件他们都是错误的。（——丁韪良（W·A·P·Martin）《中国六十年》）"

一直关注着中国的革命导师卡尔·马克思也挥笔写下了著名

的文章《新的侵华战争》，他在文中尖锐指出：

> 中国政府当时并不反对外交使节前往北京，只是反对英国军舰护送公使由白河西进。难道法国公使留驻伦敦的权利就能赋予法国公使以率领法国远征军武力侵入泰晤士河的权利吗？
>
> 中国人这种行动并没有破坏条约，而是破坏了英国的侵略企图！

英国议会显然非常不适应讨论英国舰队失败这样一个“意外”的问题。

当时在欧洲流传着这样一种说法，讲到：英法两国人遇上其他国家的人时，法国人会说：“你是法国公民吗？如果不是，你最好是个英国公民。”而英国人则说：“你是英国公民吗？如果不是，你最好争取当上英国公民。”充分显示了霸权主义的骄横无忌，狂妄自大。让这样一个国家、一支军队接受在中国失败的事实，比让他们相信伦敦桥明天清晨五点整会准时倒塌还难。

但是，这个问题还是自己走上了英国的议会厅。它，引发了一片关于对华战争的叫嚣，也暴露了殖民主义的丑恶嘴脸。

英国首相巴麦尊狂吠：“我们要派一支陆海军武装部队去攻占北京，去赶走中国皇帝。”

伦敦《每日电讯报》也随声附和：“大不列颠应该对中国海岸线全面进攻，打进京城，将中国皇帝逐出皇宫……无论如何总得采取恐怖手段……应该教训中国人尊崇英国人，英国人高于中国人一等，应该是中国人的主人。”

与此同时，法国也在进行战争的准备。法国外交大臣华勒夫斯基在回答英国驻法国大使的问讯时表示：“英国政府可以确信，我们法国政府准备和英国采取一致的行动，为两国代表在白河河口之遭遇实行应有的报复。”

1859年9月，英国政府连续举行了四次紧急内阁会议，确定了扩大侵华战争的问题。11月，英国政府任命额尔金、法国政府任命葛罗为特命全权代表，分别由陆军中将格兰特和孟托班任英、法远征军司令。率领英军约18000人、法军约7000人，组成一支约25000人的侵华联合部队。并要求他们以最快捷的速度抵达中国，随时准备对华作战。

此时的咸丰皇帝，已经从大沽口作战胜利后最初的兴奋中冷静下来了。

1860年，即咸丰十年。咸丰皇帝死于他在位的第十一个年头——如果说他在承德避暑山庄烟波致爽殿“龙驭上宾”的时候，整个生命化作了一棵枯死的树，那么1859年（咸丰十年），他已是枝残叶黄，根焦皮朽，只待命运刀斧的最后砍斫了。

这一年，除了和西方各国在沿海的交涉与作战外，令他最为头痛的还有与太平天国的战事。年初，江南大营总统张国梁本来已经克复江浦，围困金陵，偏偏被洪仁玕、李秀成一个“围魏救赵”之计，打乱了全盘计划。几个月下来，清军接连失广德，弃安吉，败长兴，丢杭州，最后整个江南大营五十余座营垒、数万大兵，被歼灭殆尽。此后，李秀成又东征苏州、常州，江南已经乱得难以收拾了。

关键时刻，他真想调僧格林沁离开天津防线，南下作战。可是犹豫再三，还是没敢轻举妄动。他还得靠僧格林沁为他守护京畿呢。大沽保卫战胜利之初，咸丰皇帝发出上谕：“所有上年在津条约作为罢论。”他甚至还提出，中国不但不再给付英法赔款，而且作为“战败国”，英法还应向中国支付战争赔款。但实际上，他很快就放弃了这些异想天开的要求，恢复到息止争端、通使议和的路子上去了。他嘱咐前敌部队“不得见敌辄先开炮，致碍和局”。为了表示谈判诚意，他特地留下北塘一口不予设防，以作为各国使节“通使议和之地”。英法再次调兵遣将，狺狺东来，他的态度更加软弱，明确表示“若一意决战，亦必激彼无一退步，再战不休，致岁岁决战，终须归于抚局”。当御使白恩佑提出“津防重大，请预筹后路，以保万全”时，他批道：“所奏固是，然驻兵筹饷，甚觉为难。现在津防周备，可勿庸议。”

这一年间，咸丰皇帝的身子骨越来越差。上朝听政时，臣子奏报稍长，每每被他厉声喝断。批阅奏折时，字迹潦草，朱墨淋漓。与军机大臣议事，还常常前言不搭后语，出尔反尔，颠三倒四。有时，他的精神亢奋，难以自制，彻夜批折子，看奏章；有时又神情倦怠，一连数日把自己关在屋里，不理朝政，也不愿见人。

彻夜的咳嗽折磨着他，偶尔咳血，心烦肺热，药石难见其效。他已经很长时间不能“临幸”后宫的佳丽了，可有时又突然把侍候茶水的幼年宫女扒个精光。咸丰皇帝本来就不是个讲情分的人，还带有轻微的性虐待倾向，现在显然在加重，嫔妃们甚至开始对皇上翻牌子感到恐怖。

茫茫中国的统治者咸丰皇帝孤身一人躺在空旷的寝宫内，望长夜秋雨迷蒙，听檐间铁马丁当，风寒骨瘦，形单影只，时常彻夜难眠。

迷蒙中，他眼前时常会出现一个孩子的笑脸——那是他的独子载淳，这个幼小娇嫩的男孩是他皇位的当然继承者，是他的希望和寄托。可有时，抱着载淳的人会变幻不定。一会儿，是载淳的生母叶赫那拉氏，这个年轻聪慧的女人为他延续皇统做了贡献，可心思深大，性格刚烈，难以驾驭，她能和皇后同心同德，护持幼主吗？一会儿，抱着载淳的又变成了六弟恭亲王奕䜣。当年，老师杜受田的妙计压偏了皇阿玛心中的天平，把自己送上了太和殿上的宝座。自己一旦撒手归西，国无长君，六弟会甘心辅佐侄子，做个千古贤王吗？一会儿，抱着载淳的又变成了户部尚书、御前大臣肃顺，不用怀疑肃顺的忠诚，凭他的才能威望，不久后还可以升迁他为协办大学士、领侍卫内大臣，甚至可以让他在自己去后做赞襄政务王大臣。担心的，只是他的跋扈。何况人心因时因势而变，谁知道他肃顺将来是不是董卓，是不是曹操，是不是前朝的鳌拜？

时势艰难呀。大清国的1860年，只能用两个字来形容——“喘息”。紫禁城的朝政喘息维持。长江南北的战事喘息支撑。沿海的防务喘息观望。

何以解忧，唯有鹿血。一盏鲜红、温热的鹿血入口，腥膻难忍。咸丰皇帝不禁剧烈地咳嗽起来。那咳嗽声传出养心殿，传入夜空，一直飞向隆宗门北的军机处值房，值夜的大小军机、达拉密、帮达拉密们竖耳静听，个个满面忧戚。

然而，此时英法联军100多艘战舰（英70艘、法33艘）的隆隆机声，也日渐逼近，震撼着紫禁城内所有窗棂。

4月21日，联军逼近舟山；

5月3日，英军攻破定海；

5月27日，英军强占大连；

6月8日，法军夺取烟台。

前方形势，一日紧似一日。

本来，卫护京畿，可以有多重防线。一是依托山东、辽东半岛，扼渤海入口，拒敌于外海；二是固守大沽、北塘防线，歼敌于河口；三是设防于天津，抗敌于城下；四是列阵于通州，阻敌于远郊……直至在北京城下，固守待援，消耗敌人，然后与之决战。这样的部署，虽然好听，细想却近乎纸上谈兵。清廷无海军可恃，何以扼守海口？真打到北京城下，谁保证能够支撑几天？但就是这样一个纸上谈兵的整体作战方案，也没人考虑。朝廷战和不定，是打，是和？是攻，是防？是主动歼敌，是拖延待变？谁知道呢？

津沽防线处在极度的混乱与犹豫之中。连主帅僧格林沁也猜不透皇上在想什么。他只有一边加强大沽口的防御工事，一边调集蒙古骑兵增援。余下的时间，就是喝闷酒，就是和军士们掼跤角力。

手下的将军们沉不住气了，一齐求见僧格林沁："王爷，眼下我们大兵齐集大沽，北塘一带疏于防守，倘敌人舍大沽而攻北塘，我军将何以处之？"

僧格林沁翻着鹰眼，道："北塘、北塘，就他娘的你们知道北塘。那是皇上留给洋人上岸媾和的入口，你设个鸟防。"

"可……洋人狡猾难测，难道他们就不会攻我之不备吗？"

"嗨"，僧格林沁挥挥手，"北塘一带，水浅滩多，洋人的大号军舰开不进来。洋鬼子总不能背着大炮游上岸吧？"

"兵不厌诈，出奇者胜。一旦敌人来个'白衣渡江取荆州'，轻舟减装，偷袭上岸，抄我后路，再接应大沽海口外夷船，怎么办？"

僧格林沁的眉头飞快地跳了几下，鹰眼紧盯着沙盘，良久才说："北塘距天津，陆路一百多里。其间唯有军粮城一处村落。旷野一片荒凉，既无人烟食物，也无可饮甜水，谓之兵家绝地。洋鬼子如果真从北塘上岸，将步履维艰。爷已经在附近埋伏下骑兵，一遇敌情，随时可以驰奔截击。"

"王爷，"几个将军也放开了胆问："说句'砍脑袋'的话，您就不怕万一……"

"泄气，泄气。"僧格林沁截断部下的话头，"那可是爷一手调教出来的蒙古铁骑，马快刀疾，名满天下。要是……要是连他们也堵不住洋鬼子，那我就先砍了你们的脑袋，然后再让皇上砍了我的脑袋。"

他不再搭理手下这些将官，独自坐回帅案之后，开始闭目养神。将官们不知是该走还是该留下，过了好一会儿，才听僧格林沁长长地叹了一口气，声音凝重地说："关于北塘，其实爷有爷的心思，这些，你们不懂呀。"

中午的阳光射进福隆大厅，分外刺眼。他觉得眼皮上一片血红。

他的"心思"，是什么呢？

21. 最后的英雄

7 月 28 日，英法联军抵达大沽口外。

僧格林沁闻报，飞马上了大沽口炮台。

他举起千里眼向东望，海面上，黑压压都是敌舰，拦江沙外成了洋鬼子的停泊场。其形势，远比上一次大沽作战时凶险得多。

根据国外的记载，当时，"英法联军的总兵力为：英国地面部队 18211 人，可以用于向北京推进的军队数目约有 10500 人，并有广东苦力运输队 2500 人随行。英国舰队计巡洋舰 7 艘，小型精锐舰艇 34 艘，装有大炮 361 门，此外还有运输船 143 艘。法国军队可以用于向北京推进的精锐部队 6303 人，各种作战舰艇30多艘，并有运输船队相随。”

“他娘的，这一仗，可有的打了。”

僧格林沁紧皱眉头，连夜回到大营，布置作战。他命令：“各营步队，分守壕墙，日夜防备；马队3000人，分扎营城；新调热河、密云官兵500人、八旗汉军官兵100名、直隶提标官兵2000名，留驻天津，由崇后统带，协同兵勇防守。其余马步官兵全数前往大沽海口，分驻白河两岸。”

第二天，他派出千总冯恩福，给随英法联军北上的美国舰队司令送去一份由他和新任直隶总督恒福联衔签署的照会，请美国从中调停。内称：“今英法两国之船来集海上，或战或和，未知其意。北塘现已撤退，即请代为转达，按照贵国上年之例，进京换约，并请转约英法公使，即日进口，择地面谈一切。”对于这样的照会，决意要与中国开战复仇的英法两国，当然不予理睬。倒是美国人耍了滑头。美舰队指挥官还“礼节性”地送留给了新任总督恒福洋酒两箱，并欺骗千总冯恩福说：“据我们所知，英法两国的进攻方向是大沽口，并不在北塘，你们尽管放心好了。”

其实，英法联军对于正面进攻大沽口，的确心存忧虑。上次的失败太惨痛，教训太深刻了。何况这次僧格林沁又进一步加强了大沽一带的防御工事。大沽炮台官兵从海口敌人的沉舰上打捞出西洋大炮12尊，安装在炮台上增加了火力。在海口增设铁戗万斤。在大沽南岸炮台的东、西、南三面和大沽村外各挖长壕一道，于家堡、塘沽筑起围墙一道，营城新添炮台一座。要正面突破这样坚固的防线谈何容易？

正巧这时，从烟台来了一条小船。船上的人送来了北直隶耶稣教教会主教穆利的一封信。穆利的信上说：根据6月3日密信的指示，我已对北塘的情况进行了侦察。中国人“把所有的防务都集中在白河入口处。他们在大沽要塞遍布大炮，而这些大炮的所有炮口都是朝着大海的。中国人只作过一种推测：联合舰队要强行通过。至于派一支军队在海岸某处登陆，然后再从岸后进攻炮台的可能性，他们甚至连想都没有想过”。

与此同时，军人出身的俄国驻华公使伊格那提也夫（Игнатиев）也及时送来了更为重要的情报。

这个伊格那提也夫早年毕业于沙俄参谋学院，担任过驻英国武官，还作过沙皇亚历山大二世的侍从武官。别看他出身高贵，经历不俗，但却是一个惯于偷鸡摸狗的外交流氓，尤其喜欢玩间谍手段。在作为外交官与中国进行关于《瑷珲条约》的谈判时，他就写信给沙皇抱怨：“我们找不到密探，也物色不到间谍。”现在，是他自己充当密探间谍的时候了。他的情报说：“我于6月4日率领26人到达北塘。发现清军主力全在白河口。北塘驻军单弱，防御空虚，可以从北塘偷袭，抄袭大沽后路，然后直扑天津。”伊格那提也夫还送来一张详细的津沽战场形势图，并注明：“这些地图提供了从北塘直至天津、北京之间的最详尽情节。”“白河和北塘之间有12000或15000名鞑靼人在那里扎营。”

两份情报从天而降，英法联军兴奋异常。当晚，联军决定：佯攻大沽，吸引清军主力，然后坚决地在北塘登陆。

其实，关于是否在北塘厚集兵力，重点防守，已在清廷内吵了好一阵子了。

先是两广总督劳崇光上奏，提醒咸丰皇帝：联军“将大队火轮船，在大沽口牵制僧格林沁，而潜用浅水船，装载陆兵至北塘，乘虚登陆，攻我不备”。山西道监察御史陈鸿翊对津沽一带的地理相当熟悉，他也建言：一旦英法联军北塘登陆成功，向北，可以阻击驻扎营城的清军；向南，可以攻击大沽炮台的后路。应该马上调集守军、大炮，返回北塘，加强防守。山东道监察御史林寿图也上奏：“北塘弛防非计，宜层层设伏，以策万全。”京津时人更是议论纷纷，认为一旦敌人在北塘找到水势较深之处，要登陆并不难。若顺利登陆，必包抄大沽炮台后路，我军大炮不能转动炮口向后射击，炮台将危在旦夕。那时，天津、北京可就惨了。

面对这样的议论，清廷的举措相互矛盾。咸丰皇帝一方面怕僧格林沁弃北塘防御造成恶果，一方面又担心在北塘厚集兵力，不给外国人一条上岸谈判的通道，会就此断绝和谈的希望。于是，从北京发往僧格林沁大营的指示越来越含糊其词。一会儿说：对英法联军北塘登陆的猜测“虽不足深信”，但“不可不防”。一会儿又说：应“相度形势，妥为布置，务使防御周密，计出万全，方操胜算，勿涉大意。”一会儿又问：北塘设兵防守，外国和谈使节怎么上岸？

军队中同样弥漫着一种疑惑的情绪，放弃北塘，单守大沽，很可能使敌人避实就虚，一举登陆，这明显是犯了军中大忌。僧王爷千说百劝不听，他是不是糊涂了？

但是，僧格林沁稳如泰山，始终坚持着自己的作战部署。

作为一个久历戎行的军中统帅，面对如此清晰的战场态势，耳听远远近近那么多的反对之声，僧格林沁究竟为什么要一条道儿走到黑？

是这个大清国的“常胜将军”突然变得不懂军事了吗？

简单地解释为不纳逆耳忠言吗？

目睹西方列强大兵压境，僧格林沁真的会骄傲到盲目轻敌的地步吗？

似乎都没有充分的说服力。

僧格林沁，真是个谜。

历史是不可再现的。为了破解僧格林沁这个“谜”，1999年的一个冬日，笔者邀请了几位专门从事军事理论、军事历史特别是作战问题研究的军事研究人员，铺开大沽、北塘的大幅地图，激烈地争辩了整整一个下午。争论从一个单纯的战役得失，扩大到整个清代的海防思想和海防建设；从僧格林沁以往的战绩乃至他最终的失败，深入到他的政治品德乃至民族性格；从当时清朝的军事实力现状，拓展到资本主义近代化工业社会对封建时代农业化社会的优势……争辩来、争辩去，大致一致的结论是：

假如僧格林沁是一个傻瓜，他一定会放弃北塘。

假如僧格林沁是一个英雄，他也一定会放弃北塘。

只有当僧格林沁是一个没有担待缺乏主见的庸才时，他才不会放弃北塘，采用分兵守口的办法，处处设防，口口堵截，最后，难逃被各个击破的命运。

而僧格林沁，既不是一个庸才，更不是一个傻瓜。

后人之于历史，有时只能猜测。僧格林沁，一定有僧格林沁的道理：

——北塘，绝比不得大沽口。按照僧格林沁的说法：“查北塘北岸营垒以外，虽无村落，地方甚低，每遇大潮，营外四面皆水。南岸炮台，东临外海，北近内河，西南二面，民房林立，相距营墙不过数步。村庄广袤三里，人烟千户，即使炮台可守，一经接仗，炸炮火箭，必致延烧村内房屋，兵民交惊，万难守御……”他认为，北塘的地势，根本无险可依。再建炮台，时间上也来不及了。因此，死守北塘海口，近乎幻想。

——此外，还有更深一层：就算真把北塘建得如同大沽口，也许的确可以阻击英法舰队，使其一时不得上岸。但是，别忘了，那英法舰船可是“长”了“腿”的。他们在大沽、北塘登陆受阻，定会沿海乱窜，总能找到适当的登陆点。大清国没有海军，无法通过有效的海上作战，阻止破坏敌登陆作战计划的实施，又不可能把整个沿海都布满炮台，那今日之北塘，又不知是明日之何处哩！

——与其处处设防而防不胜防，还不如索性由我僧格林沁担此大任，放敌于北塘一带上陆，使其所恃大炮不能发挥威力。然后就在北塘一带，诱敌于荒野之上，拉开架势，与之决战，从而一举歼敌！按照僧格林沁一贯的语言习惯，一定可以表述为："洋鬼子，爷今日誓为天朝永绝后患。你狗日的不来北塘，爷就在大沽等你；你若敢来北塘，那好，爷的铁骑兵会陪你玩儿到底。看看是你的脑袋硬，还是爷的马刀快。"

僧格林沁实在是太相信自己的铁骑兵了。

大沽炮战胜利后，僧格林沁的骑兵没有派上用场。不过瘾呀。相比之下，那个战马驰骋，刀光闪烁，斩杀劈刺，血溅征袍的场面更会让僧格林沁心醉。他的铁骑兵的确是好样的，遗憾的是僧格林沁生不逢时。如果他早生若干年，他完全可以像傅恒、年羹尧、福康安那样，指挥骑兵，纵横疆场，跃马于天山南北、大小金川，驰骋扬名，成一代名将。可惜，他今天面对的是热兵器武装的西方列强，面对的是烈马长刀与来复枪的较量。

谁说得清这是骄傲战胜了理智，勇气忽视了困难，还是理想中的责任感超越了现实中的可能性。总之，僧王爷——这旧时代的最后英雄将为此付出代价。

这不是他一个人的悲剧，这是一个时代、一种制度的悲剧。

对于历史，原因是次要的，结果是无情的。这，就是历史的冷酷。然而，正因为这样的历史局限，僧格林沁按照自己对战场形势的分析，坚持了"北塘地方，断难守御。遂拟舍而不守，诱令深入，以便兜击"的作战方针，提出了"撤掉北塘海口守备，诱敌深入，马队抄袭”的战法。与此同时，僧格林沁也对北塘防务做了调整，派拨马步军兵增援。

僧格林沁的判断，并非没有道理。怎么在北塘这样的浅水区登陆，也困扰着英法联军，他们还要再看看。

这一夜，两支英军侦察小分队，在夜色的掩护下乘坐小船悄悄接近了北塘河口。

一个叫迪潘的英军中校负责带队对北塘河北岸进行实地侦察。他指挥士兵，划动小船，一英尺一英尺地慢慢前进。夜暗潮涨，旷野漆黑，迪潘的小船顺利进入北塘河口，居然没被发现。迪潘命令：“打水砣，测量水深！”水砣出水，水深仅仅10英尺，勉强能让吃水最浅的艇船通过。

迪潘不死心，命令士兵继续冒险向河口深处划。又前进了3英里，河中没有发现类似铁戗铁索之类的障碍物。潘迪把船靠向北河岸，弃船淌水步行。可一迈步，脚下就发出“叽叽”的响声。原来，河底全是黏湿的土层，根本就不利于登陆兵上岸。迪潘很泄气，又不想就此罢休。他继续艰难地往前走。200英尺之后，迪潘突然觉得脚下的河底硬了。再往前，他发现了一条宽300英尺的硬底，完全可以作为登陆兵上陆的通道。他兴奋极了，立即回到舰队报告。

这时，与迪潘一齐出发侦察的另一位中校军官斯米兹也回来了。根据他俩的侦察，北塘河南岸不宜登陆，要登陆，就走北岸的“迪潘小道”。

当夜，英法公使额尔金、葛罗，联军司令格兰特、贺布在葛罗的旗舰“迪歇拉”号上做出最后决定：以北塘河北岸为登陆点，发起登陆作战的时间是：8月1日。

此时，福隆大厅中的僧王爷僧格林沁，正手拿一块雪白的丝绸，擦拭着那把咸丰皇帝御赐的纳库素光宝刀。这把光华四射的宝刀，此前一直供奉在北京东城炒豆胡同他的博多勒噶台亲王府中。几天前，他专门命人将宝刀请来，佩带在身边。他要亲自用这把宝刀试试洋人的脖子。

一齐从博多勒噶台亲王府取来的，还有他用了多年的牛皮弓箭撒带和他的盔甲。僧格林沁的头盔，铜质髹漆，额前遮眉上镶嵌着东珠，其上舞擎盔盘复碗、樱枪獭尾缨络，护领护颈护肩上满缀铜钉。身上甲衣围裳、护肩护腋、前挡左挡、虎头襞膝，胸前背后还各挂一面打磨得光可鉴人的黄铜护心镜。这副盔甲一取走，亲王府上下就知道：王爷又有大仗打了。

“是又有大仗打了……”僧格林沁一边擦拭战刀，一边自言自语。拴在福隆大厅后院马棚里的火龙驹好像听到了主人的心声，“咴哩哩——”一阵长嘶，似乎是对主人的回应。

22. 骑士雄风

初一十五涨大潮。1860 年（咸丰十年）的 8 月 1 日，正好是农历庚申年的六月十五。

渤海内的潮头并不猛。蓝灰色的海水，一波一波朝河口涌来，看上去不紧不慢，转眼间，北塘河口的水却已宽出许多，也深了许多。

正午午时刚过，英法联军 30 余艘舰船、5000 余陆战队士兵，突然趁潮高水深之际，出现在北塘河口。远远望去，北塘河口一带，敌军战舰连舷，大炮高昂，旗号翻飞，烟气冲天——显然，英法联军不但了解了北塘一带地形和设防情况，而且对潮汐涨落也早就调查清楚了。

联军舰队贴近北塘河北岸，立即组织陆战队换乘小艇，准备展开登陆行动。这时，河滩地上突然传出了“轰隆”一声巨响，一道水柱，冲天而起。

“有地雷！”

“有地雷！”

率先上岸探路的迪潘中校带着几个士兵，浑身是水，逃了回来。迪潘趴上船，大口喘着气，说：“上次……上次侦察，这里分明没……没……没有什么地雷。”

“必须再派人上岸。”联军司令格兰特和孟托班看看船钟，高潮的时间正在一分一秒地过去，他们商量：“应该多带一些银元、洋布、洋酒，看看在河口的村子里能不能找到愿意给我们带路的中国人。”

迪潘和斯米兹等分头带人小心翼翼地绕过雷区，来到岸上，很快就消失在河口村庄浓密的树荫中了。

格兰特和孟托班在焦急地等待。

正午的太阳一点一点地偏斜了，他俩心急如焚。这时，先头小分队终于回来了，而且颇有收获——他们在北塘村找到一个姓何的富裕人家，半收买、半欺蒙地带来了何家的男人。按照姓何的指点，联军工兵开始挖掘地雷。

挖掘工作进展缓慢，大队人马暴露在河口，实在危险。正焦急时，又是那个俄国公使伊格那提也夫，派来了接应人员。

时不我待，刻不容缓，格兰特和孟托班立即下令：“全体登陆队员，紧跟着俄国人，以最快的速度上岸！”立时，百余艘小船一齐举桨，载着大批登陆兵登上了北塘河北岸。然后，马上在登陆场背水建立临时性防御阵地，防止清军突袭，并召唤等待在外海的舰队，送后续登陆部队登陆。

在岸上，格兰特和孟托班相视而笑。

是的，他俩侥幸躲过了一劫——如果登岸之前北塘炮台开火，或者岸上突然出现僧格林沁的部队，那他俩可就真要喂王八了。

僧格林沁很快就获知了联军北塘登陆的消息。这些天，他派出的一队队飞骑探马，一直在这一带往来侦察。

僧格林沁立即会同直隶总督恒福，进行商议。

对恒福这个人，僧格林沁相当看重。

恒福身为直隶总督，和自己这个督办海防的钦差大臣一同为皇上办差，事事恭谦仁和，而又见地深远。上一次大沽战前，就是恒福发现了新城地处要津，建议加强新城守军力量。开战以后，又是恒福在炮台危急之际，亲率驻扎在新城的哲里木、昭乌达两盟骑兵，驰援大沽，协助僧格林沁取得了作战胜利。但在奏折中，恒福只提僧王爷指挥得当，军士们作战英勇，对自己只字不提。这样的人，僧格林沁佩服。他知道，恒福对朝廷战和不定，深为焦虑。主张“战和两端，原难相提并论”，认为既“羁縻”又“备战”，实质上是自相矛盾，容易使前敌主帅无所适从，甚至丧失主动权和作战时机。对此，僧格林沁当然深有同感。

不过说归说，到头来，僧格林沁也好，恒福也好，还得按照“规矩”办事。他们首先飞马向北京传递紧急军情，告诉咸丰皇帝：敌人已在北塘登陆，占据河口村落，战和的真实意图尚不明朗，但很可能是要以军事压力迫我屈服。我等已经按照皇上的旨意，约束部队，不首先开枪开炮，以免授敌以借口。急请皇上做出最后的抉择。

然后，他们迅速组织部队进入阵地，随时准备出击。与此同时，他们再次派出千总冯恩福，给随美国舰队前来的公使华若翰送去照会，内容是：我军主动撤出北塘防守，是奉大皇帝的圣旨，给英法公使留一条上岸谈判之路，英法公使本应按照要求，轻装简从，由此陆路进京换约，但他们却以重兵强占北塘，其做法大谬。希望美国公使做出最后的努力，指明是非曲直，并尽力进行调解。

然而，8 月 3 日清晨 5 点多，冯恩福带回了英法决意开战，不听调解的坏消息。

僧格林沁一拍桌案，道："击鼓，所有将官大厅外候令。飞骑探马继续分拨出动，敌情有变，随时报告，不得给爷延误。"

仅过了半个时辰——上午 6 点多钟，探马飞报："敌军有动静。"

僧格林沁和恒福登上炮台观望。只见被敌人占据的北塘村人喊马嘶，尘土飞扬。黑压压的敌军足有数千，排着队，扛着刺刀枪，赶着拉炮的马匹，出村上了大路。一路鸣枪示警，浩浩荡荡，朝唐儿沽营垒杀来。

"王爷，打吧！"

"王爷，请下令！"

将官们沉不住气了，纷纷请战。

僧格林沁眯着鹰眼，扫视着眼前的敌情，一言不发。

"王爷，"恒福低声在僧格林沁的耳边说："朝廷圣旨未下，打，或担'浪战'之过；不打，恐有'失机'之虞。可这战场形势，您看还能再等吗？"

僧格林沁明白恒福在促他下决心，他动情地按了按恒福的手臂："制台大人，你我都是蒙古草原上走来的汉子，你意我知，我心君识。"

恒福也激动地回握着僧王爷的手，说："请王爷下令。王爷指挥，弟愿击鼓。王爷冲锋，弟愿随行。朝廷责问，弟愿独当!”

“好!那就让你我共同给皇上打个漂亮的。”说罢，僧格林沁甩开大步，回到大帐，厉声喝道：“德兴阿听令。”

“标下在。”

随着一声答应，德兴阿脚步噔噔地上前领命。这个蒙古汉子，曾一度担任过主持江北大营军务的都统，却一个汉字也不识，为人粗豪，有勇无谋。因为作战失利，惹翻了皇上，一下子降他为六品顶戴，没处放他，就罚他到僧格林沁部下，戴罪效力，听从调遣。

“命你率领侍卫明安、卓明阿、托伦布、得成，佐领舒通额，参将常善保等，督带黑龙江、哲里木、昭乌达、归化马队官兵出战，迎头截击，给爷狠狠地砍。”

“喳!”

山呼海啸一般的领命声，在阶下震响。

随着一阵马刺丁当，德兴阿等一群虎彪彪的将官各出营帐。他们的马队早已在营垒前列队，骑手们髹了黑漆的战甲在阳光下闪烁着金属的光芒，头盔和长矛上的彩缨像一片五色的火焰。他们紧紧勒住马的缰绳，战马喷着白沫，踢踏嘶鸣，显得异常兴奋狂躁。

“走，看孩儿们砍洋鬼子的头去。”僧格林沁拉起恒福，再次登上了炮台。

不远处，英法联军的部队正缓缓移动。他们有持刺刀枪的步兵，有骡马拉着的大炮，居然也有骑兵。

“左、右、中各队，起!”

令出三军动。清军整个队伍从一团凝固不动的乌云，骤变为三股墨色的激流，朝英法联军的方向涌去。开始，队形没有展开，马队的行动似乎并不迅速。但只有片刻，三路马队就各自排成纵队，狂飙般卷向敌人。

“拔刀，冲!”这是德兴阿的喉声。

随着喊声，疾进的马队上空华光一闪——骑兵们一齐亮出了宽刃马刀。

联军被这突然出现在面前的情景震慑住了，还没有清醒过来时，队伍已经被清军的铁骑分割成数块。

清军骑兵一边纵马狂奔，一边打着尖利的呼哨。他们的马刀在空中飞舞着，划出一道道刺目的弧线，斜劈、直砍，直砍、斜劈。鲜血在迸溅，残肢在抽搐，连着钢盔的头颅和带着肩章的肩膀飞上了半空。

清军骑兵像黑色的旋风，在英法联军的队伍中横冲直撞。联军的大炮施展不开，用步枪射击又担心会误伤自己，未被清军骑兵冲击的部队想来支援又无从下手。联军士兵只有围成一个个圆形的人圈，举着带刺刀的步枪，抵御马刀的攻击。然而，当他们刚刚排成队伍，挥舞马刀的骑兵突然间消失了。代之而来的，是新的打击：利箭、标枪、火球、火铳、鸟枪，像一群死亡的飞鸟，从天而降，联军士兵被打得缩成一团。而此时，马上的“闪电”又突然劈了回来。蒙古骑手们的身子斜挂在马鞍上，一只手臂低低探出，马刀几乎是从地面向上撩起，随之而飞的，一定是一片血光。

更为狼狈的是联军的骑兵部队。他们几乎没有组成作战队形，就被天河倒灌般的清军骑兵冲垮了。这些清军骑兵整队打着旋，把联军骑兵裹夹、挤压在中心，任意斩杀。有的联军骑兵奋力抵抗，冲出包围，立即遭到追击。那情景，很像猎手在驱赶惊慌的狼群。当远处的联军部队终于看清形势，准备发挥火力优势射击时，一声螺号，刚刚就在眼前的清军骑兵突然已经冲进了另外一群等待宰杀的“羔羊”中了。

太阳，从东方转向南方。整个上午，它的光辉都映照在清军骑兵飞旋的刀锋上。

战斗进行了4个小时。英法联军终于抵挡不住了。

无须命令，整个联军部队潮水一样，朝他们的出发地北塘村退却。

此时，炮台上升起了收兵的旗帜。追击中的骑兵们勒住了马头。

归途中，骑兵们再次经过那片被敌人的血染红的黄沙黑土。有人在马上躬着身子，探臂捞住一具洋鬼子的尸体，拖曳而回；有的人捡拾起敌人丢弃的武器、旗帜，兴奋得像孩子。经过检点，清军骑兵损失战马若干，负伤3人；英法联军扔下了50多具尸体，负伤者难以尽数。

僧格林沁的脸上，始终阴沉着。

他知道，这一仗，他赢得很漂亮，也很幸运。“苍天在上，后土在下，大清国的列祖列宗保佑，让洋鬼子的洋枪洋炮来不及发威。”

他转身命令：“牵爷的火龙驹来，赏给杀敌最多的勇士！”

僧格林沁以最快的速度向北京送去了胜利的消息，清廷也以最快的速度做出了反应。战斗结束后的第二天——4日深夜，军机处廷寄上谕到，虽然表彰说“僧格林沁调度有方，不患不获胜仗”。但同时也明确表示：“著恒福仍遵前旨，迅速分别照会英法两酋，令其照美夷之例进京换约，并须心平气和。”

僧格林沁和恒福接到上谕，面面相觑。

良久，恒福说：“王爷，看圣上的意思，是想借敌锋受挫之际，仍开和局呀。”

僧格林沁满脸不快："还不是军机处那群人在圣上面前瞎吵吵。他们哪里知道，日前接战，不过小胜而已。英法两夷，会因此老老实实坐下来谈判？那他们还带那么多兵船炮舰来干什么？依我看，要让英法两夷真的老实下来，还得抄家伙砍他娘的脑袋。"

"王爷，这也许正是朝廷担心的。"恒福皱着眉说，"您想，他们在津沽一带畏惧王爷的威名，难道就不会扬帆远遁，再去骚扰别个海口。倘若如此，岂不真如上谕所说'夷务迄无了期，究非万全之策'吗？"

"我何尝不为此担心，"僧格林沁道，"我就是想聚歼英法两夷于津沽一带，省得他们到处放火，咱们到处救灾。不为这，我僧格林沁何至于放他们进北塘？"

僧格林沁这还是第一次直接说出他关于放弃北塘的真实意图。其实，恒福多少已经猜出了僧格林沁的意思，只是不愿说破。而现在，他又有了新的忧虑："但愿王爷的心思，终能合乎圣意。只怕……"

僧格林沁苦笑着说："前日，有个穷村学，在塘沽街头卖字画。贴出一副对子，上联是'咚咚呛呛咚咚呛'，你猜这下联是什么？是'打打谈谈打打谈'。分明是讽刺朝局。我派人抽了他二十鞭子。事后想想，人家哪里说得错了？怪我一时糊涂，倒错打了人。"

恒福也苦笑道："这些狂生，惩戒一下，原也没有什么。不过，如此战和不定，犹豫拖延，难免给丑夷以喘息、整队之机。一旦丑夷准备就绪，主动攻我，就难以从容应对了。"

两个刚刚打了胜仗的主帅，陷入了沉思。

23. 激战新河

根据清廷的旨意，满心无奈的恒福于5日给美国公使华若翰发去照会，敦请华若翰向英法转达清廷议和的信息。他在照会中写道："贵大臣既系为和好而来，请将此意转达英法两国。乘此时彼此均无损伤，收兵息事，仍照上年之例进京换约，以全和好，则各国商民均受其福。"

其实，连恒福自己都觉得：他就像天朝的一个守门人，站在这道已经残破的门槛前，反反复复地向破门欲入的强盗解释不能放他们进门的道理。这个道理实在太浅显了。如果英法各国的强盗可以以此为满足，天下早就太平了。

当日下午时分，营城方向再次传来了新的消息。

原来，联军3日作战失利后，即派出浅水舰船多艘，从北塘河口驶向营城方向，企图攻占营城炮台，在清军的防线上打开一个缺口。

负责营城防务的，是清军都统西凌阿。他发现敌舰船驶来，即命令部队，在河中排开火攻木筏。英法联军本来就是要偷袭，见西凌阿有了准备，马上调头回驶。仓皇之中，有两艘联军舰船开上浅滩搁浅。联军士兵急忙下水拖拉，结果其中一船乘潮脱浅，丢下另一艘船逃走。

5日中午，从搁浅的夷船上，走来两个洋兵。他们一边东张西望，一边挥动着手中的两块白布。负责这一带防务的清军佐领定安和防御连喜从老远就看见了这两个洋兵，仔细辨认那两个洋兵手中的白布，原来上面书写着两个汉字：

免战

定安和连喜纵马直驶过去，问："你们要干什么？是不是要送什么公文？"

两个洋兵摇着头："No，No，没有什么公文。只是要求你们的马队不要距离我们太近。"

"怎么，你们怕了？"定安问。

"No，"洋兵说，"我们的船搁浅了，但我们的大炮厉害。你们距离太近，恐怕误伤，以至伤了和气，特来相告。"

"你还有什么说的？"定安耐着性子问。

"以后我们双方派人来往，都需手执白旗，以免损伤。"

定安听罢，觉得这些洋兵真是不可理喻。就对他们说："你们无端把舰船开入我们的内河，早就应当快开走。你们占了我们的北塘，这儿的老百姓个个愤恨，好几次要一把火将你们这艘搁浅的破船烧了。幸亏我们总督大人制止阻挡。可我们阻挡得了一时，阻挡不了一世。你们还是快走，万一有个意外，反其不美。"

两个洋兵听了点点头，递上一块白布，逃回船上，

定安打开白布，上面全是洋字。交上去一翻译，原来是"暂止干戈，两国交话"。

英法联军真的要"暂止干戈，两国交话"吗？

我们现在已经看不到这块写满洋字的白布了。对于那个时代的翻译，我们不能不以历史研究者的身份投以怀疑的目光。就算真的是这样，那也完全可能是搁浅舰船的指挥官为了解脱和减缓他所面临的尴尬与危险，做出的个人决定。

但在咸丰皇帝的眼里，这八个字居然成了英法两国罢兵和谈

的信号。于是，他立即指示恒福："此即夷人先已自屈，显然有就范之意，此机断不可失。"

其实，当定安和连喜作为代表来到搁浅敌舰上交涉时，对方不但根本就没有表示要和谈的意思，而且还对曾经向中国军队举起白旗深感后悔。最后，英法联军给了中方一封措辞强硬的照会作为回答。照会中坚持他们所要求的一切利益，丝毫没有更改。

气得僧格林沁把照会狠狠摔在桌上，骂道："他娘的，空费唇舌，只能自取其辱。打就打！咱们战场上一决高低。爷还怕你吗？"

恒福仰天长叹，道："皇上，你怎么还不明白？但能有办法，奴才又何必非动干戈？可现在，由不得我们了。"也许他的心底突然涌出一个想法：将来，后人只知我与僧王爷，临阵犹豫，举棋不定，拖延时间，丧失战机，却难知其中的苦处。他们将怎样评价我们呢？

英法联军的进军，最终粉碎了咸丰皇帝的和谈幻想。

8 月 12 日，凌晨。

英法联军 1 万余马步军兵，从他们占据的北塘河口村庄出发，开始实施精心准备的一次攻击。

英国将军斯泰夫勒指挥的先头部队走在最前面，带领大队人马，沿着大路朝南进发。行至一个叫做茶棚的岔路口，联军部队开始分成两个集团。右翼集团，由英军第一步兵师、法军所有部队、全部骑兵部队组成，向右侧前进，去攻占新城；担任左翼的是英军第二师，攻击的目标是军粮城。他们的作战意图是，从北塘出发，向西南迂回，打通新河——塘沽——大沽的后方通道，包抄大沽炮台的后路。然后配合舰队，海陆两面夹击，一举拿下大沽炮台。使得联军舰队能够进入白河，逼近天津、通州，再攻打北京城。

此前，侵略军在北塘进行了野蛮的大劫掠、大屠杀。疯狂而又“理智”的英法联军士兵，在北塘镇正街中心划出了一条界线，平分了他们的“战利品”。他们一家挨着一家，用枪托砸开所有店铺的门板，将里面的丝绸锦缎、金银首饰、古玩玉器、烟酒糖茶，洗劫一空。店铺空了，他们就开始冲进民宅，先是抢劫值钱的或者稀罕的东西，然后就开始追抢牲畜家禽。随后，他们又开始捣毁居民的住房，把能拆下来的砖瓦木料运走去修建码头、铺设马路，拆不下来的就推倒或者放火焚烧。大火浓烟，冲天而起，短瞬间，北塘镇就变成了令人恐怖的废墟，到处是断壁残垣，窗棂房椽全烧成了焦炭，瓦砾中堆满了被砸碎的桌椅箱笼和婴儿的摇车。遭活活肢解的牛马还没有咽气，倒在水井旁痛苦地痉挛，发出悲惨的鸣叫。

北塘镇的两万多老百姓中，有些人已经背井离乡，先期逃难去了。没有逃走的，大部分是老人、妇女和孩子。为了免于受辱，女人们把孩子塞在墙角，然后投井、上吊，服毒自杀。老人们被强盗驱赶着、殴打着，跌跌撞撞，东跑西躲，最终不是死于侵略者的刺刀之下，就是死于恐惧、气愤和羞辱。孩子们无助地哭喊，等待魔鬼屠刀的降临。

北塘镇十室九空，北塘人九死一生。

英军翻译、“小舅子”巴夏礼站在横七竖八堆满妇女孩子尸体的街头，呼吸着充满焦糊味和尸臭的空气，他平静地说：“这儿的景色……确实凄惨，因为我们的军队洗劫了它。”

他辩解说：“……必须承认，我们英国军人的行为不是很好。但是，和法国军队比起来，我们英国军队做得并不更加过分。”

新河村前营城中，驻扎着僧格林沁的骑兵精锐，但人数只有2000余，敌我对比，处于明显的劣势。僧格林沁的防线太广阔了，他只有集中兵力，发挥骑兵机动性强的特长，趁敌立足未稳，主动出击，才是取胜之道。可他的时间，已经浪费在咸丰皇帝的犹豫之中了。现在，他不得不在广阔的战场上分兵堵击。显然，这仗难打了。

敌军汹涌而来的时候，清军骑兵再次出营，列阵于营垒的正前方。

农历六月，酷暑难当，原野间热流滚滚。不久前的一场大雨，把营垒前的洼地变成了一片泥潭，太阳一晒，泥潭表面上结成硬荚。带着腐尸气味的水汽在阳光下蒸腾，氤氲浮荡，使远处的景物变得晃动迷离，像海市蜃楼。

清军骑兵的整个作战计划，就是以迅猛的冲击，把英法联军的人马炮队驱赶到那片沼泽泥潭之中，然后将敌人砍尽杀绝。

人和马全都热汗淋漓。精壮的士兵们古铜色的脸上全是汗水，神情傲慢而冷酷。它们对西洋火器的威力并不完全了解，特别是上次作战小胜后，他们更相信自己胯下的战马和腰间的长苗宽刃马刀。

上午9时许，敌人进入到马队冲击的距离。

营垒中，“轰隆”一声号炮，骑兵的队伍上空立即回应起一阵欢呼。

战斗，开始了。

清军骑兵的马队以突然的动作，分成两路，向联军右翼集团的阵营冲杀过来。喊杀声震撼着夏日的原野，马蹄激踏起的烟尘腾空，遮蔽了酷热的阳光。

英法联军将近700人的陆战队组成了一道防线，前后两排，前一排跪姿，平托装满子弹的步枪随时准备开火，后一排立姿，步枪上扬，准备在前一排装填弹药时射击。

清军骑兵们在积水的土地上继续冲锋，马蹄下泥花四溅。因为冲锋的道路行走困难，马队被迫变成单纵队。500 米、300 米、200 米，英法联军陆战队已经可以看清楚军骑兵的甲胄和狞厉的面庞。它们端步枪的手开始发抖，整个蜿蜒如蛇的防线显得单薄、虚弱，队形也开始动摇。

英法联军的大炮开火了。

开花炮弹在清军骑兵前进的道路上炸响，火光和弹片立刻构成了一道死亡的黑幕。

冲在最前边的骑兵遭到迎头打击，战马的残肢和士兵破碎的甲片飞上了半空。

冲锋受阻，清军骑兵死伤惨重，黑色的狂飙陡然止住了呼啸狂奔。

英法联军陆战队也清醒了过来，它们手中的后装线膛枪开始射击。一排排的子弹倾泻过来，又有一群骑手和战马被击中。

“冲啊！夺狗日的大炮！”

缺乏己方炮火支援的清军骑兵继续勇猛地扑向前方。他们临时转换了攻击的目标，马队形成了若干个尖利的楔型，冒着密集的炮火和枪弹，朝敌人的炮群冲去。

战马几近疯狂，它们的四只蹄子腾空，跨越一个个同伴的尸体，纵跳奔驰。骑手的身子紧紧地伏在鞍桥上，躲避着枪弹，手中的马刀已经出鞘，闪闪的寒光在滚滚飞尘中时隐时现。

敌人的炮火更加猛烈、准确。每一发炮弹爆炸，都会有一团血光迸溅。

一次冲锋被阻击回来；

又一次冲锋被阻击回来。

终于，马队的前锋冲进了敌人的炮阵地。

“杀!”愤怒的骑士们挥舞着手中的战刀，削瓜切菜一样砍向敌人的头颅。敌人的鲜血喷射在打红了的炮管上，断臂残肢横飞。那些拉炮的战马受了惊，有的挣脱缰绳乱蹿，有的拖着炮车横冲直撞。

“杀!”失去了战马的骑手几乎全都甩掉了身上笨重的盔甲，它们冲入敌群，用刀砍，用枪刺，用赤裸的肩膀扛住敌人滚烫的大炮，把它们掀翻在泥泞中。

远处指挥作战的英法联军司令格兰特和孟托班，从望远镜中观察到了这一切。他们摇着头，对清军勇猛的战斗感到不可思议。

他们命令：“法国猎兵队、昂费勒步枪手，立即开火射击。记住，不得让鞑靼骑兵接近1500米之内的距离。”

密集的枪弹立即淹没了整个阵地。

在强大的火力攻击下，冲入敌炮阵地的清军骑兵损失惨重，被迫后撤。

“皇家骑兵在前，印度锡克兵随进，追击鞑靼骑兵!”

战局逆转，铁青色的太阳在空中颤抖。

2000多清军骑兵，如今已经只剩下不到1500人，所有的马刀上都滴淌着敌人的血。

敌人的射击更加猛烈，被摧毁的敌炮阵地又恢复了作战能力。炮声震天，炮弹崩裂，伤亡随时都在增加。面对潮水般涌来的敌兵，清军骄傲的铁骑兵被迫转入突围。

营城的营垒就在不远处，新河村就在不远处，但是，那里已经不能立足坚守。

“冲出去!向塘沽靠拢，和僧王爷的大队会合!”

清军骑兵零乱的队伍又开始列队。骑兵们恨恨地回望着燃烧的战场，回望着那些只会放枪放炮的洋鬼子，心有不甘。然后，他们纵马挥刀，杀开一条血路，向塘沽方向退去。

英军皇家骑兵部队仅仅在一个很短的时间里做出了追击的样子，就勒住了马缰。那支望而生畏的部队，尽管已在退却，但同样可怕。

英军皇家骑兵们转身扑向了新河村，那里，已是一座不设防的村庄。一个叫夏尔·德米特勒西的人在他的《中国战役日志》中写道：联军涌进新河村，在那里，他们发现了“许许多多的鸡、骡子和猪；另外，还找到了大米和相当数量的草料。不过最好的东西还是家家都有的一罐一罐装得满满的水……”

清军骑兵作战失利，新河、军粮城失守。

新河在白河之北岸，大沽炮台以西，是护卫大沽炮台后路的重要据点。现在，新河丢失，敌锋继续东进，包抄大沽炮台后路。他们面前，只有塘沽一道防线。此处，距大沽炮台仅仅4公里。突破了塘沽防线，大沽炮台的后翼将完全暴露在敌人的攻击之下。继续据守大沽，就更加艰难了。

8月13日，英法联军猎兵连和皇家陆战队侦察兵报称：“塘沽是座筑有工事的村庄，位于从新河通往大沽炮台的通道上，周围的城墙高达7公尺，延伸近2公里，城墙上并备有枪眼，守卫的士兵很多，筑有40个炮眼，另外还有大批水师战船停泊在白河水面上。”

8月14日凌晨4时，英法联军展开了对塘沽的攻击。

24. 血色残阳

8月14日6时，英法联军抵达塘沽近郊。担任前锋的，是法军的两个猎兵连、一个水兵连和一个工兵连。其左翼后方，是两营步兵和一营炮兵；其右翼后方，是英军的大队人马。

这一次，英法联军将炮击当做了主要的攻击手段，而将他们自己的骑兵统统放置在主力部队的后面。

“清军骑兵太可怕了！”英法联军的将官们这样评价他们的对手：这些“骑兵表现得非常英勇”，“我们不得不承认，他们是最优秀的骑兵。”与其和这样的骑兵作战，不如干脆用炮火解决问题。

此时，塘沽防线的主将是副都统克兴阿和工部侍郎兼副都统左翼总兵文祥。他们统帅的塘沽防线部队，连同从新城一线撤退回来的骑兵残部，总共3000余人。在白河上，还有停泊在北岸炮台前和于家堡附近水面的清军水师舰船支援。

对于僧格林沁的整个作战部署和指挥谋略，文祥并不赞赏，甚至从内心里反对僧格林沁的决策。在他看来：津沽战场的被动局面，很重要的一条，就是僧王爷过分依仗了骑兵的作战，过分低估了敌人的炮火优势，其结果是整个骑兵部队并没有集中兵力进行一次有计划的突击，反而分散阻击，舍长就短，与敌硬抗，使敌炮兵充分发挥了威力，不但突破了新河防线，而且重创了骑兵的锋芒。因此，文祥和克兴阿商议：此战一定要发挥火炮的作用，以炮攻为要，以骑兵为辅，适时出击。他的主意得到了克兴阿的支持，他们将主要精力用于对炮兵的部署和使用之上，寄望强大的炮火能够将敌人阻截于白河岸边。

6时许，夏日早升的太阳已经照亮了整个战场。清军水师舰船上的火炮首先开火。炮弹飞落在联军的阵地，掀起了阵阵浓烟。

英法联军立即组织了还击。英军的安氏炮和法军的4门螺丝炮进行了猛烈而准确的轰击，清军舰船上的旧式火炮显然占不到便宜。双方对射了不到半个小时，清军水师被迫撤出战斗。

7时半，英法联军开始调转炮口，轰击塘沽营垒，此后展开了攻击。关于这场激烈的战斗，当时就在战场上的法国军人夏尔·德米特勒西有如下记载：

由雅曼将军所指挥的法军第一旅直趋阵地的中央部分，由科林诺将军所指挥的法军第二旅则奉命在后侧和右翼支援联军的总攻势。7时半，射程可达1000公尺的我军大炮开始向塘沽要塞猛轰，敌人也立即用可怕的炮火进行还击。所幸这只是一阵轰鸣而已，并没有造成什么危害。中国人的炮弹打得一点也不准，只是在我们的大炮上空掠过，并且落在远达500公尺之遥的参谋部和还要更远上200公尺的我军步兵之间。在那里，步兵正手执武器，等待着冲锋的信号。在我们的右翼，背水而守的英国人正在阻止中国军队的前进，正当我们在左岸行动的时候，中国军队企图从侧翼向我们进攻，结果美国人朝他们施放了不少火箭，把敌人的队伍整个给打乱了。双方的炮火一直持续到9点钟。很快，中国人的射击开始减慢，我们的大炮利用敌人火力减弱之机朝前移动了400和300公尺，并倍加猛烈射击。再过一会儿，敌人的火力就完全沉寂下来了。这时，由两连猎兵组成，并有我们勇敢的参谋长斯米兹中校所率领的射手冒着不停的射击和四面八方射来的箭跑步向前冲去。首先登上城墙的斯米兹中校所插起来的三色旗开始在中国堡垒的上空飘扬……几乎在同时，英国旗帜也开始在大营的左角上空飘扬起来……中国军队的防御工事和城墙全都被摧毁了，停泊在内河的许多中国人的沙船也被放火烧掉……

另一些侵略战争的亲历者，还记载了他们在塘沽之战中所看到的情景：

英国人也和我们法国人一样，可以出来证实中国人确已显示了他们无可辩驳的勇气。

一直到中国人看到我们的冲锋队伍攀登他们的城墙时，这些中国人还在拼死拼活地进行抵抗。

尽管炮兵和火箭手发射了密集的火力，中国人还是毫不犹豫地发动冲锋，直到距离英国人百把公尺时，他们的冲锋才被制止住。在哪里，第一排的战马被打倒，人群中开始混乱，此时中国士兵才改变队形，掉转马头。

……中国的炮手都勇敢地战死在自己的炮位上。在军营的中央，躺着一位中国官员的尸体。他身穿用金银边镶起来的衣服，一发炮弹削掉了他的脑袋。在一座该是满洲骑兵驻扎的宽大漂亮的帐篷中，有两名已经断气的中国官员躺在那里，他们是在被迫放弃阵地，自己的部队向后撤时刎颈自尽的。

联军中的法方司令孟托班将军在激战结束后，巡视了硝烟未散的战场。此时，他沉默不语，完全看不出胜利的喜悦。回到自己的营中，他突然对身边的法国军官发表了以下这样的战争观感，他说：

我还不知道，这次战争将给我们带来怎样的后果；然而我却自己提出了这样的问题：一旦中国人更好地武装起来，而且我们在痛打他们的过程中又教会了他们如何作战的话，那么这些家伙真不知会干出怎样的事来。

不管怎样，塘沽的战斗还是以中国军队的失败而告结束。

被战火烘烤了一整天的大地沉寂下来。

残阳如血。

如血的残阳下，塘沽的营垒大部残破倒塌，炮位被摧毁，营帐被焚烧，曾经飘扬着大清国八旗劲旅战旗的城头之上，已飘起英法联军的旗帜。

如血的残阳下，中国军人的尸体相互枕藉，一堆又一堆。他们忠实的战马和他们倒在了一起，人和马的鲜血交流在一起，在战斗结束后的数小时，血河依旧在流。

如血的残阳下，白河依旧无声地淌着，浑浊的河水中，漂浮着战士的头盔、藤牌、羽箭和折断的长矛。一只鹰，高高地飞着，白河水映出了它黑色的倒影。

大沽口，僧格林沁也在眺望塘沽的战场。

作为前敌主帅，他以最快的速度，对塘沽作战失利后的大沽防御做出了部署。他把大沽防御阵地分成北岸、南岸两座大营。从新河、塘沽突围的部队已经收拢，划归北岸大营主将乐善指挥。他自己亲率南岸大营。与此同时，僧格林沁命令所有炮台士兵人不离炮，炮不离人，随时准备战斗。两岸营垒上多设炮位，以防敌人突然发起进攻。至于骑兵主力，则被他放置在大沽炮台壕堑的外面，以便机动作战，阻击敌人。

按照过去教科书上的说法，僧格林沁是镇压太平天国和捻军起义的刽子手，是清王朝的鹰犬。他骄横愚蠢，放弃北塘，丢失塘沽，兵败大沽，这完全是他的“阶级本性”所决定的。

如今，我们同样面对一个失败的僧格林沁，却感到某些教科书上的结论近乎呓语。

一个时代、一支军队、一个人的失败，如果真如某些教科书上那种不切实际之轻断，那么历史将多么荒谬，多么乏味，多么苍白。

这一天——1860 年 8 月 14 日，僧格林沁一整天思考的主题就是两个字：“命运”。不止是他个人的命运，还有他的蒙古铁骑和八旗劲旅的命运，还有大清国的命运。他自度绝不是一个庸将。大清国满朝文武，满营将帅，有几人能像他僧格林沁，敢于挺身独撑大局，并且在抗敌御辱的征杀中一胜再胜。他的骑兵曾经天下无敌，他的炮台更是坚固无比。可是突然间，几天之内，他连吃败仗。在新河，他的骑兵异常英勇，马踏敌营，夺炮三尊，但一尊也没有带回来。那一仗，他输在敌人先进的大炮之下。转战塘沽，与敌炮战，又告失利，他依然输在敌人先进的大炮之下。他输得不甘，输得不服，实在咽不下这口恶气呀。国运天命，个人荣辱，一世英名，突然间就不在掌握之中了。这是为什么？他仰头质问苍天：难道这就是命吗？

津沽战场原本连成一体，现在，大沽与天津的联系被切断。敌兵分海陆两翼压来，大沽实际上已经陷于敌人的包围之中。

僧格林沁觉得自己实在错了。

但错，不在放弃北塘。放弃北塘，诱歼敌人于旷野的计划本身并没有错。他错，就错在自敌北塘登陆后的十余天中，他没有主动调集兵马出击，而是一直在等待朝廷下最后的作战决心，以致一误再误，使敌从容整队，主动展开包抄进攻，置自己于层层防御的被动局面。骑兵，本来就是攻击之利器，失去了主动进攻，陷于被动防守，则骑兵的威力就难以施展。在己方炮械不如敌军的情况下，这仗怎么会不败？

僧格林沁"刷"地抽出了御赐的那把纳库素光宝刀，虚空一劈，刀锋寒光一闪，带着疾风。是的，他手中还有大沽炮台，还有骑兵主力。他认为只要坚守一段时间，等待朝廷调集军马增援，从北京、天津一线压迫敌军，自己适时纵骑出击，依旧有会歼敌人于京津之野的可能。

"……实在不行，爷就立马于京津大道上，看他洋鬼子从爷的身上压过去！"

可是，事到如今，皇上又会怎么想呢？

他还得问问皇上。

8月15日，咸丰皇帝在圆明园正大光明殿接到了僧格林沁的奏折。此刻，咸丰皇帝心如火焚油烹，展开奏折时，他的手颤抖不止，汗水冰凉。

僧格林沁奏报："塘沽被贼占据，大沽两岸危在旦夕"。"现在南北两岸，唯有竭力支持，能否扼守，实无把握。京畿一带，防守极关紧要，伏乞皇上迅派重兵，以资守卫。"

一股热血，冲向咸丰皇帝的头顶。他眼前一黑，坐立不住，几乎昏厥过去。

"皇上，皇上……"

"传御医，快传御医！"太监们惊惶失措，连声叫喊。

当值御医脚步踉跄，手提袍襟，跑了进来。

一阵手忙脚乱，咸丰皇帝悠悠醒来。

他用布满血丝的眼睛环视着左右，意识一时还无法恢复。但是很快，他就记起了方才发生的事情。他猛推御医，“呼”地站立起来，跌跌撞撞扑向书案，抓过毛笔，淋淋漓漓沾满朱墨，在僧格林沁的奏折上批道：“谕僧格林沁：现在大沽两岸正在危急，谅汝在军中忧心如焚，倍切朕怀”，他停顿一下，让缭乱的思绪渐渐清晰，然后接着写道：“惟天下之根本，不在海口，实在京师……万不可寄命于炮台，切要！切要！以国家依赖之身，与丑夷拼命，太不值得……若执意不念大局，只了一身之计，殊属有负朕心，握管不胜凄怆……”

他扔下朱笔，不待朱墨晾干，就大声说：“六百里加急，发给僧格林沁，要快！要快！”

僧格林沁很快就接到了皇上的圣旨。

拜领之后，僧格林沁独坐大帐，良久不语，内心深处，波翻浪涌。

帐外，月明、星稀，草丛中夏虫唧唧，流萤飞舞。这一夜，寂静得让人不安。

僧格林沁把圣旨仔仔细细地收起，起身踱出大帐。

他举头仰望着北京城方向的天际，口中喃喃道：“皇上，你是怕奴才死呀……”

25. 倾斜的炮台

咸丰皇帝的确怕僧格林沁死。

僧格林沁虽然不是那种“平时袖手谈风月，临敌一死报君王”的主儿，但他的性格太过刚直暴烈，不是赢得起输不起，而是几乎没有失过手。突然间输得这么惨，这么窝囊，他恐怕难以接受。

他会不计后果，冒险一拼吗？

他会拔剑自刎，以谢天下吗？

他什么都干得出来。

可他僧格林沁现在说什么也不能死。北京城还得他来保卫。万不得已而御驾离京巡狩，也还得他护驾。

咸丰皇帝想着想着，思路突然跳开。他猛然觉得：有时，死很可怕。而有时，死又很安静，很轻松，甚至很诱人……

8月15日这一天，咸丰皇帝连下圣旨，部署防务。

他首先命令僧格林沁全力抵御。但如果无力抵抗，就不要死守，可放弃大沽炮台，撤回天津城防守。

然后，他调集西凌阿在营城一带驻守的骑兵，立即火速驰援大沽炮台。这样不但可以增加僧格林沁手中的兵力，鼓舞其士气，就是将来大沽炮台失守，两股兵马也可合力突围。

次之，他又命令长芦盐政宽惠立即加强天津城的防御，并把防线尽量前推，即：自塘沽至天津沿途层层设探。

当务之急是调动兵马，咸丰皇帝几乎调用了一切可以调用的军队，其中包括：托明阿率领的骑兵1500人，成凯、德勒克多尔济、英桂率领的太原、绥远、归化防兵1000人，春佑的热河兵500人，谭廷襄的山西兵3000人，庆昀的骑兵2000人，文谦的直隶兵3000人，文煜的山东兵3000人，"一律精壮，配齐军装、器械、火药、铅丸"，赶赴通州设防，整个防线由大学士瑞麟统一指挥。

但是，第二天，恒福就从大沽前线报来僧格林沁不愿撤退，誓与大沽炮台共存亡的信息。恒福在奏折中说："钦差大臣亲王僧格林沁，质性朴诚，忠节自励，二十八九两日，奴才默察，该大臣心意与大沽炮台共相存没。"老练冷静的恒福根据当时的形势，担着被人参劾为临阵退缩的危险，提出建议："与其大沽炮台为该夷所踞，莫若先行撤防。""查大沽、营城马步官兵尚有万余名，若令钦差大臣亲王僧格林沁统带，保卫北京，然后再设法议和。"

咸丰皇帝阅完恒福的奏折，喟然长叹。他不得不打点精神，连发上谕。他下严令给僧格林沁：必须遵旨速率部分部队离开大沽炮台，返回天津防守。而将大沽炮台交给一名得力的将官负责守御。同时，派出西宁办事大臣文俊、武备院卿恒祺，迅速前往北塘，敦请各国列强进京换约。还任命桑春为督办顺天、直隶团练大臣，责成他以最快的速度，组织起京津一带的民兵乡勇队伍，准备保卫京师。

圣旨到达大沽前线时，僧格林沁正在和代他起草奏折的书办们谈话。

他说："爷带兵多年，一贯是明令晓谕众将官，不论勋爵官职大小，功劳高低，谁敢临阵退缩，动摇军心，爷就断然砍他的脑袋。现在，圣上顾念我这条微命，命我率部离开大沽，退守天津。皇恩浩荡，我怎么会不识好歹？但这样一来，军心势必浮荡，大沽炮台将不战而丢。'将在军，君命有所不受。'你们给爷听着，一定要禀报圣上，天津的壕墙炮位，远不如大沽。倘大沽失守，夷船入河，直达天津城下，津郡断难保全。以现在的形势看，惟有沿河筑墙，拨运炮械，激励士卒，坚守大沽。事过之后，我僧格林沁再向圣上谢违旨之罪。"

"这个僧格林沁！"

咸丰皇帝在正大光明殿拍了桌子。他对僧格林沁的做法是又恨，又感动，正所谓"疾风知劲草，板荡识诚臣"。可是，北京呢？皇城呢？大清门呢？朕呢？咸丰皇帝恨恨地骂道："他妄逞匹夫之勇，不明事理，不顾大局，实在辜负朕心。”

万般无奈之际，咸丰皇帝只好一面同意僧格林沁坚守大沽的方略，一面提醒他：“万一事机紧急，该大臣总当恪遵朱谕，断不可固执己见。”与此同时，咸丰皇帝又发密谕给恒福：“惟事势如果紧急，恒福总当设法保全（僧格林沁），不令（僧格林沁）据蹈危险。此时不可过于急切，转致激其意气，毅然不顾。朕为维持大局，爱惜人才，该督自能仰体此意也。”

“奴才明白，奴才太明白了。”接到密谕，恒福的心里一片苍凉。

他知道，皇上已经对坚守大沽不抱任何幻想了。其所以三番五次强调要僧格林沁回撤，实质上就是在“作长远谋”。不管怎么说，当此危局，皇上还顾念臣子的安危，这毕竟让恒福感动。可是，这大沽炮台怎么办？这守台将士怎么办？这津沽百姓怎么办？他不敢再想，更不敢再问了。

果然，第二天，恒福关于大沽前线紧张局势的奏折送达北京后，咸丰皇帝上谕的语气已经变得不容商量：“京师更为紧要，仍赖该大臣带兵迎击，以资捍卫。”“僧格林沁自应固守炮台，若该夷决意用兵，事机紧要，该大臣仍当察看情形，遵照前旨，择要扼守。不可专顾炮台，致误大局。”

恒福找到僧格林沁，顾不得客套，开口就问：“王爷，朝廷屡发圣旨，意思已经再清楚不过了。现在西凌阿的马队生力军已到达大沽，请王爷上马，随西凌阿的骑兵突围回天津，留下我和提督乐善大人坚守大沽炮台。”

僧格林沁木着脸，平静地斟了两杯酒，一杯递给恒福，一杯捏在手里，良久，他抬起头直视着恒福，说：“数日以来，我一直在想，我这一条命，其实是圣上的。留守大沽，是为了圣上；退守京津，也是为了圣上。大沽未来的局面，是秃子头上的虱子，明摆着。我知道早晚有那么一天，我得离开炮台，进京护卫皇上。其所以不及早离开，对敌，是不甘；对己，是不忍呐。”

说着，他把手中的酒杯重重地蹾在桌上。

恒福心中暗暗流泪，却故作镇静地解劝道：“王爷，留得青山在，不怕没柴烧。毕竟京津防御大局还要仰赖王爷，毕竟皇上的安危重于大沽一地的得失。”

“哼!”僧格林沁摇摇头，“京畿重，大沽轻。那就让我僧格林沁永留个临阵畏怯的好名声吧。”

“王爷，您千万别这样想，让您撤回天津，那是皇上三令五申的，怎么能是王爷您畏惧退缩。这我是知道得一清二楚的。”

“只怕，天下之口悠悠……”僧格林沁颓然仰坐在椅子上。良久，他一跃而起，抓过酒杯对恒福说：“管他娘，守一天，是一天；打一仗，算一仗。这副担子，我僧格林沁能担得一时，绝不担三刻。制台大人，你我兄弟今天就干了这杯酒，将来有一天，我不得不离开炮台，这里说不得还要制台大人苦撑危局。我这儿先谢了。”说罢，举杯一饮而尽。

恒福无言，照样子喝了酒，他觉得这杯酒苦过了黄连。

8月21日，凌晨4时。

法国将军内皮尔和科林诺指挥的两个旅，从塘沽出发，向大沽防线北岸的石头缝炮台发起进攻。

敌人的大炮，全部摆在距炮台1000米的地方。沉寂的黎明中，炮队中传出一声法语的口令。紧接着，所有的大炮都喷射出明亮的火焰和震耳欲聋的轰鸣。

敌人的进攻开始了。

北岸大营主将、提督乐善立即组织炮台炮火予以还击。双方的大炮，将白河两岸的大地震得觳觫发抖。

在僧格林沁的部下，乐善是一员猛将。他是蒙古正白旗人，姓伊勒忒氏。他原来跟随清朝的另一名帅胜保作战。1859 年（咸丰九年）僧格林沁主持津沽防御，调他协力防守海口。他参加了炮击英法舰船的大沽之战，督率守军击沉了英法舰船。由于作战英勇，遂由河北总兵升任直隶提督。塘沽失陷后，僧格林沁又把统带北岸大营的重任交托给了他。

就在 20 日，乐善已经和英法联军交过一回锋。那天早晨，又是那个“活跃”的英国翻译巴夏礼和联军参谋部几个军官，一齐骑马来到石头缝炮台之下，高声呼喊，叫指挥官回话。

乐善来到炮台的护墙墙头，用手戟指巴夏礼和他的同伙，口中骂道：“逆夷，尔等听着。我天朝大国皇帝，恩准尔等通商，尔等不思报答恩典，反而妄动刀兵，占城池，屠乡民，怕是天良早已丧尽。今又前来，还有什么鸟话要说的？”

巴夏礼同样气势汹汹，叫嚷着：“贵国屡次违约，不讲信用，致起战端，非我之过。现在我要求你们，马上投降，交出炮台。”

“放你妈的狗屁！”乐善骂道，“要炮台，只管来打，老子奉陪到底！”骂得巴夏礼转身而去。

从那一时起，乐善更加精心地组织炮台士兵备战。今天的战斗，早已在他的预料之中了。交战中，乐善指挥的炮台士兵，凭借地势之利，对敌炮阵地一个劲儿地猛打，炮弹准确而凶猛，雨点般朝敌人倾泻。

“打得好，给老子狠狠打！”乐善一边打，一边高声呼喊，鼓舞士气。

突然，“轰隆”一声巨响，乐善被震得扑倒在地。原来，敌人的数发炮弹同时击中了炮台的火药库，引起了爆炸。但见一团巨大的火团腾空而起，整个炮台好像被震散了架，砖石瓦砾横飞，炮台守军死伤一片。

乐善努力睁开眼睛，眼前，他的炮台已经面貌皆非。

他在寻找，寻找活下来的士兵。

他找到了——在几乎全部崩塌的堡顶，一个小个子的士兵，正艰难地站直身子，他的身上，全是鲜红的血；他的手里，护持着乐善的帅旗。

乐善一下子从瓦砾中跃起，他的嘶哑的声音盖过了敌人的炮声："弟兄们，有口气的，爬起来，跟我打！"

清军的炮火从残破的炮台上再次喷射出来。已经开始冲锋的英法联军步兵死伤一片。

炮战继续进行，残破的炮台上空浓烟滚滚，射孔里炮火不停，远远看上去，整个炮台像一座威严狞厉、愤怒喷火的战神。炮弹的弹着点，标示着炮兵的意志。英法联军的炮兵们简直不敢相信，在受此重创的炮台里，居然仍能有这么长时间、这么猛烈准确、这么节奏鲜明的还击。

炮战近两个小时，突然间，炮台上的还击终止，一片寂静。

显然，弹药用尽的清军炮兵们在射出最后一发炮弹时，依然镇定自若——尽管他们知道即将来到的是什么。

两个法国步兵旅开始了冲锋，在他们的两翼，分别是一个法国纵队和一个英国纵队。一时间，满眼全是洋鬼子。

炮台依旧一声不吭。

几个步兵连队冲到了炮台近处，接近了炮台下的水沟和竹尖桩栏栅。敌军指挥官已经开始召唤后续部队运上攀登炮台的云梯。陡然，死寂的炮台突然复活发威，一排排火枪子弹喷射出来，联军步兵猝不及防，倒了一大片。

但是，敌人的进攻也变得更加凶猛了。冲在前边的法国士兵高举着刺刀枪，冒着如雨的火枪、弓箭、石块，拼命地往上爬。

这一刻，人单势孤、弹尽矢竭的清守军进行了最顽强的抵抗。他们用燃烧着的木头顶住敌人云梯的上部，将敌人推下去活活摔死。有的士兵从枪眼中把敌人拖进工事，狠狠掐死。石头、木棍，全都成了武器，士兵们甚至和敌人进行着空手肉搏……

蚂蚁般的敌军涌了上来，一个叫弗法舍尔的旗手将一面法军军旗插上炮台的顶端。另一批法军士兵越过炮台，打开了炮台的大门，更多的敌人蜂拥而至。

清军的抵抗停止了。因为这里只有死去的烈士，没有活着的士兵，上千名清守军用自己的尸体护卫、覆盖着炮台。

敌军发现了提督乐善。他仰面朝天，胸前颈间的血还在汩汩流淌。他的战刀丢弃在一旁，显然，他是在最后的时刻与炮台同归于尽的。

哦，不，我们还遗忘了一个故事。

这个故事使北岸炮台战斗结束的时间又推后了数分钟。

记载这个故事的外国记者写道：

> （当）炮台上的所有大炮都沉寂下来（的时候），只有一尊正对着中门的大炮还在轰击，一个满人炮手独自在操纵着这门大炮。他背贴在地上，钻进大炮下面去装好炮弹，然后爬出来开炮……

想像当时的情景一定是这样的：

在正对着炮台中门的道路正中，确实摆放着一尊大炮。这尊炮的炮架已经垮掉，炮的身管被勉强支撑起来，使它黑洞洞的炮口依旧可以正对着前方，像一个独眼巨人怒视着从中门冲进来的敌人。大炮的后面本来无人，但是突然，从炮身底下钻出一个人，显然，为了装填这门将要垮塌的炮，他必须趴在地上作业。

这个人站立在大炮的后面，神色冷静而且威严。他辫发缠头，满身血污，古铜色的脸上毫无表情。此时，他也许是这座炮台上唯一一个活着的守卫者。

跑步前进的敌人猛地收住了脚步。他们不知道面前这个活着的中国汉子在作何打算。突然，站在最前面的人惊呼起来——他们看到了中国汉子手中燃烧的火绳。

“砰，砰，砰!”，一串子弹射向中国汉子胸膛。

这最后一个中国士兵的身子晃动着，但是却没有倒下。他拿火绳的手一点也不颤抖，准确地点燃了大炮。

“轰——”中门前敌人的血肉横飞。

这才是北岸炮台上最后的射击。

26. 国门破

僧格林沁是在得知北岸炮台全部失守、提督乐善殉国的消息后离开大沽南岸炮台，返回天津的。

临走时，他对苦苦恳求他迅速离开的恒福长长一揖。此外，什么也没有说。

他几乎带走了南岸炮台和营城支援来的全部兵马，这是朝廷防守京津的本钱，也是他僧格林沁再次与敌争锋的本钱。

炮台几乎空了。只留下了恒福和天津镇总兵冷庆，及少量士卒。

僧格林沁大队人马撤退后不到一个时辰，英法联军代表就来到南岸炮台之下，领头的，依然是翻译巴夏礼，他现在已是联军的“翻译主任”了。

为了给撤退大军争取时间，恒福和巴夏礼进行了“谈判”。这类“谈判”没有一点实际意义，只是拖延时间。“谈判”中，少不了巴夏礼语气骄横，出言无状。少不了恒福苦苦周旋，唇焦舌敝。最后，恒福被迫写了一份照会，交给巴夏礼带回。照会的内容是：

> 本月初五（8月21日），贵军水陆两军已占我后路炮台，是贵军善能攻占，我军情愿输服。为此，照会贵大臣不必用兵。其八年（1858年）及本年（1860年）二月条约，已有钦差全权大臣前来面议，即日必到，并请贵大臣由大沽河口行走。

巴夏礼拿着这份照会回去了。恒福自知自己虽然出于万般无奈，才出此举，但“降敌”之罪毕竟不小。他火速起草了两份文书。一份，速递钦差大臣文俊、恒祺，报知情况，请其妥速筹办。一份，是直接上奏咸丰皇帝的。恒福在奏折中写道：“奴才因事机危急万分，是以未及先行奏明，不揣冒昧，临时变通办法。谨将照会底稿照录，恭呈御览。”

生性冷静、心思缜密的恒福在奏折中，首先是揽过了责任（“未及先行奏明”），但是他没有“罪己”的表示。是呀，不如此，他恒福又能如何呢？

没有来得及对炮台进行破坏，恒福带领留守的残部，匆匆告别南岸炮台，逃往天津。

数小时后，巴夏礼带兵复来，炮台已经空无一人。至此，英法联军顺利占领了大沽口南北两岸所有炮台。

他们终于打开了这座天朝的大门。

炮台下的那条白河，就是通向大门深处的道路。侵略者的军舰将由此长驱直入，直抵京津。

英国人和法国人已经在猜度：中国皇帝反复坚持不许我们进入的北京城里，究竟有多少宝藏呢？

8 月 23 日，天津陷落。

8 月 24 日，清廷任命大学士桂良、直隶总督恒福为钦差大臣、恒祺为帮办大臣，在天津与英法联军代表议和。谈判中，英法提出：天津开埠，赔款英法各 800 万两白银，许英法各带 1000 人进京换约。法国额外提出保护天主教、允许华工出口等条件。作为英法代表的巴夏礼依然态度骄横，咄咄相逼。桂良唯命是从，接受了全部条款。但咸丰皇帝深恐洋兵入京，坚持先退兵，后换约。天津谈判毫无结果。

9 月 9 日，联军开拔，逼近通州。

9 月 14 日，清廷改命亲王载垣、兵部尚书穆荫主持通州谈判，载垣接受了英法的全部条款。

9 月 17 日，英法代表变本加厉，提出要向咸丰皇帝当面递交国书，遭到拒绝，谈判中止。

9 月 18 日，英法联军进犯张家湾，谈判决裂。愤怒的僧格林沁拘禁了巴夏礼等英方谈判代表 26 人、法方代表 13 人，押往北京。同日，两军进行了激烈的战斗，清军不支败走。

9 月 21 日，僧格林沁迎来了他久已盼望的决战。战场，就在八里桥。

八里桥，的确有座桥。

那是一座拱形石桥，桥栏雕饰精美，石狮栩栩如生，位置就在当时的通州和北京之间，现在则已经包括在北京城的市区里了。

通州失陷后，这里，成了北京城的最后一道外围防线。清廷将全部可以调集的主力都聚集在这里，包括僧格林沁的主力部队，以及大学士瑞麟所带一部、光禄寺卿胜保所带一部。

僧格林沁将自己的大营扎在了八里桥南的元狐庄。将步兵布防于壕堑之后，以火绳枪队和炮队作为支撑；将骑兵部队隐蔽在附近的树林中。

僧格林沁的脸色阴沉如铁。自津沽作战失利后，他一败再败，以致后退到距离北京城几十里的近郊。防御纵深已经很小，还往哪里退？再退就退进北京的城墙之下了。他知道，眼下这一战，维系着整个国运，当然，也关乎他一生的荣辱。

他要在此决一死战。

战斗开始之前，发生了一段几乎使历史重新书写的插曲。

通州失陷后，咸丰皇帝得到了一份可怕的情报——在英法联军中，混入了大批太平军。原来洋人闹着要进京，根本就不是要换什么约，而是协助洪秀全来夺他的江山社稷。这正是他一直担心的。大患切肤，大患切肤呀！你洋人要通商、要开埠、要割地、要银子，甚至你要在京城驻使，都可以和你商量。可你要朕的江山易主，要朕丢了祖宗的社稷，没门儿。朕所以处处忍让、每每退缩，还不就是担心这座宗庙、这块玉玺归了别人。现在，你连这些也想拿去，好，朕和你拼了。

9月9日，咸丰皇帝亲下一道朱谕：

> 该夷屡肆要挟，势在必战。况我满汉臣仆，世受国恩，断无不敌忾同仇，共伸积忿。朕今亲统六师，直抵通州，以伸天讨，而张挞伐。

皇上要“御驾亲征”？

没有。他只是下旨撤了桂良、恒福和恒祺的差使，让载垣和穆荫顶替之。可英法联军大队人马仍在缓慢而坚决地向北京城逼近。咸丰皇帝这回真的感到了无路可退，于是在9月12日，下达了整军决战的朱谕。他告诉全体官兵：

> 天津有事以来，我内外大小臣工抗章请战者，何止数千百上，朕总欲不使事情决裂。但该夷凶狡至极，所请各款必得全部准许，一有驳斥，立即用兵。若再容忍，何以对天下。今号召天下，凡兵民人等，有功破格优叙，所获资财全充犒赏。朕非穷兵黩武之王，凡此皆出于不得已。该领事倘执迷不悟，灭理横行，我将士唯有尽力歼除，誓不与同天日，切勿后悔。

天子震怒，可能要玩儿真的了。这不，9月18日，内阁向中外发布上谕，洋洋洒洒的一片文字，不可不读。

上谕说：

> 朕抚驭四海，一视同仁，外洋诸国，互市通商，原所不禁。英法两国，与中华和好有年，但咸丰七年（1857年）冬，闯入我城池，袭掳我官吏……八年（1858年）额尔金等赴诉天津，乘我不备，攻踞炮台，直抵津门，逼我订立条约。九年（1859年），普鲁斯以换约为名，驾驶兵船直抵大沽，毁我防具，经我军痛剿，始行退去。本年（1860年），额尔金、葛罗由北塘登岸，名为进京换约，实为夺我城池，勒索兵费，强增口岸，且陈兵拥众，入我郊畿，现已逼近通州，称欲带兵入见。朕若再事含容，何以对天下？现已严饬统兵大臣，与之决战……无论员弁人等，如有能斩黑夷首一

级者，赏银50两；斩白夷首一级者，赏银100两；斩著名夷首一人者赏银500两；焚抢夷船一只者，赏银5000两，所得资财全体充赏……并当谕令各海口，一律关闭，绝其贸易。若能醒悟，照常贸易。如尚执迷不悟，灭理横行，我将士民团等，唯有尽力歼除，誓必全殄丑类，其毋后悔。

就在上谕发出的同时，咸丰皇帝其实已经不敢回紫禁城了。

他驾临京西圆明园内，彻夜彷徨无计。

有清以来，天子亲统六师，御驾亲征的事不是没有过，康、雍、乾三朝，哪位老祖宗不曾做过？可如今，已不是当年。自己面对的是洋枪洋炮武装的“丑夷”。天子挂帅，真的能振奋军心士气，一鼓作气而聚歼之吗。

他怀疑，他犹豫，他也担心。

最近，咳嗽日夜不停，咳血的次数愈加频繁，身上忽冷忽热，手脚终日冰凉。难道，朕的天年不永？难道，大清的气数已尽？

面对那鸡油黄盖碗里腥气扑鼻的鹿血，咸丰皇帝嗅到了死亡的恐怖。

圣上为难，自有忠臣孝子服其劳。郑亲王端华、尚书肃顺，私下密计：皇上这个身子骨儿，别说御驾亲征，平时挪动两步，还虚汗淋漓呢。再说，那英法联军，锋芒毕露，咄咄逼人。僧格林沁尚且一败再败，怎能让圣上去冒这份险？可这亲征的上谕已发，怎么也得想个办法，既保全了圣上的万金之躯，又不失信于天下。哎，何不让圣上木兰秋狝？这样，对内，做巡幸热河（即逃往热河）的准备；对外，摆出出京统兵的样子；万一北京不保，皇上也早就离城到了热河，不致铸成大患。这岂不是一举三得的好主意？

“好主意”送到咸丰皇帝的耳朵里，自然“颇合朕心”了。只是，表面上，咸丰皇帝还要“固执”一下，而端华、肃顺者流，也要“痛哭流涕，乞请以大局为重”一下。这样，一个逃跑的计划就全都顺理成章了，一个御驾亲征的闹剧也就寿终正寝了。

据说：此计一行，北京城就乱了套，内务府、九门提督衙门，负责为皇上筹集数百辆车辆；随驾的王公大臣急急忙忙收拾行囊，打点细软；前门外的烧饼被抢买一空，六必居酱菜园和月盛斋酱肉铺的门前挤满了各府抢购食物的仆人，蹬鞋踩袜子争争吵吵的、平日老爷之间不合今天奴仆们借机寻衅的，推推搡搡，热热闹闹。北京城的老百姓眼睛雪亮，各家各户，买玉米面、腌咸菜，存满一缸一缸的凉水，准备熬过眼前的塌天大祸。

据说：咸丰皇帝临行时想起了他养的那上百只鹿。没有鹿，何来鹿血？没有鹿血，怎么支撑着虚弱的龙体？有《清代外史》为证：

> 濒行，（咸丰帝）命率鹿同行。有阻之者曰：‘外兵已逼京师，方避寇之不暇，何必率是以为累。他日事平，再饮鹿血未晚也。’自是鹿不行……十一年七月，咳疾大作，令取鹿血以供，仓卒不可得，乃殂。

不过，咸丰皇帝还是个“好样的”。他在离北京城不远的圆明园一直坚持到22日——僧格林沁八里桥决战后，才满眼恨泪，告别京城，起驾逃往热河。

这一去，他再也没能回来。

他把江山社稷，留给了幼子载淳和妻子叶赫那拉氏，再无牵挂，再无焦虑，再无苦痛，只身撒手而去。

皇上准备逃亡，北京城已经大乱，这消息迅速传到了身在八里桥前线的僧格林沁的耳朵里。

从北京城僧王爷府邸跑来送信儿的仆人告诉僧格林沁："请王爷放心，府里的一切，已经有了安排。"

僧格林沁点点头，一语皆无。

他骑上马，开始巡视他的阵地。

走过步兵的壕堑和炮兵的阵地，他来到自己心爱的骑兵中。

他的马，从骑兵的队列前缓缓走过。他看到，所有的骑手，都已经顶盔披甲，刀矛雪亮，羽箭满壶，准备停当。但，他没有从骑手的脸上看到那种熟悉的傲慢与沉静，相反，他读到了焦虑与困惑。

这些从战场上走出来的骑手，经历了他们从未经历过的失败——战胜他们的对手并不比他们更加孔武有力，并不比他们更加英勇无畏，可是对手拥有他们所不曾拥有的东西——威力强大的枪炮，使他们和敌人之间出现了明显的武器装备技术差。而这个时代构筑的差距，靠勇气是无法填补的。

无情的现实面前，再坚强如铁的意志，也会动摇；再高傲如狮的士兵，也会垂下倔强的头颅。

僧格林沁的心头一阵比一阵沉重。

"咴——咴咴——"一阵熟悉的战马的嘶鸣。啊，是他的火龙驹！这匹烈马，已被他赏赐给作战最英勇的骑手，现在，它又看到了自己旧日的主人，居然引颈长嘶起来。

僧格林沁的眼前一亮，心头一热。

他提马缰快步来到火龙驹的面前，爱抚地拍打着它的脖颈。

火龙驹摇晃着脑袋，马蹄子"踏踏"地刨着地。

僧格林沁抬头望着火龙驹的骑手，那是一个魁梧的汉子，古铜色的脸上，一道长长的刀疤还没有完全愈合。

僧格林沁对骑手赞道："能骑上爷的马，肯定有种。"

骑手怔了片刻，突然说："王爷，请收回您的火龙驹。"

"为什么?"僧格林沁厉声问。

"我……我怕这一仗，没法骑它回来。"

"啪——"僧格林沁甩手就是一马鞭，正抽在骑手结实的肩头。骑手一动不动，照旧挺直身子。

"小子们，"僧格林沁退后两步，扬鞭指着他的战士，"给爷听了，爷不要一人一马夹着尾巴回来，爷要你们去砍洋鬼子的脑袋，就是死，也要死出个样儿来。"

"喳!"整个队伍一齐吼着，队伍后面树林中栖息的麻雀惊得一哄而散。

21 日，僧格林沁的部队在八里桥，与英法联军进行了空前英勇惨烈的激战，几乎全军尽没。

清军的最后防线崩溃。

英法联军直扑北京，攻入紫禁城，火烧圆明园。

国门破。

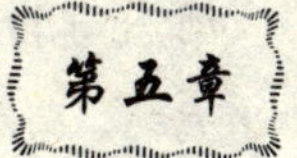

在历史的“断层”

27. 京城“好了歌”

清军溃败了。
僧王爷跑了。
北京城破了。
圆明园烧了。
条约签订了。
咸丰帝死了。
新皇登基了。
太后垂帘了。
该过去的过去了。
该到来的到来了……

19 世纪 60 年代初的大清国天下事，有的实难“了断”，有的无从“了结”；有的“了无头绪”，有的“一目了然”；有的人“了无意趣”只落得“了账出局”；有的事“了而未了”也只能“不了了之”。

熬过了一场艰难恐慌、兵凶战危，经过了一番大悲大喜、惊心动魄，咸丰皇帝六岁的幼子载淳糊里糊涂地坐上了大清皇帝的宝座，是为同治皇帝。

按照规矩，同治在太和殿须弥座正中的雕龙髹金宝座上坐定之后，内侍太监应该捧上一只香炉，上刻代表皇家江山的山河之形，小心翼翼、稳稳当当地放置在御座前，然后口称：“安定了”。

这天下，“安定”得了吗?

1860年10月到11月间，清政府被迫和英、法、俄国签订丧权辱国的《北京条约》。其中，中英、中法《北京条约》的主要内容是：对英法赔款各白银800万两，恤金50万两；增开天津为商埠；割香港对岸九龙司地方给英国；准许劳工买卖；另外，还要赔还以前没收之法国天主教教堂、学堂、坟茔、田土、房廊等。

屡次给英法联军出谋划策、探密带路、通风报信的俄国公使伊格那提也夫因为在中英、中法条约的签订中，扮演“中间人”的角色“调停有功”，便强迫清政府签订中俄《北京条约》，将乌苏里江以东大片中国领土划归俄国，此外还获得了其他诸多利益，成了最大的趁火打劫、浑水摸鱼者。

津沽一带，一旦变为对外开放的商埠，意味着这个大清皇朝的真正大门被迫打开，意味着清政府对外国侵略者的彻底屈服，意味着清廷延续已久的闭关锁国政策的彻底失败。从当年洪仁辉的门外吵闹，到马戛尔尼的寻门之旅；从懿律兄弟的北上扣关，到英法联军的武力强占，西方列强经过近一个世纪的努力，终于将这道天朝之门撬开、轰碎、占据，他们得意地说：“我们不但知道了天朝大门的所在地，还赶走了所有守护大门的卫士，牢牢控制了这扇大门的钥匙，从此，我们和中国皇帝打交道，就简单、方便得多了。”为此，他们怎能不高举起胜利的酒杯。

那杯里，斟满了中国的鲜血和眼泪。

国门，被迫洞开，以后的“故事”还少得了吗？听听大沽口保卫战的炮声中，美国公使列维廉的预测吧，他说：“一旦开放天津，那么，除了给欧洲列强一个足以威胁北京的基地以外，天津还将会成为一个阴谋的巢穴。”

以后的“故事”里，同样饱含着中国的鲜血和眼泪。

让我们把未曾发生的事情暂且放一放，去寻觅一下刚刚和我们作别的“主角”们的下落吧。

咸丰皇帝恨愤交攻，忧思难解。当年马戛尔尼出访中国后，曾经断言：“清帝国好比是一艘破烂不堪的头等战舰……而它能胜过其邻船的地方，只有它的体积和外表。一旦一个没有才干的人在甲板上指挥，那就不会再有纪律和安全了。”马戛尔尼的话未必全对，但咸丰皇帝的确是“没有才干”指挥着大清国这条风雨飘摇中的破船走出困境的“船长”。1861 年 8 月 22 日清晨，咸丰皇帝“龙驭宾天”于承德避暑山庄烟波致爽殿，不再提他吧。

英方主角额尔金，其实本名叫“詹姆斯·布鲁斯”，“额尔金”只是他的伯爵爵位。而即使是在当时的欧洲，人们提到英法联军火烧圆明园的暴行时，“额尔金”这个名字，也被当做灭绝文明的强盗的代称。由于他在中国的使命完成得异常“出色”，受到了英国王室和政府的表彰。1862 年，他出任印度总督，次年死于任地。

“小舅子”巴夏礼是中英外交交涉中态度最为骄横野蛮的家

伙，从“亚罗号事件”开始，多少事件都有他的参与。正因为他的狂妄，曾一度被愤怒的清军抓捕。咸丰皇帝几次想杀他以泄恨。但迫于压力，最终还是把他放了。他刚一获得自由，就策动了英法联军对圆明园的暴行。由于他对大英帝国的忠心耿耿，1862 年被授予爵士衔。后任英国驻上海领事、驻日本公使、驻中国公使兼朝鲜公使。直到 1885 年，才在北京死去。他姐夫郭士力曾经对他说：“龙要被废止，在这个辽阔的帝国里，基督将成为唯一的王和崇拜的对象。”但是，这一景象，他俩谁都没有，也不可能看到。

浑水摸鱼、趁火打劫的俄国恶棍伊格那提也夫，靠出坏点子卖情报和假装善人，为俄国沙皇挣得了不少的好处，从而也实现了他的人生信条：“目的是重要的，手段则无须计较。”回国后，伊格那提也夫受到沙皇的重用，升任内务大臣。

博多勒噶台亲王僧格林沁呢？

他在哪里？

僧王爷现在只能是“僧爷”，而不再是僧“王”爷了。他的亲王爵位被褫夺，三眼花翎被拔，正黄旗领侍卫内大臣和都统被免，连御赐恩准使用的紫辔黄缰也被收了。实在说，僧格林沁所受的处分并不重，连他自己都觉得有一死难赎之罪。

其实，罪与非罪、罚与不罚，很重要吗？重要的是僧格林沁彻底地失败了，而且失败得十分狼狈，十分耻辱。

八里桥一战，清军的部队中，出现了不少临时被皇上赶上战场的王公大臣子弟。他们根本就没经历过战争，没见识过死亡，但他们是“干部子弟”，位高爵显，所以依然被派作带队长官。战斗开始，正是他们首先慌乱害怕，继而带头逃跑，牵乱队伍。瑞麟的部队一触敌锋，就整体溃散，使清军侧翼陡失支撑。此后，僧格林沁和胜保的部队也先后败退。胜保开始率队英勇作战，顽强抵抗，毫不退缩。先是下巴中弹，血满前胸；后又坐马负伤，压断左臂。直至昏迷不醒，胜保才被部下抬下战场。他在那一瞬间的光辉遮没了僧王爷的英名。

有的史料记载，僧格林沁在战斗中有“坐骡车逃逸”的举动。真假一时无法考证。但此后，他的确再也没有将部队整合成一个拳头，再也没有做过一次像样儿的抵抗。他坚强的步兵和骁勇的马队成了一群乌合之众和惊弓之鸟，或干脆成为当年谭廷襄溃军的翻版。僧格林沁的威名和他几十年精心铸造的骑兵部队的烈马雄风，一瞬间就零落凋残殆尽。军人呀，当你知道自己的英勇作战乃至牺牲可以换来胜利时，你也许可以做到视死如归；而当你知道自己的顽强和献身注定换不来胜利时，你还会舍死忘生吗？

僧格林沁不久后又逐渐恢复了职务和爵位，大清国还得靠他去剿灭国内的农民起义。实在说，那仗，打得都相当艰难。僧格林沁身上的灵光似乎早就随着八里桥的硝烟一齐暗淡、消散了，代之而来的，是“屠杀农民革命运动的刽子手”的骂名。1865年5月，僧格林沁在山东曹州高楼寨与捻军作战，18日夜中伏，死于藏身的麦田里。用长矛刺死他的，只是一个瘦弱而饥饿的捻军少年，名叫张皮绠。此时，是八里桥大败后的五年。

设若五年前僧格林沁真的战死于抗击外国侵略者的战斗中，历史对他的一生又将怎样评价呢？

其实，连那个瑞麟也没法怪罪。瑞麟天生一副好嗓子，做太常寺少卿的时候，宣读祝词，声音清越洪亮，受到皇上赏识，从此官运亨通。在整个津沽作战期间，他在设营筹饷、恢复水师等方面，也做出不小的贡献。其实，把他放在一个“节目主持人”的岗位上，他也许会干得很出色。让他去领兵打仗，这位“巴达琅阿巴图鲁（满语：勇士）”身上缺少的东西就太多了。战争失败后，瑞麟一度被革职，但他追随咸丰皇帝去了承德，伴那个垂死的君王度过了最后的时光。于是不久，瑞麟就被重新重用，掌管神机营事务。后迭升至广州将军、两广总督、文华殿大学士。别忘了，那是在慈禧太后垂帘的年代，而瑞麟恰恰姓叶赫那拉。

还记得和僧格林沁一齐镇守大沽口的直隶总督恒福吧？心智多么周密深远、品德多么忠诚恭谦的一个人。大沽炮台危机时刻，他冒着身败名裂掉脑袋的危险，放走僧格林沁和大部队，一人独当炮台后事。单是这个举动，就很了不起。在整个津沽防御作战中，他做出的贡献是很大的，承担的角色也是最难的。历史教科书上，对此没有评价。关于恒福，最“醒目”的两笔是“大沽炮台被围困，恒福下令投降”，和“与桂良一齐主持天津谈判，丧权辱国”。由于他始终不是主要人物，所以虽然他有此“两项大罪”，但大多数人连他的名字也记不住。战后，恒福一度奉旨办理山海关粮台，不咸不淡地结束了一生。

倒是战死于大沽口北岸炮台上的直隶提督乐善，留下了英名。在炮台激战之时，僧格林沁权衡战局，曾派人传令乐善撤退。乐善对来人说：请回复亲王，炮台存，乐善生；炮台亡，乐善死。英勇作战，直至牺牲。清廷对乐善的追奖包括四项，即：参照阵亡提督条例从优发给抚恤金；撤消乐善在任期间一切处分；查明乐善原籍家属子女上报朝廷；在大沽口建立专祠，以慰忠魂。

那么，在整个京津保卫战中牺牲的无数无名将士呢？

关于他们，侵华战争的亲身参加者有过如下描述：

欧洲误传中国军队是缺乏勇气的，此乃一大谬误。八里桥之役，中国军队以少有的勇敢迎头痛击了联军。

我们的炮弹造成了成批的杀伤，死神一刻也没有歇手，但却吓不倒那些勇敢的斗士，他们寸步不让。

（八里桥）桥口站着一个身材高大的鞑靼人，他挥舞着一面写有黑字的大黄旗，大家都注视着这面旗帜，因为它正在向全体中国军队下达命令。此时中国人已告全面撤退，那座桥上业已堆满尸体，但这个鞑靼人仍挺立在那里，传达僧格林沁亲王的最后命令。子弹、炮弹在他周围呼啸而过，他却依然镇静不动。这个人确有过人之勇，（联军法方司令）孟托班将军情不自禁地说：‘啊！多么勇敢的人啊，我真希望别把他打死’。

这里描述的，简直就是一座战神的雕像。

真该照这个样子给牺牲的中国军人树立一座雕像——尽管他们最终还是失败了。但不要说在当时，就是现在，也找不到一块为他们树立的普通石碑。

一个没有勇士的国家，是危险的；没有一种可以认同和接受的国家利益鼓舞勇士去为之奋斗，是可悲的。

是耶非耶，以后的故事里自有明证。

北京城和天津卫的风景变了。

北京城，像一锅被传统熬稠了的粥，临风不波。那是一种巨大而顽强的惰性力量，它可以迅速地抹平混乱与伤痛的微澜。内部的动乱或外部的强力，可能会使它在某一历史时刻脱离原来的运行轨道，但很快，它又会自动矫正“偏离角”，重新回到原来的唱念做打、西皮二黄中。

当然，北京城也在变。比如，少了个美轮美奂的圆明园，多了个总理各国事务衙门；少了些呦呦鹿鸣，多了道御座珠帘；少了几个带着假辫子鬼鬼祟祟流窜街头巷尾的西方传教士，多了一群西装革履趾高气扬出入王公大臣府邸的外国领事；少了一班顽固保守盲目拒绝一切外来事务的老迈朝臣，多了一批以恭亲王为代表的洋务派“政治新生代”……但是，出前门，过天桥，茶楼酒馆照样人声鼎沸；三贝勒、五王爷，唱起堂会照样锣鼓铿锵；挑担的、摆摊的，做小买卖照样精明和气；坛根儿、鬼市儿，倒腾古玩的照样拐骗坑蒙……

而天津卫就大不一样了。

天津开埠后，西方列强急火火开始在天津抢占地盘儿，建立他们在中国的固定基地——租界。

1860 年 12 月（咸丰十年十月），英国驻华公使普鲁斯便向清廷递交照会，将天津城东南紫竹林附近的海河右岸 400 多亩土地划为租界，原址的 8 个村子 122 户人家被迫迁出。法国人当然不甘人后，也在英租界以北，划出一块 400 多亩的土地作为法租界。美国人相中的是英租界之南的一块地方。这样，英法美三国的租界连成一片，面临海河，背靠由大沽口通往北京城的大道，扼住了天津水路交通的咽喉，成为安插在京津之间的“不沉的战舰”。从战略上看，租界的位置十分重要，它向东南，可以接应自大沽口而来的侵略军；向西北，可以直接对北京构成威胁。租界战略地位的确立，相对抵消了大沽口的战略意义。中国人要想再像以前那样坚守大沽口，御敌于国门之外，难了。

大沽口，在相当一段时间里，不再有人提了。

被毁坏的炮台像一片丑陋的伤疤，晾晒在 19 世纪 60 年代的阳光下。大沽口周围的老百姓们掩埋了无名战士的尸体，丢弃在战场上的刀枪成为四乡少年耍弄的玩具。坍塌的炮台壕墙上芳草萋萋，秋虫唧唧，偶尔还有狐兔出没；歪斜倒伏的大炮依旧在那里静静地躺着，无言无语，承受着雨雪风霜。

下一次大沽口激战的枪炮声，要等到几十年后才会响起。大沽口的战争故事，出现了一个“断层”。

历史，其实没有空白。

“断层”中的故事，也并不少。

28. 沉默的炮台

从19世纪60年代初到1870年以前的将近10年间，大沽口沿线并不是一个兵也没驻。

但开始，那里驻的是占领者——英国兵和法国兵。

因为根据《北京条约》，联军必须在清政府完全履行条约的各项条款后，才会撤出大沽炮台。英国人和法国人一驻就是一年多，总算是等到各项条款都执行了，英法联军本该撤兵了吧，偏偏这时又传来捻军要从大沽登陆，进攻津京的消息。

这情景有点儿怪，好比两个人和一只母鸡的关系。甲（英法联军）用刀威逼着母鸡（清政府）生蛋，母鸡抗议一番无效，只得努力去生。可这时，乙（捻军）也拿着刀来了，他不要鸡蛋，要杀鸡吃肉。对此，“要蛋的”和“下蛋的”肯定自然地联合起来，对抗“杀鸡吃肉的”。

的确如此，对于西方列强来说，他们和清政府签订的所有条约，都可能因为“杀鸡人”的出现而成一纸空文。因此，当务之急不是眼看着大清王朝倒台，而是要尽力保护、维持这个被打怕了的软弱政府，让它老老实实地履行条约义务。因此，法国人立即占了北炮台，英国人随后占了南炮台，居然帮大清朝守起海口来了！

同治皇帝登基，英法联军撤出，饱受洋枪洋炮之苦的清军也尝试着设立“洋枪队”。大沽协标开始挑选500人，在外国教官的指导下学习放洋枪、开洋炮。以后逐渐增加到5个营，算来，也有2500人了。

真有那么多的兵？

大清国军队的兵员编制哪一回实打实过？各“营”的额定人数本来就有很大差异，再加上吃空额，开小差，究竟有多少人还住在那勉强遮风避雨的炮台营房里，只有天知道。有的资料记载，在大沽要塞的清军最少的时候总共只有300来人。

他们的主要“任务”，是种菜。

在大沽种菜也不容易。地近海口，土质贫瘠，盐重碱厚。但这难不住农民出身的士兵们。他们分哨分棚，甚至三五人一伙，东开一片荒，西种一畦菜，什么萝卜、白菜、扁豆、芹菜、小葱、大蒜，倒也郁郁葱葱，点缀在东倒西歪的炮台下、破烂不堪的营房间。不种点儿菜不行呀，军饷本来就少，当官儿的克扣不说，还经常欠发。人，即使是军人，总是要吃喝、要活着呀。

说起军饷，那是一笔糊涂账。同治元年底（1862年），两广总督刘长佑奉调督直隶，眼瞅着绿营兵马糜烂得不堪一击，便开始从各营抽调稍微精壮一点的，进行集中的强化军事训练，训练之后仍回原营充作中坚力量。这很有点像现在的某些“骨干训练班”或者某些“干校”。当时，这个“训练班”叫做“练营”。但当兵自然要有军饷，可偏偏在这个问题上，刘长佑处理得一塌糊涂。他把军饷一分为二，一份，叫“底饷”，由受训人员的原营给发；一份，叫“练饷”，由练营给发。没想到，上有政策，下有对策，好多当兵的不愿意到练营去受强化军事训练的罪，也根本不指望“提干”，就把“练饷”中的一部分拿出来，雇人去代他受训，自己呢，凭着“底饷”过活也能勉强应付，如果再做点小买卖，打个短工，比起进练营受训就自在、实惠多了。这样的“练军”，能“练”到哪去？清军素质依然如旧，刘长佑一无所获，两年间还拉下300多万两的饷银亏空。

同治八年（1869年），曾国藩做了直隶总督，索性一刀切断了“练军”和原来的“绿营”之间的关系。他专心操练练军，至于那些进不了练军的老弱士兵，只发给“坐粮”，任其自生自灭。可军中风气糜烂已久，岂是曾大人一朝一夕所能改变的。本来，欠饷旧账就没清，现在又多了许多名目、渠道，总之，流到士兵口袋里的银子是越来越少。特别是薪饷制度调整之后，饷银数额一再压低，一个什长每日银1钱4分，亲兵、护兵每日银1钱3分，正兵每日银1钱2分，火夫每日银仅1钱。1钱银子能干什么？当时大约就能买2斗大米，士兵们的吃喝穿用、养家糊口，全靠每天这2斗大米钱。你说，他们不种菜，行吗？

况且，不种菜，干什么呢？

炮台上缺军饷、缺大炮、缺银子修工事，但更缺乏的，是明确的使命和责任。《北京条约》签订后，国门洞开，外国人的船只进白河，上天津，根本不用打招呼。因为《条约》上说得好，这叫“开放口岸，‘贸易通商无碍’”。

“有碍”、“无碍”，还不是当官儿的说了算，而当官儿的又怕洋人。所以，洋人说“无碍”，就是“无碍”。如今，人家是这道大门的主人，你炮台上这些熟悉锄头远胜熟悉刀枪的兵，不过是去年贴上今年忘记撕掉的门神爷罢了。

一场偶然而又必然的风波，给大沽口带来了新的变化。

掀起风波的，原本是些小人物，但造成的结果，却牵动中外，震惊朝野，改变了许多人——甚至是许多“大人物”的命运。

事件发生的时间，是1870年的夏天。

第二次鸦片战争结束后，作为“战胜国”的英法等国，获得了巨大的在华利益，其中，就包括传播洋教、修建教堂的“自由”。而这个“自由”中的一部分，实际上是骗来的。

在中法《北京条约》签订时，担任翻译的法国传教士叫做艾美，这又是一个巴夏礼式的典型的欧洲流氓无赖。他竟在条约中文本第六款上擅自增加了“任法国传教士在各省租买田地，建造自便”一句话，而负责签约的中国官员居然没有发现这个阴谋。

天津开埠之后，西方教会把天津当做在中国华北地区从事宗教活动的基地。1861年，法国驻天津领事德微利亚代替天主教会，与清廷三口通商大臣崇厚做了一笔交易，以每亩1000文的租金，先后获得了三岔河口北岸崇禧观和望海楼一带15亩土地的“永租权”。此后，法国传教士谢福音主持，拆毁原来的崇禧观，建起圣母堂。谢福音在1869年12月圣母堂建成时，公然宣称：“如果没有圣母的保佑，我们就不会获得战争的胜利；如果没有战争的胜利，我们也就无法建造这座可以为大法国效力的教堂。因此，这座教堂应该命名为‘圣母得胜堂’。”他借口“教堂乃讲经传道之所，应该肃静”，强迫周围居民迁走。不久，法国人又拆毁了望海楼，修建起法国领事馆。

一边是刚刚在战争中丧失了主权、尊严、财产乃至亲人的中国民众，一边是搭乘侵略军炮舰前来传达“主的声音”的传教士，彼此之间的对立、仇视、怀疑、戒备，是不可避免的。

不可否认，这个时代的西方科技文明远远超越了中国，不少怀着各种目的到达中国的西方人，也为中国的科学发展、社会进步起过促进的作用，就是这些来中国的西方宗教人士，也并非个个都是嗜血的杀人恶魔。然而，历史学者一切客观而冷静的分析，在民族积怨的火山即将喷发的时候，都显得苍白、显得毫无意义。戒备不需要原因，怀疑不需要理智，仇恨不需要理性，对立不需要限度。就像一堆必定要燃烧的干柴，不管你什么时候、用什么火种去点燃，它总是要燃烧。

果然，当1870年夏天法国人办的“仁慈堂（即孤儿院）”出现传染病数十名中国儿童不治身亡时，民众压抑已久的火山终于获得了喷发的契机。

开始时，那只是海河畔的一些市井传言，说：“洋鬼子传教士为吗要办孤儿院？那就是为了要把咱中国小孩子，掏心挖肝抠眼珠，炼西洋补药。”偏巧，当时天津附近州县屡屡发生迷拐儿童案件。人们很自然地将两者联系在一起，但仅仅限于私下怀疑、猜测而已。

6月19日，有个叫武兰珍的拐卖贩子在北仓以西桃花口迷拐儿童，被周围的市民当场扭住。经天津县衙审讯，武兰珍供认他的顾主是个叫王三的，拐卖一次得手，王三给他5块洋元。而这个王三，不但是个经营中西药品的商人，而且恰恰是个教民。案发之后，他居然躲进了教堂。紧接着，又有一个拐卖犯安三落网，经审讯，他也是个天主教徒。

这个消息一下子就传遍了天津。天津知府叫张光藻，天津知县是刘杰。他们都知道按照条约，洋人在天津享有“治外法权”，有了罪也不归中国官府审治。不仅如此，连教民也一直受到洋人的保护。但事关人命，他俩也不敢含糊处置。这时，骚动的群众已聚拢过来，纷纷要求官府彻底查办，不论中洋，一律严拿治罪。同时，群众开始哄围教堂，袭击街头行走的传教士。不久，地方士绅开始在孔庙集会，书院里的学生也放下书本罢课。一时间，天津卫沸腾起来，群情激昂，反洋教的传单揭帖，遍布全城。

面对这一形势，张光藻、刘杰只得向三口通商大臣崇厚要主意。

所谓“三口通商大臣”，实际上负责的不只是通商事务，它是中央政府派出的负责处理天津、牛庄（后改营口）、登州（后改烟台）等地一切外交事务的官员，开始是专职，后由直隶总督兼任，又称北洋大臣。崇厚虽然胆小如鼠，不敢惹怒洋人，但事情逼到这个份上，他也只好硬着头皮去找法国驻天津领事丰大业（W·H·Fontanier）商量，想请丰大业出面，和教堂交涉，交出王三了账。

这个丰大业，其实不过是个法国外交界的小角色。可面对清政府三口通商大臣这样的高级官员，他的态度骄横，言语粗暴，矢口否认事涉教堂，拒绝提供合作和帮助。崇厚对于丰大业，竟然唯唯诺诺，毫无办法。

万般无奈之际，6 月 21 日，天津知县刘杰押解人犯武兰珍去教堂找王三对质。可教堂早已将王三转移。刘杰只好回衙。

但此时，围观的群众已达万人，民情激荡，要闯入教堂。教堂里的传教士居然放狗驱赶群众。愤怒的天津卫老百姓终于拿起石头棍棒，开始砸教堂的玻璃门窗。

丰大业得知这一情况，勃然大怒。他立即通知崇厚，要他派兵镇压。可是这个崇厚大人，既怕洋人，也不敢面对沸腾的民众，偏偏又没有处置突发事件的随机应变能力，一时竟然手足无措，无计可施。

丰大业可没有那么好的脾气，他马上带着手枪、利刃，与秘书西蒙一道，径直到三口通商大臣衙门找崇厚算账。崇厚慌忙整理袍服官帽出迎。可这个丰大业，见了崇厚，一言不发，拔出手枪，“砰砰”就是两枪。大清国一品大员崇厚直吓得屁滚尿流，绕过屏风就逃，帽子滚落在地，差点把他绊了个跟头。丰大业当然也只是想吓唬吓唬崇厚，并没想真枪毙他。见崇厚跑得太快，丰大业觉得不解气不过瘾，当下拔出长刀，将崇厚屋里的掸瓶帽筒、花盆山影、古玩字画，砸了个稀巴烂，然后扬长而去。

丰大业这样做，一则是有恃无恐，一则也是平素骄横惯了，临事亢奋，几近疯狂。回领事馆的路上，偏偏他又遇上了天津知县刘杰，便威逼刘杰派兵镇压群众。刘杰不允，他再次拔枪就打，结果一枪击中了刘杰的跟丁高升，将其打伤。丰大业的秘书西蒙也拔枪朝群众射击。

围观的群众终于忍无可忍。枪声，成了整个事件突然升级增温的信号。老百姓一拥而上，拳打脚踢，转瞬之间，丰大业和西蒙就变成了一摊肉泥烂酱，尸体也被抛入海河。

怒火一旦点燃，就难以平息。相信那个时候的群众，一定并不在意什么朝廷、什么皇上、什么条约，他们只在意自己的感受。一个苦难太深的民族，一群委屈太多的民众，多年积怨爆发于瞬间，此时，所有高举棍棒和石块的人都体会到了挺直身子做人、无所顾忌办事的畅快。

于是，成千上万的天津卫老百姓，冲进教堂，搜出王三打死。望海楼教堂、育婴堂、法国领事馆和英、美传教机构全被点火焚烧，谢福音等20多名外国人在冲突中被打死。然后，愤怒的人群又冲击了外国在天津的几乎所有外交、商务机构，将那里捣毁。

突然爆发的严重事态，立即引起各方的反应。英国领事立即召集在天津的侨民，齐聚租界，分发枪支，准备自卫。西方传教士们几乎个个成了战争的鼓吹者，他们钻进停泊在海河上的外国船只，鼓动各国进行军事报复。许多国家的驻华使节都接到本国的命令，要他们“无条件地支持法国”。法、俄、英、美、德、比、西等七国联合向清政府提出抗议。

大沽口又一次处在外敌的军事威胁之下。

6月27日，原来停泊在上海的英国军舰，以维护英国在华"合法权益"，保护在津英国及西方其他国家侨民生命财产安全的名义，启航北上，兵临大沽口。

6月28日，法国在沪军舰北上大沽口。同时，旗昌公司派出"山东"号轮船，载着大炮、火枪、火药和工部局、公董局的一批巡捕直奔天津。

6月29日，法国军舰抵达大沽口。

大沽口，安静极了。

残破的炮台上，人无一个，旗无一面。间或可以看到，在炮台上的确还有几门式样陈旧的前装滑膛火炮，那炮口黑糊糊、空洞洞，像一只只惊愕的嘴巴，无声亦复无言，无怒亦复无嗔。

"开炮，向炮台附近射击!"

法舰指挥官向水兵发布了命令。

"轰——""轰——"开花炮弹在炮台四周爆炸，震得炮台土墙上的土哗啦啦地往下落。

炮台，依旧沉默。

"瞄准炮台附近村庄开炮!"

法舰指挥官再次向水兵发出命令。大沽炮台附近的村子里，立即腾起了炮弹爆炸的火光黑烟。

炮台，依旧人无一个，旗无一面。

让炮台怎么样呢？守台士兵一无命令，二无炮械，让他们干什么呢？

他们只有藏身在掩体下，咀嚼一个弱国军人的耻辱。

法国军舰见炮台毫无反应，知道他们不会遇到任何阻拦，就不再搭理炮台，径直朝白河以内开去。

这样进入一个主权国家的腹地，实在轻松畅快极了。

此后，法、英、美、俄、德、比、西七国军舰聚集在津沽、烟台一带，武力示威，法舰甚至沿河进入天津城下。法国代办罗淑亚（de Rochechouart）威胁赶来进行事件处置的直隶总督曾国藩：“不将府县（指天津知府张光藻、天津知县刘杰）及提督陈国瑞即行（为丰大业等）抵命，早晚（我国）水师提督到津，即令其便宜行事”。英国公使威妥玛（T·Wade）也“以兵力为恫吓”，说如果中国不屈服，“将沦于与世界为敌的境地”。

……清廷终于又一次屈服了。他们将马宏亮等16名群众“正法”，4人缓刑，20人充军；将张光藻、刘杰等革职交刑部议处治罪；赔偿白银50万两；并派崇厚赴法国道歉，以此平息了事端。

一场“风波”，最终以清政府的又一次丧权辱国而告结束。

但是，作为这场风波的另一个结果，是直隶总督曾国藩从“事业”的“顶峰”开始跌落。他在处理这次事件中的所作所为，受到朝野强烈的指责。特别是京津两地的人士，齐骂曾国藩卖国。他在天津贴出的告示上，被人挂上了白麻，意指曾氏为洋人披麻戴孝。北京的湖南同乡会愤然将曾国藩除名，一向以曾国藩为“湘人骄傲”的在京湖南人，将曾氏题写的“湖南会馆”匾额当众烧毁。

当年9月，曾国藩这位一手创办湘军，扑灭太平天国起义的“中兴名臣”，黯然出京。从此，远离了中央政权的权力中心。

两年后，曾国藩病死于金陵。

幅员广阔、地位重要而又充满危机的直隶，迎来了一位新总督。此人在那个年代留下了一张照片，他身材高大，面庞清瘦，短黑髭须，目光冷峻。他站在一群摆弄洋枪的士兵之间，自己穿了一件短褂，打着裹腿。挺直的腰板间系着皮带，皮带上还别着一支新式手枪。

这个四十七八岁的安徽人，叫李鸿章。

正是这个李鸿章，给大沽炮台带来了新的故事。

29. 新总督

李鸿章走出八人抬绿呢大轿，提起袍襟儿朝大沽炮台走去。

他的步子很大，有些匆忙。

通往炮台的道路年久失修，路面坑坑洼洼，而且盖着一层厚厚的浮土。当李鸿章登上这座并不算高大的炮台时，他的黑缎粉底官靴已经满是黄土了。

炮台上的军官士兵，向这位新任直隶总督、北洋大臣行礼。然后，军士们怯怯地站在一侧，头也不敢抬一下。

李鸿章斜瞥了他们一眼，又看了看自己带来的淮军卫队。他这次带来的淮军卫队人数并不多，但一个个剽悍精壮，挺胸昂头，身着整齐合体的军装，腰挎战刀，斜背德国造连珠手枪，肩上扛的是江南制造局新近仿造出的美式13毫米林明敦后膛快枪。和炮台上这些灰头土脸的直隶练军相比，简直如虎豹之对犬羊。

秋风，吹动李鸿章头顶的孔雀花翎，也吹动他思绪的波澜。

咸同年间，八旗军、绿营军逐渐失了元气，各省开始编练练军。他眼前这些守卫大沽炮台的直隶练军，就是当年直隶总督刘长佑仿照湘军、淮军勇营的营制编练的。可限于装备落后、训练水平低，战斗力相当有限。加之军中流弊丛生，士气低落，其腐败程度，实与八旗、绿营无异。和李鸿章那些依靠外国先进装备和军事技术编练、并在剿灭太平军的作战中壮大起来的淮军根本无法相比。让他们担负起坚守海防、保卫京畿的任务，简直就是做梦。

李鸿章早已痛下决心，一定要奏明皇上，调淮军精锐，固守海口，然后对练军严加整顿，装备近代枪炮，增加洋枪教官，使之面貌一新，并将其分布在内地要冲，一旦海疆有事，才能调往海口支援作战。所以，他在河北获鹿境内接到调他任直隶总督的恩旨后，就在谢恩折子上强调：“兹蒙简命，调任畿疆，值海防吃紧之秋……惟畿辅要区，为皇都拱卫，根本大计，纲纪攸关。”他知道，前头几任直隶总督，几乎都是把官儿丢在海防、洋务这“一而二、二而一”的事情上了。而此次调他督直，实在是因为教案风波突起，京畿防务紧张。就算这样，朝中还有一帮大佬，排挤他李鸿章反对他的淮军“守卫畿辅”哩。所以，他不能不早做准备。

李鸿章伸出一个手指头，弹了弹炮台上的那些陈旧的火炮，转身问随他前来的淮军干将周盛传：“薪如呀，你说，这大沽防御之要，何在呢?”

“造炮台，安洋炮，练炮手，防后路……”

李鸿章微笑着打断周盛传连珠炮似的答话，说：“薪如，我说过，为将，不可不虑远；论事，不可不究根。”

“依大人的意思……”周盛传一时觉得思路跟不上李鸿章，疑惑地问。

李鸿章扬手一指炮台外大海的方向：“固守海口炮台，固然重要。可这炮台，就如一坚盾；而海上炮舰，又如一利矛。矛盾相依，则可攻可守，攻守相应。如果没有一支海军沿海阻击敌舰，海口炮台这面盾就是再坚实，恐怕也只有被动防守的份儿。以往各次海疆不靖，咱们吃亏，就吃在这里。”

“大人……”周盛传对李鸿章的议论真是佩服得五体投地。

他说："听说安徽巡抚英翰，要上书朝廷，恢复直隶水路提督。他是不是想上奏朝廷，把直隶水师也重新建起来呢？"

"他那是不识时势的空言！"李鸿章干脆地摇摇头，"老旧师船，陈年火炮，急切之间，建起一军，好看是好看，只是不中用。薪如，你看，"他指指依旧在炮台上列队的守军，道："陆营尚且如此，照此方法再建水师，又有什么用？况且，现在谁又有这份将才，能来担当这个'水路提督'？薪如，不会是你有此意吧？"

"大人，你……"周盛传立刻窘得满脸通红。他知道自己这位上司的心思深不可测，谈笑间或许就有生杀荣辱之变，这一点，他是又钦佩，又惧怕。

"哈哈，玩笑而已，玩笑而已。"李鸿章的眼睛眯成一条缝，盯视着外海，自言自语地说："水师要建，而且一定要建成一支可与今日之淮军相媲美的海上劲旅。这，恐怕就不是那班徒逞口舌之利、纸上谈兵者所能……"猛地，他收住了话头。

周盛传问："大人，您说什么？"

李鸿章挥挥手："建海军的事，以后再谈。薪如，当下要紧的是调防炮台守军，修固防御工事，这些，你要多留心。另外，这炮台主将的人选，你看……调罗荣光来如何？"

"您说那个罗耀庭！这的确是个不错的人选。"

"对，调他来！"李鸿章说着，一挥手，转身走下炮台。对那些在他看来根本用不上的炮台官兵，他连看也没有再看上一眼。

根据李鸿章的部署，淮军刘铭传部最精锐的两个营步兵和两个营骑兵进驻保定。李鸿章的亲兵两个营进驻天津。周盛传23个营11500人的主力部队，全部驻扎在天津南部地区，并在青县马厂建立中心大营。

新任大沽协副将罗荣光带领的淮军炮兵，全部接管了大沽炮台的防务。通永镇总兵周得胜带遵化练军1000多人移师北塘。

1871年6月12日，李鸿章关于加强大沽炮台建设的奏议终于获得了清廷的批准。

在等待朝廷的批准时，周盛传遍访津沽前线，勘察海口，熟悉地形。经过一番周密的考察，李鸿章、周盛传决定了津沽防线的战役布势。清廷批准李鸿章的奏议后，大沽、北塘一带沿海炮台的建设开始上马。

在大沽口原有炮台的基础上，军士和民夫们用黄土和白灰搅拌成的“二合土”，一层一层地将炮台夯实加高。同时，增建了平炮台3座。所有炮台的建筑，都参照了西方军事顾问提供的方案，吸取了以往大沽炮台作战失利的教训，使之更加适用于作战。炮台外的护台壕沟也大大加宽加深，沟内引进海水。此外，壕内增建了护台围墙，建成了防炮性能很强的弹药库，炮台士兵的住房也有了很大改善。在炮台上，总共设立了99个炮位，有3千斤以上大炮64尊，1千斤以上中炮13尊，1千斤以下次炮22尊。此外，李鸿章还调集、购买了一批新式西洋大炮，其中包括口径在200毫米以上的克虏伯及阿姆斯特朗西洋大炮。此后，炮台的建设不断加强，装备不断更新，大炮的数目也不断增加。一个叫绿蒂的法国人，对大沽炮台进行过如下描述：

> 海岸上是一片灰蒙蒙的贫瘠荒凉的土地，没有绿树，也没有青草。但那里到处都矗立着巨大的炮台。炮台灰暗的颜色、几何图样似的造型、伸出台外的炮口，令人觉得世界上再也没有哪个国家的海口会如此戒备森严、如此夸张其事且富有挑衅意味。白河污水流淌，两岸上这样的炮台平列对峙，一眼看上去，顿生险恶与恐怖之感……这里无疑是一等

重要的要塞，是通往中国内地的繁华城市天津和北京的要冲……

副将罗荣光的嗓子自打上了大沽口，就一直劈裂沙哑着。整个炮台上下，到处回响着他那严厉的湖南乡音，到处能看见他身着家染土布“官服”的匆忙身影。

这个罗荣光是湖南乾州鸭溪村人，早年丧父，家境贫寒。他只念过三年的私塾，就被迫辍学。不久，罗荣光到乾州“挂勇”当了兵。曾国藩创立湘军后，罗荣光便追随曾国藩东征西讨，一直作到把总官。同治元年（1862 年），罗荣光奉命随李鸿章援沪，从此进入淮军阵营。因为他在江浙一带作战有功，尤其精通炮术，获赐“果勇巴图鲁”勇号。

按照营制章程，大沽口炮台定员兵员为 1764 名。罗荣光整天带着这千余士兵，苦练炮术。他要求大小火炮每半个月进行一次实弹射击；各营士兵每五天进行一次洋枪射击。所有训练全部按照西方军队的口令、队列、阵法进行，力求无论河口、海上，哪一处有目标，士兵便可立即算出大炮射击诸元，各炮台亦知如何组织交叉火力，将其消灭。同时，他还以身作则，努力学习钻研西洋化电测量知识。在以后，又创办水雷营，并亲自给士兵们授课。

看着周盛传、罗荣光在大沽炮台轰轰烈烈地干了起来，李鸿章稍稍释怀。他在给老朋友丁日昌的信中写道：“保津畿与长江，自固根本，彼（指西方列强）必不敢轻视，动辄强压……”“所亟需措置者大沽、长江，则天下之势轻重适均。”

然而，李鸿章眼睛盯着的，又何止一个大沽炮台。他在巩固津沽防御的同时，谋建大沽造船厂，设立天津机器局，架设电报通讯线，购买水师炮船，创办军事学校……他把津沽一带，办成了他推行洋务运动的基地。现在，他是直隶总督、北洋通商大臣一肩挑，直隶的行政、兵权一把抓，京津的外交、防务一人管。办起事来，反对的少了，拥护的多了；掣肘的少了，帮忙的多了。这感觉，真是不赖。

李鸿章看透了皇上最怕洋人在京畿闹事，那咸丰十年的往事，实在不堪回首。所以，他一手切实抓住津沽防御不放，一手又借津沽防御向皇上索要他需要的一切。比如，他要修建铁路，就可以拿津沽防御问题当现成而又有力的理由。他拉上恭亲王联衔上奏说：

直隶海五七百里，虽多浅滩沙碛，然小舟可处处登岸。轮船可以泊岸之处，除大沽、北塘二口外，其山海关至洋河口一带，沿岸百数十里，无不水深浪阔。大沽口距山海关约五百里，夏秋海滨，水阻泥淖，炮车日行不过二三十里，且有旱道不通之处，猝然有警，臣深虑缓不济急。且南北防营太远，势难随机援应，不得不择要害各宿重兵，先据所必争之地，以张国家拒外之威。然近畿海岸，自大沽、北塘，迤北五百余里间防营太少，究嫌空虚。如有铁路相通，遇警则朝发夕至，屯一路之兵，能抵数路之用。而养兵之费，亦因之节省……

李鸿章这人的“道道儿”，实在是太深了。

30. 风雨绕楼台

说李鸿章是“新‘总督’”，仅仅因为他出现在本书的那一刻，刚刚接过直隶总督、北洋大臣的印信。实际上，李鸿章在直隶总督的任上，盘踞了整整25年。这期间，他先被授予武英殿大学士，后晋封文华殿大学士，位居大学士之首，这位子相当于首席阁揆，过去可是一直由满人占据着。李鸿章后来还被赏戴三眼花翎，这更是只有清朝皇室的贝子、额驸才能有的待遇。

25年，人生有几个25年？李鸿章一生最重要的25年全部在直隶度过，他在这里创造过事业的辉煌，也遭受了最彻底的失败。他本人也从一个步伐快捷矫健的中年人，变成了一个垂垂老矣的七十翁。

19世纪结束前的二十几年间，大清国的边境和周边形势从没有安静过，日本、俄国、法国、德国……相继而来。有趣的是大沽口虽然曾经几次面临危机，但竟然都幸运地与战争擦肩而过，由此使清王朝的政治中心北京免于狂风巨浪的冲击。

这难道都是幸运吗？

看看当时的“明眼人”是怎么评价的吧。

江南名流缪荃孙不知道是否可以算一个“明眼人”。

大名鼎鼎的缪荃孙，字炎之，江苏江阴人，进士出身。一生事业开始于淮安丽正书院，因学品见识得到张之洞的赏识，转而去湖北掌教经心书院。此后，他历任京师学监、翰林院编修、江楚编译书局主任等职，并曾在南菁、泺源、钟山等书院主讲，对目录校勘、历史文学等研究精深，还是《清史稿》十大总纂之一。

他总结19世纪后期中国边疆危机日趋严重，而京津相对平静的原因时，着重肯定了大沽防线的作用。他在《艺风堂文集（卷五）》中写道：

> 数年间，防日、防俄、防法，从未有一舸犯津者，猛虎在山，藜藿不采，其威在也！

看来，门，对于清王朝还是重要的。

但总是感到缪荃孙的所谓“猛虎在山”，“未有一舸犯津”，多少有些“自慰”的色彩。强盗已经在“门”里安下了“床”，可以随意享用“门”中的一切清风明月、美酒佳肴了，那么，他又何必和你在槛内槛外纠缠呢。

问题是，有的强盗嫌那张“床”还不够大，不够舒展他日渐膨胀的贪欲；而有的强盗是晚来者，当他可以对中国使用强盗手段时，突然发现别的强盗已经占据了所有的“好床位”，因此愤愤不平。

前者，如1884年的法国。

后者，如1894年的日本。

于是，天朝大门前的故事，也就难以了结了。

首先是中法战争。那场战争的最初策源地在越南。

从越南的红河到中国津沽的白河，其直线距离大约不会小于从欧洲西部的法国巴黎，到欧亚交界处国家土耳其的安卡拉。但这场战争的战火，还是险些从红河一直烧到白河。

孤拔，是这场战争中的一个重要角色。

19世纪下半叶，法国开始对当时属于中国“藩属国”的越南进行侵略，迫使越南封建王朝接受割地赔款的条约。70年代初，法国又制定了控制北圻红河地区，以红河为通道，打开中国的“后门”，进而入侵中国西南的战略计划。1873 年，法军攻占河内，越南政府要求在越南的中国黑旗军刘永福部协助抵抗。结果刘永福部大败法军，法国侵略军司令安邺（F · Gamier）被黑旗军斩杀。红河控制在黑旗军手中，法国侵略中国西南的计划受阻。1882 年，法国交趾支那海军舰队司令李威利再次与黑旗军战于越南纸桥，黑旗军又获大胜，李威业（H · L · Rlviére）也丧了命。此时，清军也派出部队参加了保卫西南边境的作战。孤拔（A · A · P · Courtet）就是在这时，接替李威利，成为交趾支那海军舰队司令的。

不久，孤拔因指挥越南山西战役有功，升任法国远东舰队司令、晋升中将。由于在山西、北宁作战失利，清政府被迫与法国签订了《中法简明条约》，承认了法国对越南的“保护权”，同意撤回中国在越南的部队，准许法国在中越边境上通商。但法国并不以此为满足，又在北黎挑起冲突，结果，法军在北黎被打得大败。

“北黎冲突”，成了法国对中国进行新一轮侵略战争的借口。法国人叫嚷说：中国破坏了《天津条约》，要求中国立即从越南撤出全部军队，并向法国赔偿 2.5 亿法郎的军费。臭名昭著的法国总理茹费理（J · Ferry）对中国驻法国公使李凤苞叫嚣：如果中国不能满足法国的要求，法国“将有必要直接获取‘担保’与应得的赔偿。”

什么叫“担保”？1884 年 7 月法国海军殖民部部长裴龙给孤拔的电令中做了如下表述：“派遣你所有可调用的船只到（中国的）福州和基隆去。我们的用意是要拿住这两个埠口做质”，以迫使清政府屈服。

孤拔忠实地执行了法国政府的命令，在福建沿海挑起战争。

1884年8月马江一战，中国福建水师几乎全军覆灭，闽江沿岸防御工事毁坏殆尽，作为中国军事工业基地和海军建设摇篮的马尾船厂、船政学堂几乎全部被摧毁，军民伤亡2000余人。

到此时，战争实际已经开始了两个年头，清政府才不得不下诏对法宣战。但一方面，寄希望于在北越战场上取得胜利，牵制法军，减缓对中国沿海的压力；一方面，又寄希望于列强的调停。一时，战争处于胶着、停顿状态。

这时，孤拔在想什么呢。

马江海战中，法国舰队几乎没有付出什么代价，就全歼了中国的福建水师。但这个胜利，并没有使战争结束，相反，中国还对法宣了战。孤拔认为，继续执行裴龙的命令，占领福州和基隆，也不足以迫使清政府屈服，这个办法太费力不讨好。他对法国政府抱怨：“福州距离北京太远，不足使帝国朝廷获得教训。”按照他和法国公使巴德诺（J·Patenôtre）的主意，还是采取“老前辈”们用过多次的办法，在摧毁台湾淡水的清军防御工事后，仅留两艘军舰看守、封锁基隆港，然后全部军舰一齐北上，先攻烟台、威海，再取旅顺、大连，将整个直隶（渤海）海峡封锁住，这样，法国舰队的大炮，就可以直接瞄准大沽口了。到那个时候，看他清政府还能不能挺住。

1884年9月4日，孤拔从他占领的福建马尾，给法国海军部发去电报，坚决主张对中国华北采取行动。

孤拔不能不焦急。

他的部队经过连日的征战，虽然战损不大，但不少船只出现破损，机械故障严重，士兵更是疲惫不堪，士气低落。这一代士兵的耳朵里，曾经灌满了关于中国皇帝花园里宝藏的故事。给他们讲述这些故事的叔伯们，有的亲身参与过当年火烧圆明园的暴行。他们在讲述这些故事的时候，或许还会掏出一个绘有东方菩萨像的中国鼻烟壶，或者某位皇妃戴过的纯金凤钗，引逗着子侄辈的好奇心。现在，这些听故事的法国孩子长大了，成了海军军人，而且他们已经到达了心向往之的中国。可摆在他们面前的没有皇帝的花园，没有奇珍异宝，甚至没有清洁充足的淡水，没有新鲜的蔬菜和牛肉，有的只是作战、航行、伤痛、疾病……传染病开始在舰队中流行，疟疾和痢疾威胁着每个人的生命。炎热的天气、发酸的食物和挥之不去的苍蝇蚊子，成为这些疾病的传播源。舰队中已经开始有人死去，随军牧师不得不为他主持草率的海葬仪式……听说马上还要去进攻台湾，那里的环境更加恶劣，守台清军已经准备好了火枪土炮，台湾土著人正在熬制某种植物毒液，用来浸泡尖利的竹箭……

“我们为什么要留在这里？”

“我们要去中国皇帝的花园！”

“台湾海峡没有珠宝，我拿什么献给苦苦等待我的露易莎？”

“告诉我们，圆明园在哪里？通往北京的路在哪里？”

士兵们的疑问弄得孤拔头晕脑涨，神经兮兮。

其实，经验性的东西，往往最惠而不费。去大沽，逼天津，压北京，这一套欧洲人摸索出的对付中国皇帝的“打法”，实实在在地瞄准了封建政治的“软肋”。果真如此，大沽口，必然面临战争。

然而，孤拔的计划，没有获得法国政府的批准。9 月 6 日、9 月 13 日和 9 月 17 日，法国海军部连续给孤拔发来电报，命令他依照以前部署，攻占台湾基隆。法国政府这样作，原因很复杂，一是法国当时派不出足够的兵力执行这个计划；二是李鸿章的北洋海军就在北方，一旦北上，势必与其交战，抛开胜负不说，这样做起码“法国将丧失一个‘合作得很好’的谈判对手”；三是担心其他列强的反对。于是，法国政府把孤拔的军事行动范围，圈定在福建、台湾一带。茹费理苦劝孤拔：“在所有的担保品中，台湾是最良好的，选择得最适当的，最容易守而且守起来又最不费钱的担保品。”

孤拔发出的，是一声法国式的长叹。

1885 年 6 月 11 日——战争又你胜我败地进行了将近一年后，孤拔因脓血痢疾和严重的贫血病，在他强占的澎湖岛上死去。

他的遗体已经骨瘦如柴，原本就是秃秃的前额石蜡一样黄，脑后的头发也几乎掉光。他的眼睛久久不闭，里面充满了对茹费理政府和法国海军当局的埋怨。

大沽口，躲过一劫。

1894—1895 年，中日战争爆发。

在中国饱受西方列强欺凌的 19 世纪 40—60 年代，日本成为整个亚洲变化最大的国家。这个穿木屐、啃饭团、摇纸扇、吟汉诗、下围棋、讲茶道的国家，一夜之间变得面目皆非。其中，最重要的变化有两点：

其一，他们发现以往需要仰视的中华大帝国，在西方的坚船利炮面前，也是那么软弱。于是，他们觉得在亚洲日本人并不是最矮小的一群。

其二，他们原来像一只半开半合的蚌，一遇到外力的刺激，立刻就把蚌壳紧紧闭合起来。现在，他们决定不再做蚌了，他们要做豪猪——用满身的豪刺保护自己，说不定看准机会，还要狠狠地主动刺你一下。

关于甲午战争，应当由另外的一些书籍去描述，但战争中围绕大沽口的一些波澜，就无法回避了。

甲午战争和中法战争有一个共同之处，就是战争都起自中国的藩属国。甲午战争的开端，就起于朝鲜。不过，和法国不同的是，日本早在战争初期，就为制订周密的对华作战基本方针，费了一番脑筋。

开始，日本试图在占领朝鲜后，越过中朝边境，把战火烧到中国的东北，相机攻取大清的“龙兴之地”奉天（辽宁），然后挥师南下，直扣山海关，威逼北京城。

可是，中国的国土对于日本来说，实在太过辽阔。占领辽东，已属不易；进而南下，更是百倍艰难。为了以最为便捷的方式兵临北京城下，日本战时大本营考虑，必须以一支劲旅在直隶沿海登陆，从最近的距离上逼近北京。

这时，在中国，特别是在天津租界里活动的日本间谍送来了情报，说：我军欲在直隶沿海登陆，可以选择的登陆点总共只有两处，一处，就是大沽、北塘一线。另一处，是靠近山海关一带沿海。在大沽、北塘登陆，优点很多。这里是西方列强威逼北京的“传统”登陆点，距天津、北京较近，容易产生震动清廷的效果。何况，即使在山海关登陆，将来还要回头占领大沽、北塘。但大沽、北塘毕竟沿海防御设施建设有年，靠近后勤工业基地，李鸿章又在此屯集重兵，此其难点。所以，似乎还是从山海关一带登陆更为适宜。可以看出，日本对大沽防线的防御作战实力，还是有所顾忌的。

日本要实现在直隶沿海登陆，进兵北京的计划，一个先决条件，就是消灭北洋海军。1894 年 9 月 17 日，日本海军与北洋舰队在黄海开战，北洋海军作战失利，日本如愿以偿地取得了黄、渤海的制海权。随后，日本军队在辽东花园口登陆，抄袭旅顺后路，占领了北洋海军扼守渤海海峡的重要基地。

此时，围绕未来作战方案的制定，日本高层又一次展开了激烈的争论。

日本原定的作战方案分为“甲”、“乙”、“丙”三个子案，根据第一期作战结果而决定采取下一步行动。现在，第一期作战收到了预期的效果，本该按照“甲”方案采取进一步的行动，即：“运送陆军主力在渤海湾登陆，在直隶平原与清军进行最后的决战。”主张这样做的“实力派”人物，是陆军大臣兼第一军司令、战时大本营监军山县有朋。他在他的《征清三策》中，首推渤海湾登陆方案。

但是，以外交使节的身份和李鸿章打过无数次交道，深谙远东国际事务的伊藤博文坚决反对这个方案，理由是，在直隶登陆作战，必然会受到来自西方各国的干预。因为，西方人目前还不想丢弃清政府，还需要这个软弱政府来保证他们的在华利益。所以，日本必须放弃攻击北京的幻想，转而进攻山东半岛和台湾，以谋得更加实在的利益。

争论的结果，伊藤博文的主张占了上风，以陆军大将大山岩为司令官的“山东作战军”，开始围困威海卫。而山县有朋依然没有放弃直隶沿海登陆的计划，只是同意推迟到第二年的春天进行。至于究竟在山海关还是在大沽、北塘一线登陆，并没有确定。

“人为刀俎，我为鱼肉”。多灾多难的大沽口，又一次置身于刀锋与砧板之间了。

描述历史，尽管是在“历史纪实文学”中描述历史，也应该避免猜测。为此，笔者再次邀集了研究近代军事历史和军事地理的专家，就日本在大沽登陆的可能性进行推论。

一位和我相交多年的军事学研究员认为：“如果战争不是在日本占领威海卫，北洋海军覆灭后结束，日本很有可能选择在大沽、北塘一线登陆。”他说，“抛开别的理由不谈，就是1895年春天大沽地区那场大天灾，就足以削弱大沽防线的防御能力，使日军的登陆作战变得更加容易。”

他说的那场“大天灾”，指的是1895年4月28日，大沽一带连日暴雨，并发海啸，水位高达6.1米，沿海村庄大多被淹没，炮台严重受损，道路被冲断，壕沟护墙几乎全部毁坏，清军海防左营淹死的官兵达2000人之多……

天灾人祸，何日可休；风雨楼台，何难之多?

中日《马关条约》签订后，中国的主权受到了前所未有的践踏，其受损害的程度，不下于《南京条约》。

大沽口，你又一次躲过了战争的洗劫。

大沽口，我想扣问你那沉默的炮台：你真的感到了幸运吗?

大沽口无言。它并不相信命运。一切该到来的，毕竟会到来。这不，19世纪末“幸运”的大沽口，一踏进20世纪的门槛，就首先迎来了战争。

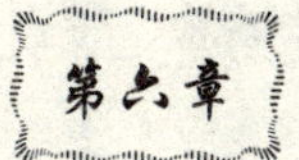

世纪之劫

31. 世纪末的狂潮

公元 1899 年 12 月 31 日——19 世纪最后一天的晚上，大沽口炮台的士兵吃了一碗缺油少盐的煮萝卜和玉米面饼子。

这一时刻，对于他们来说，没有什么特殊意义，不过是大清光绪二十五年已亥十一月二十九——一个又潮又冷的冬夜罢了。

就着那盆炭火，有人在粗针大线地缝棉裤，有人独自掷着骰子跟自己赌大小，有人一声不响认认真真地抓着虱子。冬月里，天黑得很早，很沉。面前这盆炭火一弱，就该挺尸睡觉了。这冻死鬼的天儿，做梦都钻不进老婆的热被窝儿。

胡子拉碴的一个老兵，从土炕旮旯里拽出一把二胡，吱吱刺刺地调一调弦，一串凄凄楚楚的小调儿就颤了出来。士兵们听着，有的浑身打了个寒噤，有的闭上眼咂摸滋味儿。

有个保定口音的，骂道：“他娘的老六，别拉这上坟的曲儿了，来个‘傻小子赶驴娶媳妇儿’吧。”

一个静海口音说：“还是‘十八摸’好，来一段解解馋。”

拉琴的“老六”谁也不理，兀自颤弓揉弦，自得其乐。

“老六，还哭丧呐，该你值更了。”换岗的进来喊着，带进来一股凉气。

老六懒懒地收起二胡，穿鞋下炕。一边往外走，一边嘟囔：“值更，值更！顶多防防贼，那洋鬼子要来，防得住？”

炮台的瞭望楼上，冷风打着呼哨，刺骨透心，直吹得棉衣如纸，双脚冻得像猫咬一样疼。一盏马灯，摇摇晃晃，明明灭灭。天空中，已经满是寒星了。

老六把大枪靠在一旁，跺着脚，搓着手。

东边，海面儿已经封冻，没有一条船，也没有一盏灯。西边，有一处地方灯火通明，隐隐还有西洋音乐传来。老六知道，那是洋人领航员居住的地方。不少年了，洋人和皇上定了条约，大小洋船，随便出入白河。河道太窄，洋人专门雇来了一群引水导航的。他们不像那些炮舰商船，来了又走。他们长年就住在大沽口。这些洋人挺有钱，盖了些房，修了条马路，房子周围还种了草、栽了树，好像一个大镇甸。镇甸的中间，还有两个洋球场，球场周围是一圈厚木板子钉成的长条椅子，长椅上还常有一伙穿大白裙子、露着胳膊的大脚洋女人，——嘿，他们倒过起日子来了。

这起子洋人，穷极无聊就过节玩儿。前几天，放鞭放炮吹喇叭，说是过什么“圣诞节”、“平安夜”——嗨，就是洋佛爷的生日。今儿个不知又有什么说道儿，这不，又唱又跳，过年似的。真他娘的弄不明白。

老六大声地擤着鼻涕，使劲搓手跺脚，瞭望楼的木地板在他的脚下像一面敲不响的破鼓，“噗，噗”直叫。

“有盆火多好啊，要不，有一口酒也行。”——在大沽口炮台士兵老六的叹息、幻想与渴望中，19世纪最后的时光一分一秒地消失，新的20世纪一步一步，朝中国走来。

“砰——啪——”洋人领航员住的镇子上空，传出一阵喧响，有爆竹声、小号声、欢呼跳跃声，还夹杂着左轮手枪和步枪的射击声。

这正是领航员们在“过年”，在庆祝1900年新年——一个新世纪的到来。

一个叫阿绮波德·立德的英国女人，是当时大沽口“引航镇（按她的说法）”的见证人。她在《穿蓝色长袍的国度》（The Land of Blue Gown）一书中写道：

> 引航镇在大沽附近。过去，人们乘船途经大沽口的时候，可能很少有人上岸去造访这个引航员居住的小镇。有些刻薄的人传言说，在宽达两英里的大沽口上引航，引航员是在寻死。传言终究是传言，引航员们不仅活着没死，而且为自己营造了一个整洁的小镇，连镇上的空气也透着健康。他们的住房与邻近的中国村庄没有什么区别，大都泥墙泥顶。不过，粉刷一新后，雪白的泥墙清新整洁，门柱上黑煤焦油和白漆叠映着活泼和欢乐……小镇街道不宽，为防止洪水，街面上都铺了砖，格外整洁，分外宜人。简单地说，可以这样想，几位老船员在自然条件极端恶劣的情况下，为自己营造了一个整洁舒适的居住环境，就是引航镇……每到冬天，海面和河流封冻，北上的船只都在烟台停船卸货。整整三个月，引航镇与世隔绝。无事可做的三个月里，引航员们骑马、滑雪橇、跳舞……镇上新开了一家大沽旅社，旅店内有两张台球桌，院子里还种着好几株向日葵，全镇的居民都引

以为自豪。有时，天津城里会有人住进大沽旅店享受大沽的新鲜空气。一份叫做《中国时报》的报纸总会及时报道这些时尚之举。前几天，还有一对新婚夫妇在大沽旅店度蜜月。没听说过游客在大沽旅社除了睡觉之外，还能做什么。不过，空气好这一点毋庸置疑，旅社也有家的感觉……

立德夫人在中国的时间，正赶上上上一次世纪之交。这个“大脚的洋女人”是个知识妇女，她到过中国的很多地方，还曾经拜会过李鸿章，并试图鼓动李鸿章支持她的“中国妇女天足会”——一个旨在号召中国妇女不再缠足的组织。一般地说，她的笔记具有一定的史料价值。

在立德夫人的笔下，“引航镇”虽然“没有教堂可去，连礼拜堂都没有”，“没有市长、没有市政府，没有正式的行政机构”，而且经常发生“引航员们争吵不休”的事情，但它依然不失为一个活力充沛、生机盎然的值得骄傲的地方。这一情景，与她所看到的大沽炮台，形成了鲜明的对照。她写道：

沿这条公路穿过泥泞的沼地，就到了中国人住的大沽镇，再向左就是大沽炮台……没有证件大沽炮台不许通行，透过炮台大门或许就能看到一切想看的：士兵军容不整，士气低落；军官们身穿褪色的蓝紫长袍，满脸愁云，年纪轻轻却毫无英武之气……

这就是上一次世纪之交时大沽口对比鲜明的图画。历史上，大沽炮台是否确有个叫“老六”的兵并不重要，重要的是面对世纪交替的非凡时刻，面对帝国主义在世纪之末掀起的瓜分中国的狂潮，面对民族的大灾难、大危亡，中国沿海已经很难找到一根高昂的炮管，很难听到一支豪壮的军歌，很难见到一个挺胸昂头的威武士兵。

大沽口，曾是一个产生英雄和战争传奇的地方，曾是一个被中国汉子用鲜血和豪情浸润焙烧得异常刚烈的地方。但在它“幸运”地躲过了几次战争威胁之后，特别是中日甲午战争后，它的精气神儿也随着中国整个海防的糜烂而变得颓化、弱化、钝化，它的克虏伯和阿姆斯特朗大炮无法改变天朝之门“门虽设而常‘开’”的现实。

1894年（光绪二十年）的中日甲午战争是一个“标志性”的事件：

——清政府苦心经营了近30年才创建的北洋海军一朝灰飞烟灭。这个“泡沫军事”的产物产生的实际效用和人们对它财物、精力与希望的投入，严重不成比例。它的覆灭，使大清国再也无力组织起一次像样的抗敌御辱战争。

——洋务运动曲终人散。它就像一匹骡子，母亲，是东方之驴；父亲，是西方之马；自己，先天不足。它试图将陷入泥潭的大清朝拖拉出来，结果不但自己累得要死，大清朝这挂破车还在它的拖拉之下越陷越深，几乎散架。如今，洋务运动的领袖人物“各得其所”，一代枭雄李鸿章带着日本人留在他脸上和心头的巨创，黯然出京。精明的恭亲王奕䜣变得脚步蹒跚、思维迟钝，终日只在北京什刹海旁的王府里养鸟、浇花、临帖，或者偷偷地进行抒发苍凉郁闷心境的“业余诗歌创作”。

——紫禁城内“母子君臣”间的“家务事”闹得愈发不可收拾。甲午战争后，光绪皇帝试图从维新派康有为、梁启超辈手里求得一剂猛药。结果，吃“药”的变成了他自己。百日维新，昙花一现。康梁出走，黄鹤杳杳；谭嗣同辈，头断血流。光绪皇帝如今的日常工作，就是和瀛台四周金红色的鲤鱼对话。他唯一的爱人——很有些天真率直的珍妃被关在北三所里，这朵高贵而又企盼自由的花朵如今日日受着太监们的折辱和摧残。而恼怒的慈禧老佛爷正在抓紧时间，给大清国寻找新的“接班人”，据说相中了端亲王载漪的儿子溥儁，不久就要立他为大阿哥，到那时，大清国将改朝换代，光绪皇帝就该“下岗”了。

这一切，除了大清朝生命运行中的必然性外，当然还要“拜”中日甲午一战之所“赐”。然而，问题更为严重的是，甲午战争的结局、《马关条约》的签订，还进一步激发了西方列强对中国的贪欲。

19世纪末，“地球上已经没有一块无主的土地”，帝国主义列强一方面加紧对殖民地的掠夺，一方面又积极准备、并开始重新分割世界，划分势力范围。这是一场全面瓜分世界的“世纪末狂潮”。置身于狂潮中的列强，找到的是一种急切、兴奋和焦虑的感觉——急于要用尽一切卑劣手段，抢先在分割地球时占得头份儿；同时又担心其他伙伴儿比自己得到的更多。正是在这个时候，庞大而虚弱的中国败于日本，而且败得如此彻底，出让于日本的利益如此之大，这怎么能让西方列强不害“红眼病”？

于是，“世纪末狂潮”开始冲向中国毫无防御的海滩，新一轮的狂风暴雨铺天盖地而来，摇撼着大清朝表面华丽内里朽坏的凤阁龙楼。

一个几乎被人们淡忘的事实是：上一次世纪之交，日本从中国攫取了巨大利益，但从天皇到士兵，从吵吵闹闹的国会厅到杀气纵横的剑道馆，从樱花初放的富士山脚到战舰出没的长崎军港，到处都在呼喊着一个汉文化味儿十足的口号——“卧薪尝胆”。因为《马关条约》签订后，沙俄伙同德法，强迫日本将辽东半岛归还中国。迫于三国强大的军事压力，日本于1895年5月4日声明接受三国的“劝告”，在由中国偿还3000万两白银

“赎金”的前提下，退出了他们侵占的中国辽东。其所谓的“卧薪尝胆”，就是要积蓄力量，向沙俄报仇。

俄国又一次在中国扮演了“好人伊凡”的角色。“三国干涉还辽”后，中国国内一些高级官员的“亲俄情结”骤然高涨。1895年7月，两江总督刘坤一上奏：“俄疆宇已广，且信义素敦，与我修好二百数十年，绝无战事，实为前古所未有。前以伊犁还我，此次与法德争还辽东。其为德于我更大。”湖广总督张之洞也赞扬俄国“举动阔大磊落，亦非西洋可比”，在对付日本的态度上“较之他国（主要指英国）袖手旁观，隐图商利，相去甚远”。仓场侍郎许应骙更是明确提出：应立即将外交政策由“联英拒俄”，转变为“联俄拒日”。而此时俄国人正在偷偷地笑，按照财政大臣维特的“和平渗入”方针，他们正一步步谋求把持中国的税权、货币、财政、铁路开发和电线架设。最终，从清政府手中夺得了横穿中国东北修筑和控制中东铁路的权利，并进而把整个东北置于其势力范围之内。

德国人也以“三国干涉还辽”的功臣自居。看到俄国佬因此而获得了巨大的在华利益，德国人当然愤愤不平，于是借口教案，强占山东的胶州湾。沙俄则借机以帮助中国免受德国侵略为名，兵进旅顺口。最终，清政府不得不与德俄两国分别签订条约，将胶州“租借”给德国99年，将旅大“租借”给俄国25年。

瓜分豆剖，狂潮激荡。世界仅有，万年绝无。

得了台湾的日本继续在巩固其殖民统治的同时，进而要求清政府不得“把福建省割让或租借给其他国家”；

法国把两广、云南纳入自己的势力范围；

英国不甘落后，宣布长江流域为英国的势力范围，强租南方的九龙半岛和北方的威海卫，并获得了津镇、沪宁、浦汉、苏甬、广九铁路的修筑权；

当时的美国，正陷在与西班牙争夺古巴的战争和对付“菲律宾革命”的麻烦中，它无暇扑向中国，又不愿放弃这场“赌局”，于是提出一个所谓“门户开放”的政策，企图通过获得均等机会的手段，保持中国市场对美国商品的自由开放，试图用自己优势的经济力量，侧身插足于列强之间，排挤他国，独霸中国。

世纪末的狂潮猛烈冲击着中国，从鸭绿江口到北仑河口，中国的沿海已经插满了外国人的旗帜，到处是列强军舰的机声炮影。正如谭嗣同的诗中写到的：

世间无物抵春愁，
合向苍溟一哭休。
四万万人齐下泪，
天涯何处是神州。

面对这样的世纪末狂潮，怎么来形容大沽炮台呢？

如今，它已经不再是国门上一道必须跨越的门槛，它已经沦落为狂潮中一座无人过问的孤岛。

列强的势力已经渗透到中国的各个角落，过去需要动用武力跨越大沽口这道天朝之门后才能获得的利益，现在只消外国公使乘上轿子，到北京东堂子胡同的总理各国事务衙门中一坐，喝喝茶，聊聊天，就可以得到。那么，谁还会有兴趣搭理你这座灰土蒙蒙、死气沉沉的炮台？

如果大沽炮台士兵老六站岗的那个除夕前后，中国大地上不会掀起那场惊天动地的大事变，大沽口很快就会被人们淡忘，就会自生自灭，提前成为一处令人伤感万千的历史陈迹。

这场大事变中，大沽炮台突然从灰暗的日子中挣扎起来，直起了弯曲已久的脊梁，挺起胸膛，用最后的精力点燃了一支民族不屈的火炬。

这场大事变，就爆发于被大沽炮台士兵老六迎来的1900年。

32. 狂潮中的孤岛

大沽防线的主将罗荣光，今年过了67岁大寿。

60多岁的老人过生日，是件大事，何况最近朝廷嘉许罗荣光久历戎行，趋事勤劬，擢他为甘肃新疆喀什噶尔提督，这就更该庆贺了。要不是近来内外情势动荡，说不定罗荣光真的已经离开大沽口，去新的任所了。

罗荣光让家人把他的旧官服浆洗了一下，干干净净地穿上。然后，把副将韩照琦等部下军官叫到家里，喝了一杯水酒，吃了一碗捞面，就算过了生日。

抿了一口酒、吃了一碗面，罗荣光就放下了筷子，静静地看着属下大小军官稀里呼噜地吃面条。待大家吃完，他才说："对不住各位，实在太过简慢了。只是，近来各地义和团闹得凶，洋人在津沽一代，厚集重兵，朝廷又……局势变幻难测，还请各位多加提防。自今日这杯酒喝下，请各位暂且戒了这杯中之物，如何？"

"遵军门大人令。"军官们怔了一下，一齐答应。

他们望着老军门，心头大多一酸。

罗荣光罗军门1870年（同治九年）奉调来守大沽口时，还不满四十。今日在座众人，当时大多还都是小孩子，有的甚至还在吃奶。他在大沽口整整待了30年。如今，老军门的辫发胡须已经全都白了。大沽口30年咸涩的海风，吹得他脸色黢黑，眼角上的鱼尾纹显得更重了。如果不是他身穿带麒麟补子的从一品武官服，和那些炮台老兵简直就没有什么区别了。

关于罗荣光的一生及其评价，可以证明历史结论有时比文学描述更加靠不住。在可以看到的几乎所有现代人撰写的书籍上，罗荣光都仅仅是一位抗敌御辱的民族英雄，而对他的前半生经历却讳莫如深。原因是罗荣光来到大沽口之前，一直在与太平军、捻军作战。当年，在江浙战场上，出现了一批协助清政府扑灭太平天国农民起义的帝国主义分子，他们按照西方军队的样式组织起所谓“常胜军”、“常捷军”等中外混合部队，武装以国外先进武器，与太平军作战。华尔和戈登就是这批“帝国主义分子”的突出代表。而罗荣光曾先后隶属于华尔和戈登，在江浙一带与太平军厮杀。后又随李鸿章北上“剿捻”，与著名西捻首领“小阎王”张宗禹（总愚）部交战于黄河、运河、徒骇河之间，“荣光壁当敌冲，相持凡三阅月”，终于致张宗禹部全军覆灭。从军多年，身经百战，罗荣光积功累升，从一个小小的把总，升守备、参将、副将、总兵、提督。于是，历史记载将“镇压农民革命运动”的罗荣光和“爱国将领”罗荣光完全割裂开来，将前一个罗荣光埋藏之，将后一个罗荣光张扬之。似乎只有这样才符合某种公认的历史逻辑。

其实，没有多年的疆场厮杀，罗荣光根本不可能成长为一个统兵打仗的将领，没有当年在战争中对西方军事思想和军事技术的接触，仅仅读过三年私塾的他也根本不可能对西洋“化电测量之学”特别是先进的“炮术”有所了解。那样，也就没有了最后指挥大沽将士血战炮台的罗荣光。当研究历史的史学只去制造假神和妖魔，当描述历史的文学不去关注人性和命运，那么欺骗和戏说还有什么奇怪的呢？

从罗荣光当年的作战经历看，他不是那种惯于出奇制胜、创造战争奇迹的将领；除了在攻打常州时“首先登城”之外，也没有多少剽悍骁勇的故事。他更多地表现出一种扎扎实实、厚重沉稳、忠于职守的职业军人素质。

正是由于这一素质，罗荣光守大沽，一守30年，不管时局发生了怎样的变化，他都凭着一个军人对职责的忠实，无一刻肯放松守护国门的使命。他不懂什么“天下大势”、“世界潮流”，对紫禁城内的明争与暗斗、紫禁城外的维新与保守他也不甚了了。但30年来风云变幻，事势变迁，如果说罗荣光本人，对属下部队乃至整个大清军队的衰朽、对枯守大沽炮台的实际意义、对自己生命的价值，从来没有过疑惑与思索，那显然说不过去。但当自知无法理解和改变这一切时，他就把自己的疑惑和思索深藏在日渐加深的皱纹中，然后依旧如常地尽其所能，练兵筹防，以迎接不知何时会降临的战争。

1881年（光绪七年），鉴于白河口水面深阔、河道曲折，罗荣光在大沽口创办了水雷营，遴选各营精干将士演练水雷战法，并亲自给士兵们讲授化学、电力学、测量学知识。此后，从北塘到山海关，他在沿海各处建起了水雷营，提高了直隶沿海河口的防御能力。1886年（光绪十二年），醇亲王奕䜣在李鸿章的陪同下，出京去旅顺校阅风头正健的北洋海军。醇亲王路经天津，夜宿大沽，“以其教练有方，荐授天津镇总兵”。而罗荣光呢？“位渐显，服食俭约，若老兵然。”

这就是我们所知道的一个67岁的老军人在19世纪的全部历史。他本来可以平平淡淡地在军队中安度最后几个生日，然后告老还乡，含饴弄孙，直至寿终正寝。至于将来历史会怎样评价他，谁管得了呢？但是，当20世纪来临时，这个并不习惯创造传奇的老军人，突然成了一场战争的主角，在垂暮之年屹立于历史为他搭建的舞台中心。

他将赢得一块英雄的墓碑，失去一份常人的安逸——尽管他本人可能更渴望得到后者。

近来，罗荣光的心烦乱得很。

一股潜在涌动着的潮流，冲击、震撼着他的军营炮台。

很久了，军营炮台上死气沉沉。军士们食无肉，寒无衣，军营中老的老，小的小，补充来的新兵大多是外地逃难来的孩子，而有些营的老兵已经年近半百，军营内士气一天低过一天。当年制定的打炮射靶规矩早就废了。甲午年之后，李鸿章李中堂离任，从天津运来的炮弹枪弹一次比一次少，最后是打一发，少一发。炮台和营房早就该修了，可从来没见拨过银子。更要命的是，根据条约，洋人的商船军舰可以堂而皇之地在炮台下通过，随意进白河，上天津，奔租借。洋船上的水手们经过炮台，常常狂呼乱叫，手舞足蹈，进行挑衅。军士们开始义愤填膺，后来见怪不怪，直到冷漠麻木。能怪他们吗？他们不知为什么要守在这炮台上，也不知究竟要防哪国人哪国船，能坚持在炮台上啃那一天一斤多玉米、高粱，已经不错了。

但是近来，情势大变。在炮台军营的每个角落，都有人在议论：

"义和团大师兄曹福田，设坛口在吕祖堂，人山人海，一水儿的红布包头、红布围腰、红布裹腿，一片火赛的，好不威风。"

"还是俺们安次县的杨寿臣厉害，吞金吐火，飞剑杀人，刀枪不入，全是真功夫。俺二兄弟、三兄弟都入了他的乾字团。"

"那俺们静海独流镇呢？那是'天下第一团'。大师兄张德成前儿个就设坛小宜门口，一口符水喷出去，九只白羊，血溅当场。你道那是‘羊’吗？那是‘洋’！‘洋人’的‘洋’。义和团就是要专杀洋人。”

“这谁不知道？还记得那个传法的和尚海干吧。为吗叫‘海干’？这‘海’要是‘干’了，洋人的兵舰还能来吗？你说，是不是这个理儿？”

“听说，那红灯照里的大姑娘、小媳妇儿，也邪门儿得很。说有个寡妇娘子，入了红灯照。前日义和团围了洋鬼子的教堂，她挑了个担子，一头是满篮子得胜饼，一头是满瓦罐羊肉汤。义和团几百号大老爷们儿吃了三天，你猜怎么着？篮儿里罐儿里还是满满的。”

“嘿，要是给咱们挑一担子，多好。”

“给你？想得美！你杀洋人了吗？开炮打洋兵舰了吗？”

“你当我不敢？那是罗大人没下命令！说实在话，我真觉得这兵当得窝囊。你说，洋人兵舰就在海外，还不断从咱们眼皮底下往租界里运兵运枪运吃喝，咱怎么连个响屁都不让放？说不得哪天老子脱了这二尺半，投义和团，杀洋鬼子去。死也值得。”

“你要投了义和团，就死不了啦。大师兄给你一道神符，往肚皮上一贴，洋枪洋炮也打不死你。”

“你说这个，我看有点儿玄乎。咱整天玩儿的就是洋枪洋炮，你说大师兄的神符真能治大炮？”

“信不信由你，没听说吗？连慈禧老太后都把义和团请进宫里，给宫娥婢女传功夫，将来好保着皇上、太后，御驾亲征，荡平洋鬼子。”

“我怎么听说这皇上和太后不是一条心，娘儿俩闹得不在一锅里吃饭？”

“嘘——咱说义和团，别扯皇上、太后，小心掉脑袋。”

士兵们争得异常兴奋，罗荣光听得紧锁愁眉。

山东、直隶闹义和团，罗荣光早就知道了。

近些年，国势衰微，世事艰难。列强入侵，肆行无忌。割地狂潮中，尤以北方百姓苦害最深。巨额的战争赔款，需要取之于老百姓的田头地角、饭碗锅底儿。老百姓本就怨声载道，又眼见着洋教传入，鬼子传教士占民田，毁祖坟，建教堂，修洋庙，传洋教，坏风水，不但他们趾高气扬，就连那些信了洋教的乡绅土豪、地痞无赖，也好像突然高人一头。乡民教民但有冲突，传教士立刻出来干预。当官的怕惹了洋人，每每不能秉公断案。你说，这纠纷、这教案能消停吗？偏偏年景又差，先是黄河流域决口泛滥，冲淹州府村落；继而滴雨不降，山东、直隶 70 多个州县大旱，饿死人数达到二三十万。人们开始怀疑干旱的原因就在于洋教流行，惹恼了老天爷。于是这义和团，一阵风儿似的就在山东闹了起来。杀洋人、反洋教，“扶清灭洋”的大旗一举，四乡响应。开始，列强强迫清政府镇压义和团，保护传教自由和教民安全。可先后几任山东巡抚，一则以不能，二则以不愿，义和团居然越来越红火兴旺。直到袁世凯任山东巡抚，才动了真刀真枪。可巧天降大雨，山东旱情缓解，老百姓能种庄稼了谁还造反？一时之间，山东“拳乱渐平”。可直隶依旧艳阳高照，河干井枯，义和团如野火烧天，其蔓延之势，不可阻挡。不但津沽一带闹得很凶，听说还进了北京城。

军人，常常无意之间被战争现实教育成“唯物主义者”。罗荣光是和太平军、捻军打过半生仗的。当年，太平军、捻军中也曾有过各种“神符避弹”、“圣水杀贼”的说法，只是没有义和团这么神乎其神有鼻子有眼儿。他在战场上亲眼见过这样的情景——本来，清兵炮队已经排好了阵势，架起了大炮，农民军偏偏不转移，神坛一开，黄旗一摇，闭着眼往炮口上撞。不少清兵炮手确实因此不敢开炮了，因为那不再是战争，而是屠杀。耗到最后，大炮一响，还不是血肉横飞？

从战争中走出来的老军人罗荣光，宁愿相信洋枪洋炮的威力，也不敢相信义和团的种种“盖世神功”。

“倘若确有神功现世，那可真是天意，真是天意呀。”罗荣光叹息着，走上他熟得不能再熟的炮台。

白河，就在他的眼前；炮台，就在他的眼前。30 年，他株守在这里，无功也无过，无怨也无悔，无痛苦也无欢乐。就像一个普通的老农，把属于他的那份并不丰饶的土地看成了自己身体和生命的一部分。

如今，白河两岸的炮台经过几次修整，已成了两南、两北的格局，这夹河而建的四座炮台各有其名，它们分别是：

北岸临河处的是“北炮台”又叫“门字炮台”，装备各种火炮 74 门；

在其西北原来石头缝炮台旧址建起的是“西北炮台”，又叫“高字炮台”，装备各种火炮 26 门；

南岸临河处的是“南炮台”，即罗荣光的大营所在地，因此也叫“大营炮台”，装备各种火炮 56 门；

其南面是“南滩炮台”，又叫“新炮台”、“威字炮台”，装备各种火炮 21 门。

炮台上，旧式火炮已经基本被淘汰，换上的大多是克虏伯和阿姆斯特朗西洋大炮，各种火炮总数达到了 177 门。而且加建了发电所、电信局，安装了探照灯。如果仅仅就炮火威力而言，和当年僧王爷守大沽时比，确实强大了很多。连当时的外国人都说：

> 炮台所用之军器，内有大口径炮甚多……若旧式各军器，则更不计其数也。且该处又设有新式电光机器，及最可畏之炮队，巩固之营盘，专主进入北（白）河之标。
>
> 大炮是固定的，可以转动环射，既可向河口，也可向河身发射。这条河由于有几道弯，由河口溯流而上至12俄里（约12.8公里——笔者注）长的一段水路上，有四个地方几乎与炮台处于平行的位置。封锁河口的几个炮台相互距离，不超过100俄丈。由于大型船只最多只能开抵距海岸20俄里（约21.3公里——笔者注）处，因此要攻下大沽炮台只能使用炮舰，但炮舰一进河就注定要被击毁。

罗荣光在大沽，总共5营兵3000人。其中练军左营营官封得胜督帅练军左营、副左营分驻白河北岸的西北炮台和北炮台；罗荣光和副将韩照琦、营官李忠纯率练军副营驻南岸大营炮台，练军副右营营官卞长胜率部驻南滩炮台，前营驻西沽万年桥。

罗荣光建的水雷营，处在河口深处、东西沽中间河道的对岸。那里存放了不少西洋水雷，专门用于封锁河口。当年僧格林沁的“拦江铁索”和铁戗木筏早就被淘汰了。

而就在水雷营码头上，还停泊着提督补用总兵叶祖珪统领的北洋新购巡洋舰“海容”号以及“海龙”、“海青”、“海华”、“海犀”号等4艘鱼雷艇。在大沽船厂内还有“飞霆”、“飞鹰”号两艘驱逐舰，两舰虽然正在修理，无法出海作战，但舰上火炮依旧可以射击。这支海军，出海制敌或许不行，但鱼雷艇可以骚扰敌舰，“海容”、“飞霆”、“飞鹰”号上的32门大炮也可以进行火力支援。

如此密集的兵力，聚集在大沽口这十多平方公里的地域间，罗荣光的眉头为什么还要紧紧地皱在一起呢。

罗荣光此时感觉到的，不是横刀立马于国门雄关上的豪壮，而是置身孤岛中的茫然。

——义和团闹得如火如荼，朝廷究竟是要把他们当做“义士”而“抚”之，还是当成“暴民”而“剿”之？

——义和团高喊“灭洋”口号，杀洋人，烧教堂，围租界，列强的兵舰陆续聚集大沽口外，日日往租界里运兵运军火，作为大沽口守军，是该阻截，还是听之任之？

——一旦义和团和洋人开战，或者朝廷真要借义和团“助剿”洋人，列强必会自大沽口进兵天津，那时，我军将如何对付？

——大沽炮台历来作战失利，不在正面受攻，全在后路失守。现在，天津的租界、塘沽的火车站，处处是敌。而我后路防御没有个定法，一旦开战，炮台后路必然不战而为敌所据。那样整个炮台就将重蹈覆辙，陷于敌海陆两向的夹击之下，成为一座被风浪包围的孤岛。对此，“上级主管领导部门”究竟是没有意识到，还是根本就无暇顾及呢？

——水师营码头上的北洋海军军舰既不开走，也不备战，几次请叶祖珪叶大人商议当前战守局势，研究联合御敌之策，人家既不拒绝，也不理睬。一旦开战，水路两军，互不统属，如何能做到同仇敌忾、协同作战？

罗荣光被一大堆问号包围、困扰。他感到心头烦乱，胸口憋闷。他摘下帽子，凉风吹动他满头的白发和胸前半尺长的银须，他感到，他面临的是从军五十多年来最难以应付的局面。

“军门大人，”不知何时，副将韩照琦、营官李忠纯已经来到他的身后。韩照琦铁青着脸，气咻咻的，不待罗荣光说话，就骂开了：“军门大人，真他妈的反了。现在营里到处一团糟，乱哄哄。千总把总带头，闹着要和洋人开仗。我训他几句，您猜他们怎么着？他们要离开大营，说是要去董福祥的甘军或者聂士成聂大人那里当兵杀洋人，再不，就去当义和团。气得我狠抽了他们一顿鞭子。”

罗荣光的眉毛跳了一跳，问：“那你们俩怎么想？”

“我……我们也觉得这炮台守得窝囊。”韩照琦说。

“那我是不是也该用鞭子抽你们一顿？”罗荣光的问话声音不高，但很严厉。他有意停片刻，一字一顿地说：“炮台，是皇上交给我们的，散了军心，丢了炮台，你我谁也无颜以对天下。这些，你们给我记住。”

“可这军士们乱哄哄的……”

“照琦呀，为将，要善用‘气’。军士们无非不服洋人骄横，这总比一潭死水要好。最要紧的是为将者，怎么把这股‘气’用好。用好了，军心也稳了，士气也足了，何愁炮台不守呢。我的话，不知你们明白没有。”

韩照琦、李忠纯佩服地点点头。

罗荣光的心，在劝说教导部下时，似乎也逐渐平静了一些，他说：“去，传令封得胜、卞长胜，各营要加强戒备。士兵们要是问起什么时候开战，就说我罗荣光自有安排，到时候，有他们杀洋鬼子的机会。”

“大人，您真的有了主意？”

“唉——”罗荣光长长地叹了一口气。他哪里有什么主意？此时此刻，连太后老佛爷还没有个准主意呢！

33. 孤岛外的风暴

老佛爷慈禧太后不是不清楚她在干什么。她从来就知道自己希望的是什么，追求的是什么。而且，她从来就不让自己的希望和追求停留在枕头上。这个 26 岁就开始守寡的女人，让精明的算计，阴毒的揣摩，充满想象力的设计安排，充斥着那无数个孤枕难眠的长夜。在打击政敌的杀伐决断中，她从来没有过一丝一毫的心慈手软和犹豫彷徨。而一旦到了需要表现她母仪天下的风范时，她会变得仪态万方，雍容大度，处事待人，堂堂皇皇。

19 世纪与 20 世纪交替的时候，她步入了生命的苍茫暮色之中。但她依旧相信自己不会迷失航向。她要在有生之年再次掀起一场惊天动地的政坛风暴，她要指挥着大清国这艘老船穿越风暴的中心，向她自己理想的目标疾行。她觉得自己那不达目的绝不罢休的勇气、毅力和智慧一点儿也没有衰弱。

她要废掉光绪皇帝。

然而这一次，她失手了。差点把整个大清江山葬送。

光绪皇帝，是出现在她身边的第三位皇帝。

第一位，是她的丈夫咸丰皇帝，早年死于内忧外患的焦虑困病中。第二位，是她那有“作风问题”的独子同治皇帝，19 岁上死于梅毒。第三位，光绪皇帝，从血缘关系上说，既是她丈夫的亲侄子，又是她本人的亲外甥。然而，正是这个至亲骨肉，在长大成人后，有了自己的幻想。

光绪皇帝拥有的大多是幻想。

他幻想自己能够尽快脱离母后的阴影独秉朝纲；

他幻想出现一大群有知识、有能力的治世忠臣，辅佐他改变这个国家的命运；

他幻想自己的国家强大富足，能与世界列强比肩站立，不再受欺侮凌辱；

他幻想能够和自己心爱的女人在一起，自由自在，谈笑歌唱；

他甚至还幻想过到欧美各国去走一走，看一看，瞧瞧外面的世界究竟有多精彩……

于是，他找到了康有为、梁启超，他进行了被称为“戊戌变法”的“百日维新”，最终，他的所有幻想都被她的皇额娘慈禧太后打得粉碎。

然而，正是在打碎皇上幻想的同时，慈禧内心深处种下了一颗仇恨的种子。

她仇恨这个“忘恩负义”的侄子兼外甥；

她仇恨那些鼓吹维新的汉人；

她同样仇恨明里暗里对维新抱有支持态度的外国势力。

“仇恨的种子要发芽”。慈禧的心被她自己种植的仇恨煎熬着。她不但对维新人士大开杀戒，并且果断地进行了内部清洗，赶走了翁同龢等一批“帝党”人物，换上了端王载漪、庄王载勋以及荣禄、刚毅等一帮子执掌朝政。这些人，有的昏庸颟顸，只知道盲目排外。有的深藏野心，瞄准着最高权力的归属与分配。有的干脆就是阴谋家，阴谋家不需要立场，只需要利益，现在他们获取利益的最好方式，就是顺应太后的意思。太后要换皇上，就换皇上；太后要“排外”，就把“排外”的口号叫得山响。

慈禧可真不是说说了事。1900 年 1 月 24 日，她召王公大臣、满汉尚书集议于仪鸾殿，宣布诏立端王载漪之子溥儁为“大阿哥”——就是大清皇位的继承人。这，只是慈禧行动计划的第一步。按她的盘算，1900 年 1 月 31 日——庚子年的大年初一，就要逼光绪让位。她甚至连新年号都想好了，叫“保庆”。

没有料到，诏书一下，天下震动。国内国外，一片反对声浪。流亡国外的康梁，不断在国外报纸上发表“反动言论”，揭露后党阴谋，要求太后“归政”。国内一个叫经元善的候选知县，联络蔡元培、黄炎培等上千人上书总理衙门，反对废立。对付经元善这样的小人物，慈禧从不手软。她立即下令，逮捕经元善。可消息走漏，经元善已经逃到了澳门。派人屡次去索要，葡萄牙人就是不给。外国人还有比这更气人的呢。立了“大阿哥”，总要有人前来祝贺，才算有面子。可外国使馆，串通一气，装聋作哑，推诿搪塞，谁也不来道喜。最后，废立的事只好先放放再说。把个端王载漪气得咬牙切齿，日日夜夜，谋机报复。

一时间，“废立”、“拳乱”、“夷务”，三者紧紧地绞缠在了一起：

——外国人明确反对废立，把这次废立看成了中国对外政策从软弱走向强硬，从驯服走向排外的信号。

——义和团只反洋人，凡是洋人反对的我们就要拥护，凡是洋人拥护的我们就要反对。

——太后恨洋人，但又没有足够的力量和洋人“叫板”。

三个阵营，三种力量，变成了求解这道世纪方程的三个条件。对于慈禧太后来说，解这道方程并不难，她很快就得出了答案——让义和团去赶走外国人，自己去赶走光绪皇帝。

答案已定，需要的就是检视自己的力量和做出决断。这个过程也许更加艰难。

“To be, or not to be?”莎士比亚借丹麦王子哈姆雷特之身设计出的这样一个严峻的问题，几乎鞭打过所有面临决断的人——不管你是否读到过这个剧本。在惯常所见的中文译本中，这个问题被翻译成意味深长的“生存还是毁灭”？而实际上，这句话是莎士比亚在伦敦三流赌场中闲逛时，从赌徒们的嘴里听来的。翻译成时下流行用语应该是“拚了，还是夙着”。

令慈禧太后无法立即决断的，不是性格上的犹豫。她的性格中没有“犹豫”二字。她只是不知道自己手中的底牌究竟有多大——义和团真像传说的那样，具有吞金吐火、飞剑杀人的神功吗？洋枪洋炮真的打不进义和团的肚皮吗？传闻言之凿凿，有鼻子有眼儿，可为什么袁世凯不信，张之洞不信，刘坤一不信，李鸿章不信？

她毕竟是在拿一个国家的命运做赌注，能不慎重点儿吗？

于是，她派出了两个“工作组”，一个去良乡、涿州查看义和团，“工作组组长”是顺天府尹赵舒翘；另一个去保定，“组长”是军机大臣刚毅。而这两个“工作组”离京前，端王载漪都安排了筵席饯行。席上的莲花白酒和蒸羊羔，变成了端王的政治语言。它们决定了“工作组”的倾向性和“调查报告”的基调。

刚毅、赵舒翘的“调查报告”很快就上来了。他们说：太后，您的底牌是“同花顺子”，不用再夙着了。那义和团的神功奴才们亲眼所见，绝无夸张。这些“义士”的政治纲领，就是“扶清灭洋”；行动口号就是要“杀一龙二虎三百羊”。这“三百羊”当然是泛指所有洋人，而“二虎”，就是一向主张羁縻屈从洋人的庆亲王奕䜣和李鸿章；那“一龙”，太后明鉴，奴才们就不敢明说了（实指光绪）。因此，奴才们认为，对义和团义士，可以“因势利导”，“抚而用之”，“依以灭夷”。

听了刚毅、赵舒翘的汇报，端王载漪兴奋万分。他几乎被自己一手炮制的虚假的“调查报告”弄得喜极而泣。只要招来神功盖世、刀枪不入的义和团，不愁打不走洋鬼子。早一天打走洋鬼子，自己的儿子溥儁就早一天继承大统，成为大清国的新君主。而他呢，作为“保庆皇帝”的“本生父”，当然有数说不尽的妙处了。这，还犹豫什么呢？

可是，慈禧依旧下不了决心。她心里有些怕。

一是怕义和团。袁世凯在山东对义和团开了杀戒，义和团就在直隶闹了个沸反盈天。他们可不仅仅是杀洋人。直隶总督裕禄几次派人去堵剿，都被打败。日前，义和团已经占了琉璃河、长辛店和丰台等火车站，连太后自己的“龙车”都让他们给烧了。要是一旦控驭不住，说不定还会出大乱子。

二是怕洋人。年初，为了在诏立“大阿哥”时得到各国列强的支持，朝廷曾经传谕各省“严拿会匪”。可最后，外国人还是对废立采取了抵制态度。这也就罢了，偏偏外国人还纠缠清廷“严拿会匪”的态度不够坚决，指责剿匪的上谕在《京报》上没有公开发表。于是，4 月 12 日，英国、意大利军舰各 2 艘，美国、法国军舰各 1 艘，竟然一起开到大沽口外，炮口高扬，游弋示威，要求清廷两个月内彻底剿灭义和团，否则，就要“出兵代剿”。5 月 21 日，外国驻京使节会商并给总署提出一个镇压义和团的“六条”具体办法。5 月 28 日，各国使馆又提出要调兵进京，保护使馆。3 天后，英、美、俄、法、日、意 6 国的卫队 350 人，就已经进了北京城。同一天，大沽口守军提督罗荣光报：河口外示威的军舰已经增加到 7 国 16 舰。真要和洋人撕破脸皮，单靠义和团的神功，就能剿灭洋人吗？

风暴中心的慈禧太后，几乎把一切可能性都想遍了。饶是她这样一个久经考验的人，一时也难拿定主意。

这一段时间，大沽口主将罗荣光在干什么?

一个时代的太阳就要沉落西山；

一个朝代的大厦行将倾覆倒塌；

一个国家的国门面临新的撞击；

一个民族的精神正如怒涛激荡——它要荡涤列强暴施于我们民族的一切耻辱，与此同时，它又裹挟起非理性、反科学的惊涛骇浪，并正在被封建保守的政治势力和心怀叵测的政治骗子所利用。

世纪之交，中国积蓄已久的所有矛盾都在求解。让罗荣光这个老兵做出准确的解答简直是天方夜谭。

然而，他又必须做出自己的判断。因为，大沽口以西国内辽阔的土地上野火在燃烧、能量在聚积，在寻找一个突破口；大沽口以东，帝国主义势力在磨刀霍霍，时刻准备越过这道国门，去扑灭野火，镇压反抗。

如今，大沽口这十几平方公里的土地成了两股巨大力量交汇、撞击的焦点。罗荣光和他手中的4座炮台、177门大炮、3000士兵必须做出回答。

如果罗荣光是我们惯常观念中的“爱国主义者”，他可能不顾敌我力量的对比和由此产生的后果，像“英勇的义和团”一样与列强开战。他的大炮毕竟比义和团的神符和砍刀威力强大得多。

如果罗荣光是我们惯常观念中的“腐朽军队的军官”，他可能表面上做出“坚守炮台”的样子，私底下做好逃跑的准备。在那个时代，这样做的大小官员还少吗?

然而，罗荣光既不是前者，更不是后者，他仅仅是一个忠于职守的军人。处在大沽口这样一类特殊位置上的真正的军人，可能根本无法对面前的复杂情况做出理性的、历史的判断，他的意识中只有一个十分简明的信条：

坚守，直至死亡。

这，恰恰就是罗荣光给部下下达的命令。

听到这样的命令，大沽口的所有士兵和军官，心头的躁动平息了，脸上的疑惑消散了。他们从这一命令中，读到了自己的命运与归宿。

于是，大沽口这座十几平方公里的“孤岛”，像处在十二级强烈台风中心的“台风眼”里一样，平静得十分怪异。

他们在等待，等待最后时刻的到来。

34. 风暴前的沉雷

罗荣光派人去天津，和直隶总督裕禄取得联系。他已经和裕禄断绝联系很多天了。面对大沽口外日渐增多的外国军舰，面对陆陆续续通过大沽口进入天津租界的外国军队，他没有总督大人的命令，无法采取任何行动。

他知道，无论是海口外的敌舰，还是租界里的洋兵，最终必然会把枪炮对准他的炮台。越是这样无限期地推延下去，大沽炮台就越是陷于海陆两面的重重包围之中。

派去天津的人没有带回总督裕禄的消息，仅仅带回了一张“揭帖”。

所谓“揭帖”，实际上是旧时人们张贴的一种私人的启事。

比如“本店房出售”，比如“刘家祖传秘方，专治口吃结巴”等等。

如今，“揭帖”，成了义和团战斗的武器。从北京到天津，大街小巷成了“揭帖”的海洋。各地的“揭帖”文字各不相同，内容大同小异。罗荣光手中这张来自天津大街的“揭帖”上面写的是：

神助拳，义和团，
只因鬼子闹中原。
劝奉教，真欺天，
不敬神佛忘祖先。
不下雨，地发干，
全是洋教遮住天。
神发怒，佛发烦，
一同下山把道传。
非是邪，非白莲，
独念咒语说真言。
升黄表，焚香烟，
请来各路众神仙。
神出洞，仙下山，
附着人体把拳传。
兵法艺，都学全，
要平鬼子不费难。
拆铁路，拔电杆，
紧急毁坏火轮船。
大法国，心胆寒，
英美德俄势萧然。

洋鬼子，全玩完，
大清一统太平年。

整个天津城，除了“揭帖”，就是神坛。

春天，四乡八镇、各州各县的义和团团民，离开了干旱得无法耕种的土地，一起涌向天津城。在这里，300多个坛口互不统属，一个个灵幡神旗、香烟火烛，煞是热闹。他们没有统一的组织，只有相近的信仰。一块红布，包上头，缠住腰，就可以吃饱饭，喝足酒，练神拳。几乎所有布店里的红布都被·“征用”，所有的酒铺子都是缸底儿朝天，所有的饭庄饭馆儿现在只做馒头大饼，以应付一队一队的大师兄们。生意最兴隆的是铁匠铺，扛着木棍叉把进了天津城的义和团们开始架起火炉，打造大刀、长矛、铁尺、宝剑。开始，天津州县还想重申一下禁止民间私自打造铁器的限令，结果是州县衙门被义和团包围。吓得州县官贴出告示，公开弛禁。一时间，大街小巷，到处架起冶铁炉。丁丁之声，日夜不绝。熊熊炉火，越烧越旺。

声势浩大的义和团蔓延了整个天津城，天津府、天津县和天津海关道衙门很快就全部被砸毁，直隶总督衙门也处在义和团的包围和监视之下，人员不得随意出入。号称“天下第一团”的义和团首领张德成进天津，直隶总督裕禄把自己的大轿都让给了他，各州县官吏见了义和团，只剩下点头哈腰的份儿了。天津这座华北大都市完全陷入了“无政府”的状态。官府的武器库被占领，大批刀枪弓箭分发下去，而成堆的洋枪弹药却被当作“妖物”一火焚之。义和团认为只要有神符护身，或者吃下黑李子干、黑豆，就足以战胜洋枪洋炮。各衙门的马匹骡子全都归了义和团团民，官邸成了大师兄们的临时指挥部，官员娘子的“牙床”上也不妨睡上一睡。天津城的四门都由义和团占领，静海县全城完全处在了义和团的控制之下。看守县城监狱大门的狱卒已经不知去向，不久前被捕的团民全都获得了自由，监狱中的犯人也趁机溜走，有的立刻找到了一块红布，拥有了新的受人尊敬的身份。

此时，义和团的成分也越来越复杂，有资料记载，他们包括："贫苦农民、佣工、赤贫无产业者、务农度日者，或是黄河一带拉船为生者、渡口撑船者、赶脚为生者，或是木匠、修伞匠、厨役、卖烧饼者、卖馍馍营生者、贩卖笔墨者、卖竹筷者、卖红烟者、卖水烟者、洗染房生意者、开铁铺者、开客店者，或是已革粮书、营勇、文书教读者。"除此之外，还有"和尚、道士、艺人、把头、医生、兵丁、拳师、屠夫、管家、长工、保镖、窑工"，甚至"优伶、乞丐、游侠、残疾人"……它们请的"神"，更是五花八门，什么"姜太公、诸葛亮、张天师、关圣、周仓、孙行者、黄天霸、马武、赵顺平侯、梨山老母、西楚霸王、梅山七兄弟、杨排风、九天玄女、托塔天王、哪吒、洪均老祖……"真团、伪团，真神、假神，一时间乱成一团。

直隶总督裕禄终于公开承认了义和团的合法性，准许义和团"随同打仗"。此时的义和团，正在忙着烧教堂，租界以外的教堂被焚烧殆尽。在焚烧马家口教堂时，租界里曾出动一小批军队进行保护，结果遭到义和团的迎头痛击，只得逃回租界，关门自保。

反洋教的火焰迅速蔓延，连大沽炮台上都可以看到冲天的火光。那火光来自距南岸炮台不远的东沽西开天主教堂和耶稣教堂。领头焚烧教堂的人姓董，是一个教村里小孩子念《三字经》、《百家姓》的"穷村学"。他不仅带人将教堂烧成平地，连教堂里的神甫、牧师也被斩杀干净。

东沽的大火彻夜未熄。站在炮台上都可以看到那烧红天际的火光。提督罗荣光举起望远镜，望望熊熊燃烧的火场，再望望东方的海面。此时，海面上已是敌舰联樯，炮口高扬，战争随时都有突然爆发的可能。

他仿佛听到了大风暴来临之前的隐隐沉雷。

最先赶到大沽口外的外国军舰是英舰“仙女”号和“快捷”号。它们是奉1900年3月25日英国皇家海军部的命令，前来大沽口，对中国政府进行威胁性的示威的。

面对中国大地上的反帝风暴，西方列强开始不以为然。他们判断这场“骚乱”终将虎头蛇尾，不了了之。英国驻华公使窦讷乐（C·Mac·Donld）满不在乎地估计：“只要下几天大雨，消灭了激起乡村不安的长久旱象，将比中国政府和外国政府的任何措施都能更迅速地恢复平静。”

然而，事与愿违，义和团运动的狂飙不仅在山东、直隶卷荡，而且迅速蔓延到了东北、山西、河南、内蒙等地。列强开始感到了事态的严重。他们一方面叫嚣着：“这是黄种人敌视白种人”，义和团的“暴乱”是由于“中国人仇视欧洲的文化和文明引起的”；另一方面也把这场世纪风暴看做重新划分在中国的势力范围的机会。

英国是西方列强侵略中国的“急先锋”，在华利益最大。但随着俄国对中国东北的渗透，英国感到了来自北方的熊的威胁。这次，英国人又是首先派出军舰陈兵于大沽口外，试图在未来列强对中国的军事行动中占据主导地位。同时，他们找到了原本就和俄国仇恨深重的日本，以增加财政支持为条件，鼓动日本向中国多派军队，以增加抗衡俄国的筹码。日本对中国是贪得无厌，对俄国是旧仇新恨难消，当然乐得和英国人联手。他们还试图通过对中国问题的处置，显示其在东亚乃至整个太平洋地区的影响力，进而把俄国挤出东北亚，挤回欧洲，达到称霸亚洲的最终目的。

俄、法、德三国在“干涉还辽”时结成了同盟。迈着熊步的俄国自然不愿输给“小人乍富”的日本和“老态龙钟”的英国。他纠集法、德，坚决表示“只有列强有力坚决的合作，才能制止（义和团）运动”。为了在这场即将开始的群犬争食中占得更多份额，俄国准备派往中国的军队最多，指挥官级别最高。

美国自然不会置身事外，它历来主张“均沾”列强的在华利益。而意大利，当时在欧洲和德国、奥匈帝国结成同盟。它曾经向中国政府谋取三门湾，遭到拒绝，这次自然要拉上奥国人，追随德国一同来东方转转。

六月初，当慈禧太后还对时局无法做出准确的判断和决策，派出刚毅、赵舒翘的“工作组”前往查看义和团虚实的时候，俄、英、美、日、德、法、意、奥八国已经在共同利益的趋使下结成同盟，并开始向中国调集兵力，做好战争准备。八国联军的兵力调动分海陆两向。陆上，是通过铁路从山海关方向向津沽一带悄悄集结；海上，是大张旗鼓地陈兵大沽口外。一时间，大沽口内外的外国军队大军云集，黑云压城。罗荣光的3000清军未曾开战，就明显处于敌人海陆内外的团团包围之中了。

大沽口炮台上的士兵们，还是第一次见到如此之多的外国军队。而此时，军舰上的法国人贝叶·绿蒂也在观察着中国的海岸，他写道：

> 五点钟，仍在半黑的夜间，军乐响了。愉快的喇叭声比平日提早了一个小时，它唤醒水兵们，去冲洗甲板——军舰航行了45天，实在有些肮脏龌龊了。
>
> 天际烟雾弥漫，海上的景物时隐时现。在无数的桅樯

间，可以分辨出形形色色的军舰，安详地停泊在平静的水面和灰白色的天空之间……

中国海岸全都辨别不清，像是在千里之外，或全然不存在一样……中国近在咫尺，但不能见到。它吸引了许多的邻人，正要攫食的兽群，全都对它生出了贪欲。

……太阳升起的时候，美丽而光亮的战舰形体更加清晰了，它们的颜色与舰旗混在一起。那真是一支令人惊异的舰队。它把整个欧洲呈现在这里了，一个武装的欧洲要去对抗黑暗的老中国。

在“黑暗的老中国”，在白河北岸炮台的炮台上，站立着营官封得胜——一个年轻气盛的河北汉子。

近来，联军的小股部队开始陆续在白河口到塘沽一带择地登陆，据说是向天津集结，准备兵进北京“保护使馆安全”。这些登陆部队异常猖狂，它们在登陆的过程中，大摇大摆，摇旗呐喊，鸣枪示警。有的一上岸，就在附近开辟靶场，进行威胁性的打靶；有的把登陆地点，就选在他的北岸炮台附近，这简直就是当众羞辱他。封得胜的大炮可以瞄准白河的每一寸河面，如果让他开炮，他可以把河上的所有大小敌船一只只收拾干净。但是，没有命令，他的炮台只有沉默。

“封大人，又有一批鬼子通过炮台！”

“嚷你娘的鬼?!”封得胜一肚子气，举目观瞧，只见白河上出现了一大批舢板。从望远镜中可以清楚地看到舢板上的鬼子兵有的在嘻嘻哈哈地打闹，有的甚至抱着毛瑟枪在睡觉。

“装炮弹，给我揍他娘的!”封得胜把帽子一甩，就往炮位上蹿。

“封大人，大营炮台提督大人信号。”信号兵报告。

封得胜捋胳膊挽袖子，骂骂咧咧："他娘的，老子今天谁的命令也不听。"

"封大人，提督信号说：不得轻举妄动，否则军法从事。"

"嘿！"封得胜气得抱着脑袋，蹲在炮位上。他何尝不知道罗军门的心思。现在敌强我弱，不打必败，打亦难胜。可大沽毕竟地位特殊，有这道闸门和没有这道闸门毕竟完全不同。一旦贸然开战，导致失守，敌人自可长驱直入。谁知道现在从大沽到天津，从天津到北京，究竟有没有做好战争准备呀？

"砰砰砰——"远处响起一串枪声。枪声间似乎还夹杂着锣鼓声和喊杀声。开始，枪声非常密集急促，锣鼓和喊杀声也很大，但很快，所有的声音就都稀落下来，最后只是偶尔一两声冷枪响。

封得胜派出侦察情况的士兵回来报告："有一伙义和团，刚才从河北岸小树林里冲出，阻击了登陆的鬼子。"

"打得咋样儿？"军官们不待封得胜发问，就围拢上来，七嘴八舌地打听开了。

"义和团全光着膀子，胸口上贴着神符。开始冲得很猛，可鬼子放了一阵枪，义和团就退了。"

"义和团退了？"

"不退行吗？还死了不少人，血把河滩都染红了。"

"那洋鬼子死伤多少？"

"好像就有一个鬼子脖子上中了一箭，轻伤。"

"那义和团不是有神功吗？"

"……"

在封得胜和他的部队陷入沉默的时候——1900 年 6 月 10 日，英国远东舰队司令西摩尔（E·H·Seymour）率八国联军

1800 人的部队，从天津乘坐火车出发，开始向北京进发。

八国联军侵华战争正式开始。

35. “十字军‘西’征”

跟随西摩尔进军北京的联军部队不到 2000 人，每个人携带着两天的口粮和大约 200 发子弹。

在他们的前后左右，驻扎着数量庞大的清军部队。在北京地区，有：荣禄的武卫中军 30 多个营，董福祥的武卫后军 20 个营，奕劻的神机营 25 个营，载漪的虎神营 14 个营，此外还有 20000 多八旗、绿营兵；在天津地区，有：聂士成的武卫前军 34 个营，袁世凯的武卫右军约 6 个营，此外还有淮军的 21 个营；山海关地区：宋庆的武卫左军及马玉昆部 25 个营，淮军 5 个营及八旗马步兵千余人；保定、正定、大名等地练军 16 个营；宣化、永宁、古北口、热河练军 11 个营，总人数超过了 110000 人。据说，刚刚接管了总理各国事务衙门的端王载漪，特别满意他的部队名称：“虎神营”，既然是“虎”，焉有怕“羊（洋）”之理？

然而，西摩尔的不到两千只“羊”偏偏置十万只“虎”于不顾，要穿越“虎群”，去攻打一个数亿人口的大国的首都。

更为令人惊异的是：给这群武装了先进武器的“羊”以沉重打击和成功阻滞的，并不是那十万只“虎”，而是一群毫无战斗经验、装备极其原始，但却敢于付出自己生命的民众。

于是，这个故事中充满了不可思议的情节和太多的血腥。面对这样一个故事，一切精巧的描述、费力的渲染，都显得不够真实。那么，还是让我们耐着性子去看看当事人的记录吧。

这个“记录者”，叫“大米泽造”，当时，这个日本人就在西摩尔的联军中。他日后在一本名叫《回顾八十年》的书中写道：

……当时的问题是，假使派一个解围远征队前去援助使馆，那么由谁来统率这支国际部队。任命海军中将爱德华·西摩尔爵士担任统率职务，不仅得到了索尔兹伯里勋爵和海军上将的批准，而且也使整个英国感到高兴。令人欣慰的是已经有一位俄国陆军上校当他的参谋长。海军少将卜鲁斯将留下指挥白河口外的英国舰队。

……

6月9日晚上，在天津的法国领事馆举行了领事和海军军官们的会议，研究北京的使节们提出的迅速向该城派遣第二梯队士兵的迫切要求。英国、意大利、日本、奥地利和美国的首领们一致同意派所有可以用得上的人尽快尽早地去修复通往北京的铁路，铁路一经修复立即前往。

更多的警报消息不断从北京传来，并且传说北京与天津之间的村庄，义和团活动猖獗。在这次会议上，俄国人和法国人提出建议，他们认为在多处铁路被拆毁的恶劣情况下，派一支不足1500人的部队是不妥当的，也是无济于事的。从旅顺港开来的部队正在途中，还需等待。不过，如果决定派远征队的话，尽管俄、法两国都认为这种远征队无用，但还是乐于参加的。

克劳德·麦克唐纳爵士在9日的电报中说：“形势极为严重，除非立即设法向北京进军，否则就来不及了。”语言非常明确地指出不允许有任何的耽搁，对于这些勇敢和高尚的人们来说，最紧迫的就是把他们的同胞从生命危险中解救出来。

尽管情况紧急，但没有打破正常程序，在领事会议上规定要求总督为10日早晨出发的分遣队提供火车膳宿条件。事实上，那天开动了三列火车向北京输送救援部队。每列火车的组成情况如下：

第一列火车：8节客车，3节敞篷车，1节装有铁轨和枕木的货车。

第二列火车：11节客车，11节敞篷车，1节装有铁轨和枕木的货车，3节满载着补给品的货车。

第三列火车：3节客车，8节敞篷车，5节满载枕木的货车。

转天（11日）又发出了第四节火车，其组成与第三列火车相似，只是敞篷车直接挂在机车后面，它们被改装成铁甲火车，还架上了机关枪。

火车在6月10日上午9时半离开天津，上面运送的联军是：915名英国人、450名德国人、300名俄国人、158名法国人、100名美国人、52名日本人、40名意大利人、25名奥地利人，100名苦力也随车前往必要的地方去修铁路。

最高统率海军中将爱德华·西摩尔爵士乘坐在载有英国支队的第一列火车中，日本军队跟随莫里上校在第二列火车里。

当天下午1点钟到达距天津30英里的杨村，到此为止的这一段铁路线是处于良好状态的，没有义和团活动的任何迹象或遭他们明显破坏的任何痕迹。在杨村附近，聂士成将军指挥的中国皇家军队已经扎营，并且已经架设了4门炮控制着车站月台和铁路，铁桥是完整的。

中国方面没有表现敌对行动，火车停车加水后继续前进。整个铁路沿线有中国士兵守卫。

在离杨村铁桥大约3.5英里处，远征队开始遇到了麻烦。火车完全停止了，铁路受到了非常严重的破坏，铁轨被掀翻，枕木被烧毁，部分桥梁遭到破坏，为了修复铁路前进，因此在那里过了夜。

转天清晨又开始工作，中午以前修路的材料送到了，铁路勉强修好，使火车可以继续向下一个车站——廊房慢慢地前进了。

下午晚些时候，大约6点钟，火车停下来并发出接近敌人的警报。琼斯通少校和6名海军陆战队队员，在海军士官生戴维斯和10名海军陆战队队员的引导下，在火车前方走出一段路程，查看那里的铁路情况。他们发现一群义和团正从村里出来，很显然，他们是来切断联军火车返回的退路的。为了迅速向主力部队撤退，琼斯通少校带领小分队队员们边跑边向敌人开火。当离火车仅有几百码时，水兵从铁路大堤上向义和团倾泻了猛烈的炮火，并驱逐他们进入英国军队的火力范围。这时敌人完全暴露在“百人长”号旗舰士兵的马克沁机枪和步枪交织在一起的猛烈火力之下。海军陆战队队员们已经从敞篷车上下来，狙击这群狂徒们的攻击。这群狂徒们挥舞着剑、叉子和棍棒，迎着机枪的射击越跑越近，当他们出现在二三百码的射程范围内时，他们的红头巾和红腰带已显而易见，这表明他们是义和团，而不是正规军队。除了老式的火绳枪外，他们携带的都是些不会‘说话’的武器。一些敌人骑马，但多数步行，那些年轻的男人们，明显地处于极度疯狂状态，他们撒野地跑在那些疯狂人群的面前。这些人总计约1500人。他们显示出使人震惊的英勇，向英国人猛冲，并且把他们自己赤裸的胸膛暴露在外国人的步枪和子弹前。

持续了一个小时的连续速射——是单方的——马克沁机枪和步枪在这段时间里抵挡着手持原始武器的狂热者无数次的猛烈进攻。他们被击退，并确信他们已经受到沉重打击。根据爱德华·西摩尔将军的报告，35 人被打死。但是否在夜间义和团搬运走了死者和伤员，或是其他一些缘故，转天早上在战场上仅发现极少数义和团的尸体和被打死的马匹。联军方面没有伤亡者。

200 多名俄国人和 58 名法国人（在 11 日到达）前来增援火车上的联军，现在联军总数总计有 2000 多人。转天早上向廊房重新开始了他们缓慢的旅程，每走一步都要警惕，防备突然袭击。

在中午到达廊房时没有发生更多不幸的意外，但是从这以北的铁路已经被掀翻，严重地扭曲或被毁坏。有的地段的铁轨已经全部被从路基上搬离铁路几百码远，并且被扔进河里，因此无法找到它们。立即开始修复铁路，并且速度很快，但不巧的是手边没有数量充足的铁轨和枕木，并且显而易见，必须用几天时间才能使火车向前开动。又有 300 多名俄国人出发来援助远征队（在 6 月 12 日），致使爱德华·西摩尔将军手下的人数总计达到 2300 人……”

另一个叫做萨维奇·兰德尔的英国记者，在一部叫做《中国与联军》的书中，描写了西摩尔联军从廊房出发以后的情景：

6 月 13 日，救援军仍在廊房去北京的铁路上艰苦工作。一个美国分队士兵在离司令部 6 英里处受到了一大群挥旗舞刀的盲信之徒的凶猛攻击，陆战队员迅速地击退了他们，打死100多人。

6月14日，义和团进行了最坚决的行动，企图夺取并摧毁装甲列车。大约上午10点钟，一些联军士兵正在铁路线上干活，其他人则在休息或洗衣服，义和团拳匪设法隐蔽接近了列车，直到约还剩200码的地方，他们发出了战斗的叫喊并冲向联军。我们的人向他们猛烈地射击，但他们仍以惊人的勇敢向前冲，完全暴露在联军的火力之下，毫不顾忌自己生命地挥动着刀剑。当他们冲到最后60或70码时，一挺马克沁机枪向他们开火了，它的威力是可怕的，数以千计的子弹呼啸着钻入冒死冲向联军的人们的坚实肌肉。尽管盲信之徒极其勇敢——这些勇敢无疑或多或少地来自他们自认刀枪不入的信念，但当后面的队列踏在前面队列的尸体和倒下的伤员之上时，他们的勇气丧失了，扔下了长柄叉、大刀和火绳枪，为了宝贵的生命逃走了。

若干追击分队被派出向各个方面追逐他们，对最靠近的几个村庄进行了清剿。很不幸，一个意大利哨兵掉了队，并被中国人包围了；另有一位下级军官和四名陆战队士兵被杀死，他们的尸体被可怕地肢解了。

这些中国人被小型穿孔弹击中后的生命力是令人感兴趣的，他们中的一些人在中了一个或两个弹头之后仍继续冲向机关枪，经检验不少尸体上都有4个或5个以上的伤口。他们中的一些较勇敢者的尸体离联军阵地仅40码，战场周围挤满了150个倒下的死人，成了他们冲向我们的速射枪鲁莽行为的牺牲者。

当天下午，一支约有2000人的义和团队伍在落垡车站发动了另一次攻击，他们也被击退，留下五六十具尸体，而联军无任何伤亡。琼斯通少校所属的一个侦察队报告前方的铁路情况十分糟糕，铁轨被拆掉并搬运到了数英里之外。此外，天津的情况开始进入危机，当地人的城区已处于义和团控制之下，基督教的小礼拜堂和房屋被烧毁。天津到落垡之间的铁路也被毁数段，并且一些桥梁也被破坏了……

无法保持通畅的联络，缺少弹药和补给品，水井的水被人和动物的尸体毒化，前进变得完全不可能了，更不用说还有被隔断的可能性，这种情况决定了远征军撤回天津是明智的。

好了，我们阅读侵略者自供材料的耐心到此结束。但是我们还是从中得到了不少东西。

起码我们知道联军这次气势汹汹的“十字军‘西’征”可耻地宣告失败了——虽然它不是败于中国军队的抵抗，虽然无数中国男儿为此付出了生命。

西摩尔将军脸上那骄傲的笑容被一片颓唐所取代。津沽一带，本来给他的家族带来过光荣与美好的回忆——他的叔叔西马糜各里，第二次鸦片战争中就曾作为英军统帅在这片土地上与中国人作战。现在，他再次来到这里，却没有续写这段“辉煌”，他失败于一群几乎赤手空拳的中国农民。

西摩尔的远征军最后相当狼狈地撤回了天津。那时，在俄国人的领导下，联军已经攻下了大沽炮台，西摩尔来不及用胜利擦去脸上的耻辱了。西摩尔远征军最后统计的死亡人数是 62 人，负伤 238 人，但更多的人饱受疾病、疲劳、惊恐、饥饿的煎熬。连西摩尔本人都不得不承认这次是“欧洲人在亚洲人面前严重丢脸”，“如果义和团所用武器是近代枪炮的话，那么我所率领的联军必会全军覆没。”

战后，西摩尔虽然顺利地晋升上将，但此后的近30年，他再也没有什么建树，唯一的“成就”，就是那部《我的海军生涯和旅行游记》。

从后来的照片上看，西摩尔生得倒是很威严，一副刻板的长脸被苍白的胡须环绕，鹰钩鼻，高颧骨，眼袋下垂——在这副典型的英国老人的脸上，一双白多黑少的眼睛却依旧闪烁着凶光……

36. 舰队的抉择

西摩尔西征受困。这个消息给停泊在大沽口外的联军舰队带来了一阵骚动。

实际上，除了英国以外，其他国家的指挥官更多的是在为自己国家军人的生命和北京使馆的安危担忧。

至于对联军统帅西摩尔将军本人的失败，英国人感到心口发堵，脸上无光；

追随英国的日本人东张西望，故做镇静；

本来就对这次西征的效果持怀疑态度的法国人吵吵闹闹，骂骂咧咧；

根本看不起英国军队的德国人为把自己优秀的士兵交给西摩尔这个英国笨蛋指挥而大为后悔；

狡猾的美国人在琢磨着怎么挽回局面；

发言权不大的意、奥国人，脸色阴沉，丧气之极；

而俄国人已经开始考虑如何趁西摩尔受困，夺取整个联军的指挥权。

真所谓“各怀心腹事，不予他人知”。

联军舰队现在必须召开一个联席会议，为今后如何行动做出一致的抉择。

联席会议于1900年6月15日在俄国太平洋舰队的旗舰“俄罗斯”号（一说是在“露西亚”号——笔者注）上召开。参加会议的有：

俄国太平洋舰队副司令基利杰勃兰特海军中将；

英国驻华公使、舰队临时指挥官普鲁斯海军少将；

法国舰队指挥官库尔若利海军准将；

德国舰队指挥官裴德满海军上校；

日本舰队指挥官永峰海军大佐；

意大利卡泽拉海军上校；

奥匈帝国科诺维茨海军少校。

基利杰勃兰特海军中将对这次会议做好了充分的准备。此前，俄国陆军大臣库罗巴特金中将多次电令俄国远东军司令阿列克谢耶夫，要他及早准备好一支派遣军，前往中国。并特别提出，要“主宰北直隶湾的登陆地点”，“前进基地要设在登陆点的海岸”，也就是说：必须攻占大沽口。

这个计划得到了俄国沙皇尼古拉二世的批准，俄军总参谋长萨哈罗夫中将将这一计划表述得更为明确，他在给阿列克谢耶夫的指令中指出：“令派遣军向北京挺进，应在大沽口设立前进基地。”

萨哈罗夫还提出，必须由俄国将领担任这次军事行动的统帅，他认为：“任命这样一个人，将会对企图自揽列强行动领导权的英国海军将军西摩尔形成一个必要的抗衡。”

那么这个俄国将领是谁呢？显然，身在大沽口前线的基利杰勃兰特最合适不过了。几乎世界上的所有军队中，军阶和年龄都具有一种特殊的优势，而基利杰勃兰特在所有联军军官中，恰恰军阶最高，年龄最大，由他承担重任是众望所归、顺理成章的事。

于是，俄国海军将军基利杰勃兰特真的坐上了联席会议主席的席位，成为指挥联军攻占大沽口的罪魁。

会议是在俄舰宽敞的甲板上召开的。基利杰勃兰特语带机锋，首先发言："各位，西摩尔将军的远征队目前受困于前往北京的道路上，现在，他应该考虑的已经不再是进入北京，为我们的使馆提供保护，而是如何全师而退，把我们的士兵们带回天津，让这些疲惫的战士得到食品、水和床。"

他严肃地扫视着会场，并且有意把目光停留在英军少将普鲁斯的脸上。见卜鲁斯脸色难看，一言不发，基利杰勃兰特继续说："北京的情况越变越糟糕，仇视我们的满人官员已经占据了这个国家的领导地位，义和团的暴乱势头越来越凶猛，一个叫董福祥的将军带领部队，进入北京，参与了对我使馆的围攻。大家知道，一位日本的外交人员日前被这支军队杀害。他的名字叫……"说到这里，基利杰勃兰特卡了壳，他一时竟然想不起那个日本人的名字了。

"是忠诚的杉山彬先生，他惨死于董福祥部队的刀下。"日本人永峰大佐插话。

"谢谢提醒，他是这个……忠诚的杉山彬先生。"基利杰勃兰特接着说："目前，清军聂士成部正在向津沽一带运动，试图加强由大沽口到京津的防御，拆毁铁路，截断通往北京的通道。而在我们的面前，是由一个叫罗荣光的将军把守的大沽炮台。从我们侦察的情况看，这个罗荣光不但已经做好了炮战的准备，而且正在准备用水雷封锁整个白河。现在，我们应该就迅速攻占大沽炮台做出决断。"

英国海军少将普鲁斯发言了，他对基利杰勃兰特的话不置可否，却说："请允许我通报一下天津的情况。今天，各国驻天津领事馆也在集会，讨论联军是否迅速占领大沽、挥师西进的问题。目前，讨论还没有达成一致意见。但是，有些国家的外交官员已经提出：攻占大沽，将引起义和团暴民和中国政府更加强烈的反应，那样做，等于给所有在内地的外国人签发死亡证书。"

"不攻占大沽，"法国人库尔若利声音尖利地质问普鲁斯："那么西摩尔将军怎么办？怎么才能接应我们陷入危机中的远征队回来？"

德国人裴德满上校身板挺得笔直，眼望天空中飞翔的水鸟："我不怀疑我们的士兵的勇敢，但是对西摩尔将军如何在没有援助的情况下突围回到天津深存疑虑。"

"不攻占大沽口，我们等于在自杀。"意大利的卡泽拉海军上校和奥匈帝国的科诺维茨海军少校同声说。

普鲁斯叹了一口气，他觉得西摩尔的失败确实使英国在联军中的发言权受到了严重的损害："从军事的角度，我的确觉得应该攻占大沽炮台，但是……"

基利杰勃兰特挥挥手，截断普鲁斯的话头，用不容置疑的口气说："夺占大沽口，一是可以马上消除这群丑陋的炮台对我们舰队的直接威胁；二是可以为联军夺得一个巩固的朝向大海的前进基地；三是可以尽快救回我们亲密的朋友西摩尔和他率领的远征队。同时，夺占大沽口炮台，将成为最后武力平息义和团暴乱，兵进北京，保证各国在华利益的必要前提。否则，情况将变得更加严重。"

会议最终决定：立即对大沽口炮台采取军事行动。

为此，首先要趁白河尚未被水雷封锁之前，向白河深处、炮台的侧后翼派出吃水较浅的炮舰；其次，要加紧派出登陆部队，进入炮台附近地区，随时准备夺取炮台；第三，要给大沽守将罗荣光送达一个“最后通牒”。至于何时展开攻击，待形势发展而定。

在这个会议上没有太多发言权的日本人，似乎受到了很强的刺激。他们决定用坚决的、有成效的军事行动来证明日本军队是最好的军队。当晚，日舰“丰桥”号率先抵近白河口，日本海军陆战队330人，携带野炮两门开始登上河岸。

第二天——6月16日早晨，又有近600名联军陆战队人员登陆，它们是英军250人、德军120人、奥军20人、意军20人、俄军185人，加上先期到达的日本人，总人数达到了900人。这支部队由德国波尔海军上校指挥，它们没有像以往的登陆部队那样，匆匆赶赴天津，而是分出100人驻扎于火车站附近，对大沽炮台的后侧翼进行监视，其他800人集结在炮台附近，显然是在做最后的攻击准备。

与此同时，10艘吃水较浅的炮舰已经在罗荣光的水雷营封锁白河水面之前，驶进白河。它们是：

美舰“莫诺卡西”号和日舰“爱宕”号，停泊在白河左岸的塘沽附近，与100名日本登陆部队一起守护火车站。美舰“莫诺卡西”号只是一艘老旧的木制明轮炮舰，它的主要任务是隐蔽在码头的煤堆附近，收拢在塘沽、大沽的外国侨民。它所在的位置，被认为是最安全的，双方的炮火都不会击伤它。

德舰“伊尔提斯”号和法舰“里昂”号，一左一右，停泊在塘沽以南河面，以守护海关。

英舰“声誉”号、“鳕鱼”号的任务最特殊，它们被派往水雷营附近的白河左岸，目的是监视停泊在这里的中国巡洋舰“海容”号和鱼雷快艇“海龙”、“海青”、“海华”、“海犀”号，以及正在船坞的中国驱逐舰“飞霆”、“飞鹰”号。

俄舰“基里亚克”号、“朝鲜人”号、“海龙”号和英皇家海军旗舰“阿尔杰林”号4舰，一起停泊在于家堡和东沽之间的白河右岸，直接从水上给登陆部队提供炮火支援。按照预定计划，一旦战斗开始，停泊在海关附近的德舰“阿尔提斯”号和法舰“里昂”号将向东机动，加入到这一队炮舰中。这样，联军6艘炮舰将拥有77门大炮，可以从大沽炮台的侧后翼进行炮击。

其他吃水深、吨位大的22艘大型战舰，由于无法驶进河口，就停泊在口外10至12公里处，一旦开战，它们将设法抵近河口，用舰上的数百门大炮对罗荣光的大沽炮台进行轰击。

联军炮舰在进入白河时，没有遇到多少麻烦。

炮台的大炮依旧沉默着。

河口上，一艘平底船正在沙洲附近布设水雷，但水雷的数量不多。有一次，一艘联军炮舰遇上了一颗水雷，舰身运转不灵，无法规避，甲板上的水兵们吓得只会向上帝祈祷了。可那颗水雷只是轻轻地“顶”了一下炮舰的侧舷，并没有爆炸。死里逃生的水兵们发出一阵欢呼，联军炮舰继续朝指定的位置开进。

联军整个战役布势，完全是针对占领炮台行动的。当这一布势全部完成后，6月16日上午，联军各国将领再次来到俄舰“俄罗斯”号上，召开了第二次战前会议。

在基利杰勃兰特的主持下，会议形成了如下的记录：

自动乱开始以来，联军各国已经派遣分队登陆，以保护其侨民及外交使团，对付通称义和团的叛乱，并未受到阻挡。起初，清朝当局似乎还了解到他们的义务，并做出明显的努力，企图恢复秩序。但是，现在他们调集军队到铁路线上，并且在白河口布雷，明显地表现了对外国人的敌人的同情。此种行动表明清政府已忘记其对外国人的庄严协定。由于联军各国司令官有必要与登陆的分队保持经常性的联系，他们决定通过协商或武力暂时占领大沽炮台，规定将炮台交付联军的最后期限为17日上午2时整，并将此项决定通知驻津总督及炮台指挥官。

各国侵略军司令官，一个挨着一个，在这份会议记录上签了字（美国军队指挥官未接到命令，没有签字）。

基利杰勃兰特中将亲自将会议记录夹入卷宗，然后满意地对众人说："这份文件业经诸位签字。现在，我们需要派出一位军官，作为联军的代表，向中国大沽炮台的指挥官罗荣光将军表达我们的上述意图。注意：'罗'可以视之为'最后通牒'。"

他有意识地停顿了一下，抬手指着一位俄国军官说："这个任务，我打算派我们俄国海军勇敢无畏的鱼雷艇艇长、年轻的巴赫麦季耶夫中尉去完成。并请久住大沽领航镇的英国领航员约翰逊先生担任翻译。有异议吗?"

各国司令官没有表示任何异议。大家的神情十分严肃，毕竟，他们此时已经处在了战争的边缘。

基利杰勃兰特拍了拍巴赫麦季耶夫中尉的肩膀，他想开一个玩笑，疏松一下这年轻人紧张的脸庞，但是，他觉得自己的思维接近停滞。最终，他对巴赫麦季耶夫说："我们，我和所有的人，都希望'罗'听从您的劝告，交出炮台。那样，我们将免于流血。"

巴赫麦季耶夫静静地听着，然后敬了一个军礼，转身走出船舱，乘上舢板，朝白河南岸的大营炮台划去。

此时，是1900年6月16日的中午12时左右。

1900年6月16日的中午12时左右，停泊在水雷营附近的中国巡洋舰“海容”号上，提督补用总兵叶祖珪把自己关在船舱里，面对桌上的一套银质茶具出神。

茶具很精美，特别是那只银壶，曲柄圆腹，造型生动，上面用中、英文两种文字刻着“中华帝国海军”和“靖远”的字样——当年他指挥的“靖远”号军舰已经沉没在甲午战争的炮声中了。这套银茶具，成了他唯一的纪念。很多时候，叶祖珪会久久地盯着它们，仿佛在和往昔的岁月对话。

叶祖珪这年48岁，他在这一时期遗留下一张照片，给人的感觉要比实际年龄苍老得多，脸上有一种我们似曾相识的忧郁。像谁呢？像当年甲午战争中的丁汝昌吗？

英舰“鳕鱼”号和“声誉”号就在他的舷侧，所有火炮都脱去了炮衣，对他已构成紧逼压迫之势。

战争一触即发，空气中似乎弥漫颤抖着一股硫磺的气味，仿佛随时都可能爆炸、燃烧。这种气氛，对经历过残酷战争的叶祖珪来说，是再熟悉不过了。

现在，叶祖珪是大清国北洋海军的统领，也是大沽战区海军舰队的最高指挥官。

他，必须为他的舰队做出抉择。

这个抉择，关系到大沽保卫战的进程，也关系到他一生的荣辱。

像《历史人物辞典》那样给一个历史人物写简历，是容易的；像《史记》那样剖析、描述一个人的生命历程和命运坎坷，却很难。叶祖珪，就是这样一个“一言难尽”的人物。叶祖珪，字桐侯，福建侯官人，14岁（1866年）入福建船政学堂学习驾驶。25岁（1877年）赴英国格林威治皇家海军学院深造，并随英舰“芬昔索尔”号在大西洋、地中海、太平洋上航行实习。当时，他还与英国一位皇子是同班同学。这批学员中，出现过刘步蟾、林永升这样的海战英雄，也出现过方伯谦这样的逃兵；出现过萨镇冰这样的对中国海军发展影响深远的名宿，也出现过严复（宗光）这样的近代启蒙思想家。比较起来，叶祖珪的生命历程也许更加复杂。

叶祖珪28岁（1880年）学成回国，36岁（1888年）出任北洋海军“靖远”号管带，次年升署北洋海军中军右营副将，旋以总兵升用。甲午战争爆发后，叶祖珪率“靖远”舰参加了著名的黄海大战。战斗中，“靖远”舰三次中弹起火，遭日舰围困。叶祖珪临危不惧，率伤舰突出重围，一面抢滩维修，一面继续用舰炮射击，最后带伤归队，为北洋海军保全了一艘军舰。

威海卫保卫战中，“靖远”舰表现得更加英勇，在堵击敌舰受重创后，叶祖珪眼看舰体已经下沉，仍指挥军舰冲向敌人占领的鹿角嘴炮台，欲与敌共存亡。直至军舰沉没，他才被水兵们救上舢板。

那一仗，打得惨呀。

威镇远东的北洋海军，没了；铁甲战舰，沉了；一代海军精英，凋残殆尽。死者长已矣。对于叶祖珪来说，更惨的，是北洋海军幸免于难的这些生者，他们要活下来承受战争失败的责任、痛苦和屈辱。

对于朝廷，他们是“罪臣”；

对于民族，他们是“罪人”；

对于自己，他们是“失败者”。

自杀？

心灰意冷出家当和尚？

散发而去，不知所终？

哪一条路也无法平复他们刻骨铭心的耻辱与悲凉。他们无路可走，他们活下来，就是要蒙羞含垢，承受谴责。

《马关条约》签订后，清廷传谕各省将军督抚，评议国是："当此创巨痛深之日，正我君臣卧薪尝胆之时。各将军督抚受恩深重，具有天良，谅不至畏难苟安，空言塞责。"但一谈到恢复海军，就麻烦多多了。湖广总督张之洞主张"速办"，两江总督刘坤一主张"缓办"，李鸿章"淡出"政治舞台中心不再建言，其他督抚大员支吾搪塞避而不谈。海军建设可谓曲高和寡，海军人员依旧度日如年。最后，北洋大臣、直隶总督王文韶一道奏折，将仅存的北洋海军框架全部拆散，"北洋海军武职实缺，自提督、总兵至千、把、外委，总计三百十五名"，全部裁撤。叶祖珪、萨镇冰等在战斗中英勇抗击日本侵略者的海军将领，就在这次裁撤中背着处分，褫职做了"闲人"。

一直到了1899年，由于北洋海军新近购进了"海容"、"海筹"、"海琛"等巡洋舰，即将购回"海天"、"海圻"等巡洋舰及一批鱼雷艇，需要有"朴实勇敢、熟悉驾驶之人，督同认真操练"，叶祖珪才被"重新开复"，以提督衔补用总兵出任北洋海军统领，总兵衔补用参将萨镇冰为帮统领。

战争失败、宦海沉浮、人生际遇，可以将一些特殊材质的人锤炼成精钢，而更多的人无法承受这浓浓暗夜般的重压。

勇气，是会被摧折的；

血气，是会被消磨的；

甚至正气，也是会被泯灭的；

严酷而冰冷无情的现实面前，"就是把金刚石的宝刀也会生锈"。

此时此刻，叶祖珪面前锃亮的银壶上，似乎不断晃动着他当年战友的身影：邓世昌、林永升壮烈牺牲，刘步蟾咬枪自杀，林泰曾仰药而死，他们是在以结束生命的方式逃避那洗濯不净的"骂名"。严复倒是一度被皇上召见，备问海军建设和兴办学堂等事，但随着戊戌变法的失败，他也离开了海军，到上海埋头翻译西学去了。其他人做鸟兽散，有的贫病交困，有的寄食篱下，有的佯狂假颠，有的形容枯槁，不惑之年就变得背驼腰弯、华发满头了。更为可叹可怜的是丁汝昌丁军门，死了还要背上沉重的罪责，至今尸骨不得回籍，寄存于他乡寒寺破庙的凄风苦雨中，棺木上还要打上三道铜箍，“以示天责”。惨啊，胜利和光荣永远属于天子，属于朝廷，失败和耻辱永远由军人自己背负……

我们无法知道叶祖珪如何面对这样严酷无情的现实。但我们知道，今日之叶祖珪，已经不再是当年那个意气风发的翩翩少年，不再是胸怀大志的青年勇士，不再是那个敢与强虏争锋的叶祖珪了。

也许，他从中学会了思考？

他的确需要思考，朝局的变化，“拳乱”的根源，敌我力量的对比，战争未来的走向，海军建设的未来，个人荣辱的定评……所有这些问题，都会在这一瞬间涌上他的脑海，在那里掀起恶波狂澜。

然而，军人有时学会了思考，也就丧失了勇气。

以一国贫弱涣散之力，敌八国咄咄逼人之势，难呀。当此时，奋然一战，或可缓解炮台守军的压力，起码可以出一口胸中恶气。但更大的可能依然是失败，战局将不以海军是否参战、大沽炮台是否失守而发生根本的转变。那时，他将何以自处呢？如果“避战保船”，联军是否会答应？他又会不会因此留下千古骂名？率舰参战，他会糊里糊涂死于乱军之中？还是永远背上一个“擅自开战，损舰折兵”的罪名？

在距离敌人发起进攻仅有半日的时候，叶祖珪那颗曾经在敌人的炮火中高昂着的勇士的头颅，渐渐变得沉重，终于颓然低垂了下去……

37. 拒降

罗荣光站在南岸大营炮台上，与叶祖珪隔河相望。近在咫尺，他却得不到一点儿叶祖珪的消息。

敌情日紧，海陆两军，本是唇齿相依的关系。但按照清制，海陆不相统属。没有旨意，罗荣光调动不了海军。在日渐紧急的情况下，罗荣光也曾探询过叶祖珪的心思，都没有得到明确的呼应。气得韩照琦等一班人，在炮台上破口大骂海军是天良丧尽的“孱头萝卜秧子”。

每当此时，罗荣光就会呵斥住韩照琦。

同是军人，罗荣光渐渐对叶祖珪有了理解。他记得有一次和叶祖珪商量战守事宜。叶祖珪顾左右而言他，拿出去年两份上谕的抄本给他看。一份，是内廷给直隶总督裕禄的“派叶祖珪等统领北洋新购船只谕”，上面有“毋得粉饰因循，仍蹈旧习”的话。另一份，也是给裕禄的“督饬叶祖珪等认真整训新购各舰员弁谕”，上面的辞色更是严厉：“著裕禄督饬叶祖珪等申明赏罚，认真整顿……毋得徒饰外观，虚糜饷项。倘仍蹈从前旧习，敷衍具文，一经觉察，定即从严惩处。”

老于官场的裕禄把两份上谕抄给了叶祖珪，那是在暗示他：由于甲午年北洋海军的惨败，朝廷已经完全失去了对海军的信任，更没有多少耐心了。天子剑隐隐就在你的头上，任何闪失，都可能导致难以预料的恶果——让一个统兵将帅揣着这样一颗战战兢兢的心上阵，你还能指望他什么呢？

其实，罗荣光也接到了类似的上谕。朝廷担心当年英法联军进占北京的噩梦重现，下严旨说："此后各国如有续到之兵，仍欲来京，应即力为阻止……如各国不肯践言，则衅自彼开，该督等须相机行事，朝廷不为遥制。万勿任令长驱直入，贻误大局。""其大沽防御，并著督饬罗荣光一体戒严，以防不测。如有外兵阑入畿辅，定惟裕禄、聂士成、罗荣光是问。"

"不为遥制？"当初不对战和早做决断，延宕时间，时至今日，再"不为遥制"？一旦作战失利，岂不又是前方统兵者的责任？那时，当然要"惟我是问"了。

罗荣光苦笑着。当他接到这道旨意时，敌军已经对大沽形成了围攻之势。唯"谁"是问也晚了。

望着敌影摇曳的海口，望着缓缓流淌的白河，老军人罗荣光预感到最后的时刻就要到来了。

他已经做好了准备。

他将坦然迎接不可避免的一战。至于作战的胜败，个人的安危，他心里早就一清二楚了。

夜色将临，夕阳已经落山。远远近近的村庄里炊烟袅袅，那是附近的村民在烧晚饭。几只白色的水鸟翩翩地围绕着炮台飞翔，时而掠过白河的水面，啄食着水中的鱼虾。炮位前的蒿草青青，蟋蟀在草丛中不紧不慢地吟唱。

大沽炮台最后一个傍晚，景色真的有些迷人。

"报军门大人，河口出现洋兵舢板一艘，上有洋人军官挥舞小旗，要与我军通话。"瞭望哨兵向罗荣光报告。

罗荣光这时也发现了目标，他吩咐："做好准备，如是洋人信使，带他过来见我。"他转身问韩照琦，"今天晚上，各营兵勇吃的什么饭？"

"粮食不多了，喝的是高粱粥。"

"天子不遣饿兵。你传令下去，两岸各营，多做大饼。要是有肉，全部烧了。没有肉……就杀几头骡马，给大伙儿打打牙祭。”

韩照琦的脸立刻就绷了起来：“军门，是不是今晚就要干?”

罗荣光笑笑，平静地看看天说：“照琦，还早呢。先让大伙儿吃个饱儿。”

6月16日傍晚，联军信使巴赫麦季耶夫带着翻译约翰逊，抵达大营炮台。

炮台士兵都涌到了营门口。一见到身穿俄国中尉军服的巴赫麦季耶夫和约翰逊，不少士兵“刷”地拔刀在手。从大营炮台的营门到罗荣光的大帐，形成了一条寒光闪闪、杀气腾腾的刀巷。

英国翻译约翰逊的腿有些发抖，他低声地用英语对巴赫麦季耶夫说：“If you follow my advice，you would be wise enough not to offend them.（大意为：你要听我劝，就最好别惹恼他们。）”

巴赫麦季耶夫皱皱眉：“To a certain extent，yes，but it’s hard to put it into practice.（大意为：从某种程度上说，是这样的，但是恐怕难呀。）”

俩人嘀咕着，走进了罗荣光的大营。

须发皆白的罗荣光头戴镶红宝石顶子的凉帽，身穿绣麒麟的补服，神态威严地端坐在大帐中。那股不怒而威的气派宛若天神。他的背后，是按剑而立的韩照琦，铁塔一样的身子，铁青的面庞，脸上的肌肉突突直跳。

经过约翰逊的翻译，他们进行了以下谈话：

巴赫麦季耶夫说：“将军阁下，我今天是来代表联军向您传达我们的一项关于当前局势的决定。”

“悉听尊言。”罗荣光平静地回答。

“近来，拳民焚毁教堂，中国并不实力剿办。贵军近日又在海口布设水雷，显然有和各国为难之意。现在，俄、英、德、法、意、奥、日七国约定，限贵军在17日凌晨两点钟，让出大沽南北岸炮台营垒，以便我军屯兵，并疏通去往天津、北京的道路。”随后，他把联军会议上形成的文件——最后通牒——送到罗荣光的手上。

罗荣光看也没有看，就扔到了桌上，说：“中国拳民滋事，朝廷业经简派大员，调拨兵勇多营，严拿禁止，并命令保护各国教堂。所以不即刻剿办者，恐与各国商务有碍。至于河口布放水雷，不过是我军的平日操演，别无他意，与诸军何干？”

巴赫麦季耶夫反驳说：“中国的意思，各国已经看得十分清楚，将军阁下不必掩饰了。”

“放你妈的洋屁！”韩照琦在一旁，厉声喝骂。

“照琦！”罗荣光喝止住韩照琦，说：“大沽是鄙人的防地，自然知道该怎么办，不劳外人指点。”

“请将军阁下考虑后果，现在您的炮台已经处在非常危险的境地了。联军的大炮可是不会讲道理。”巴赫麦季耶夫也提高声音威胁道。

罗荣光的脸上突然浮现出一股笑意，他一字一顿地说：“荣光从军的时日，恐怕已是贵使年龄的两倍，大沽安危，何需尔等提示？但荣光守土有责，断无出让炮台之理。”

“如果是这样，我只能表示遗憾。”巴赫麦季耶夫更强硬起来。

“那你敢怎么样？”韩照琦怒问。

“如17日凌晨两点，贵军不交出炮台营垒，联军就要开炮，将这里轰平。”

“哈哈哈——”罗荣光大笑一声，他用两个指头夹起那份“最后通牒”，扔回到巴赫麦季耶夫的面前，说：“请贵使转告贵军长官，中国有句古语，叫‘三军可夺帅也，匹夫不可夺志也’。让出炮台，绝无可能。”

“那么，阁下是不打算接受我们的劝告了？”

“多承关照，一切悉听尊便。”罗荣光说着，转身问韩照琦：“大饼烧肉做好了吗？”

“禀军门，战饭准备已毕。”韩照琦瓮声瓮气地回答。

“好，传令各营，开饭。”罗荣光站起身，对巴赫麦季耶夫瞥了一眼，命令道：“送客！”

“喳！”营里帐外，山摇地动的一声吼，面如土色的约翰逊差点儿吓得瘫软在地。

望着巴赫麦季耶夫远去的背影，罗荣光小心地脱下官服顶戴，仔细叠好，放入箱笼。他知道，这恐怕是他最后一次穿这身“从一品”的大清提督武官服了。

一边更换便于行动的粗布衣裳，罗荣光一边对韩照琦下令：“派出飞马信差，一路，通知海军叶统领，就说敌已决意于今晚明晨开战，请他赶紧准备迎战。我军炮声一响，请他率军舰自海神庙夹攻进入白河之敌舰。一路，去天津，务必找到直隶总督裕禄大人，就说局势无可挽回，荣光率三军将士，誓与炮台共存亡。”

韩照琦传令之后，紧跟着罗荣光出了大帐。

不远处，营官李忠纯和一群士兵围坐伙房的附近。

罗荣光走过去，见伙房的席棚子里，一摞大饼已经烙熟。大锅里，热气腾腾，可是谁也没有动手吃饭。

罗荣光揭开锅盖，锅里的马肉还没有完全煮熟。马是刚杀的，血都没来得及放净，锅中泛着一层粉色的泡沫，血腥的臊味儿扑鼻。罗荣光笑笑，对围拢过来的官兵说：“怎么，这肉不好吃？”

李忠纯皱皱鼻子，说：“回大人，这肉，臊了点儿。”

罗荣光淡然说：“当兵打仗，吃生肉喝马尿，都是常事。”他看看天色，估计距开战的时间不多了，就挽起袖子，捞出半条马腿，撕下一块肉，大口嚼了起来。直吃得啧啧有声，汁水横流。

吃罢，他对伙夫说：“很好，再加上一把花椒大料，添上一把火，让弟兄们吃个饱。今晚，跟我老头子打洋鬼子！”

“喳！”在场的所有人又是一齐高声应着。

罗荣光回转身，拉起韩照琦、李忠纯走上炮台顶层。他问李忠纯：“前几天，我让你把营里的独子都放回家去，你做了吗？”

“回军门大人，”李忠纯说：“一共一十三名独子，还有的一家兄弟俩都在军营的，但是，只走了四个。”

“其他人呢？”

“他们说：洋鬼子打进来，回去也是死，还不如和军门守炮台。”

罗荣光的心里一阵发热。他问韩照琦：“你的那个亲兵贵娃子，好像还是我的小同乡，有十五岁了吧？我记得他也是家里的独苗儿。”

韩照琦点点头，说：“那小子其实刚十四。刚才，标下让他骑我的马，给叶祖珪叶大人送信去。标下特意嘱咐他：送完信，就不要再回炮台了。”

“这样最好。早知道，该给他几两银子。兵荒马乱，免得这孩子去要饭。”

“大人，”韩照琦说：“标下已经给了他十两银子。”

“那，我就没有什么担心的了。”罗荣光好像完成了一件很大很大的心事，舒舒坦坦地坐在炮位上。晚风吹来，他那半尺长的银须在胸前飘着。

年轻的李忠纯望着水雷营码头的方向，低声问：“军门大人，您说，那个叶祖珪靠得住吗?”

罗荣光没有马上回答，他仰头望天，良久，才长叹一声，一字一顿地说：“你我何必多问他人，但求此身无愧于天吧。”

“是，标下明白了。”

38. 最后六小时

1900 年 6 月 17 日零时 50 分，白河南岸新炮台没有一丝灯光。

黑暗中，黑色的人影幢幢；

黑色的炮口高扬；

黑色的火焰，在每个人的心底燃烧。

新炮台指挥官、右营营官卞长胜压低声音，问：“各炮，是否就位?”

“各炮就位已毕。”炮目们的回答同样低沉，但听得出，他们的声音像冰冷的钢一样，坚定而有力。

“好，按照白天测量的方位、距离，再标校一遍。”卞长胜命令。

一阵金属的摩擦、撞击声。

“方位测定。”

“距离测定。”

“炮弹装填完毕。”

“好!”黑暗中，卞长胜猛的一挥手，“探照灯，瞄准俄舰，开灯!”

“刷——”数道强光，像数道闪电撕裂了大沽口的暗夜，一齐射向白河内炮台附近的联军主攻舰群。雪白的灯光在河面上交汇，最终定在俄舰“基里亚克”号的甲板上。

“灭灯！开火！”卞长胜突然提高嗓门，大吼了一声。

新炮台上所有的大炮仿佛突然从沉默中惊醒，轰隆隆——愤怒的火焰喷出炮口。这声音，像山陵崩塌，像大海咆哮，震颤，摇荡着大地。

大沽口最后的保卫战，终于开始了。

在巴赫麦季耶夫中尉向罗荣光送达最后通牒的时候，联军最高指挥官基利杰勃兰特海军中将又主持召开了第三次联军指挥官联席会议。会上，各路联军军官继续争吵不休。有的说：根据观察，罗荣光这样的中国军人，绝对不可能放弃炮台。有的说：罗荣光曾在西方军事人员华尔和戈登的部下服役，应该知道按照西方军中惯例，在作战不可能取胜的时候，放弃盲目抵抗并不是一件可耻的事。有的则嘲笑持此论者不了解中国政治，说：让中国人一炮不打就交出炮台，是不大可能的。清军很可能要做出一副抵抗的样子，打上几炮，然后再撤退。这样，他们也就可以回去向上司交差了。

“因此，”基利杰勃兰特胸有成竹地说，“联军必须狠狠地教训这些中国人，让我们的大炮尽早把他们吓走。”

法国海军准将库尔若利问：“发起攻击的时间有没有变化？”

基利杰勃兰特说：“我们要求罗荣光凌晨2点前放弃炮台。在今天上午的会议上，我们把正式发起攻击的时间定为凌晨4点。现在，我决定，提前1个小时，在3点钟，开始炮轰炮台。届时，将由‘海龙’号发出战斗号令。”

在中国骄横惯了的列强，没有想到在距离“最后通牒”规定的期限还有一个多小时时，中国的炮台就首先展开了攻击。

从天而降的雷霆，呼啸着扑向敌舰。但是，此时，正是农历五月二十一日凌晨，恰恰是落潮的时候。炮台火炮显然还是按照白天高潮时测定的数据瞄准，所以，第一批炮弹从敌舰的头顶飞了过去。

炮弹，在水里炸开，白河上，陡然立起一挂水幕。

“传令各炮台，降低射击高度。”

密切观察着射击效果的罗荣光，立刻做出了判断，果断地下达了命令。

炮台守军开炮的时候，河口外的基利杰勃兰特海军中将已经钻进了司令舱，准备在攻击开始之前，躺下小睡片刻。河口内突然震响的炮声将他惊起，他披上衣服就往舰桥上冲。他的侍从副官捧着他的帽子，跑步跟在他后面。

第一波射击，把敌舰打蒙了。一个瞬间，所有的敌舰都沉默着，仿佛在浓浓夜色中辨别方向。突然，有人高喊：

“战斗！战斗开始了！”

“这不是触雷！是炮击！”

“是鞑靼人！是鞑靼人在打炮！”

敌舰“海龙”号首先发出了警报。警铃声、奔跑声、呼喊声、轮机启动声、火炮转动的隆隆声、铁扦撬开炮弹木箱的吱吱声、杂乱无章的口令声，响成一片。

海关附近的德舰“伊尔提斯”号和法舰“里昂”号发来灯光信号：“你们怎么回事？要不要我们支援？”

“海龙”号舰长恼怒地吼叫：“告诉德国人和法国人，战争已经开始。还问个屁？让它们赶快执行中将预定的方案！”

炮台守军在罗荣光的指挥下，立即调整了射击的高度。凭借着河面上的微光，炮手们在寻找猎物。

突然，俄舰“基里亚克”号上的探照灯也打开了，巨大的光柱照亮了半条白河。这一下，清军炮手们彻底看清了敌舰的高度和位置，韩照琦兴奋地高叫：“朝着灯光打，狠狠地打!”

一批炮弹沿着“基里亚克”号发出的灯光，准确地倾泻过去。

“关灯！关闭那该死的探照灯!”敌舰群中，喊声一片。

此时，上游海关处的德、法军舰一边开炮射击，一边朝炮台方向开来。很快，敌舰由南至北形成了不太整齐的编队队形。它们依次是俄舰“基里亚克”号、法舰“里昂”号、俄舰“朝鲜人”号、“海龙”号，四舰对南岸炮台实施炮轰；德舰“伊尔提斯”号、俄舰“阿尔杰林”号两舰对北岸炮台开炮。

两岸炮台和河中战舰展开空前猛烈的对射。炮弹的曳光，爆炸的火光，飞溅的水光，照亮了白河的上空。

老将军罗荣光站在炮台的最高处，观察着敌舰的位置。

67 岁的人，本来眼睛已经有些花了。可现在，他不完全凭借眼睛，而是凭着一种特殊的感觉在捕捉着战机。他发现俄舰“基里亚克”号距离南岸炮台最近，目标最大，威胁也最明显。“就打它!”老将军三步并作两步，跃上炮位，一把推开瞄准的炮手，亲自转动大炮。在他的眼前，“基里亚克”号正在笨重地转身，长长的舰身全暴露在他的炮口之下。

“军门大人，怎么不开炮?”年轻的炮目着急地问。

“慌什么，敌舰正在转向，整个侧舷马上就要转过来了。”

一秒、两秒、三秒……

“开炮!”罗荣光终于下达了口令。

“轰——”炮弹像长了眼睛，准确地在“基里亚克”号的“腰”上爆炸了。

“打中了!”

“罗军门神炮!”

炮位上一片欢呼、呐喊。

“照琦,”罗荣光跳下炮位,捋捋有些散乱的长须,对韩照琦吩咐:“让各炮位瞄准打,节省炮弹。”

韩照琦点点头,提高嗓门命令道:“集中火力,瞄准射击,先敲掉那条中弹的敌舰。”

又是一组炮弹,朝“基里亚克”号飞去。在炮弹灿烂的爆光中,“基里亚克”号一次又一次地震颤、抖动,像伏尔加河畔喝醉了的纤夫摇摇晃晃,火焰已经将甲板全部覆盖。

侥幸生存下来的侵略者事后回忆:

(炮台的)榴弹片炸伤了桅楼上的信号兵、炮手和布雷官鲍格达诺夫中尉,弹片削进了他的嘴巴、脸颊和耳朵。军需官伊瓦诺夫走向探照灯时,弹片削掉了他的头。

(当炮台守军击中水线以下的弹药库和锅炉后)136枚炮弹发生爆炸,把弹药库上面的甲板掀掉,大火延及住舱,并在大炮附近的上层甲板上燃烧……这场大火严重地烧伤了季托夫中尉,烧死士兵5人,烧伤38人。

“基里亚克”号上的大火,给炮台守军指明了目标。紧排在“基里亚克”号前面的法舰“里昂”号在火光中原形毕露。在罗荣光的指挥下,炮台守军准确的炮弹立即转向“里昂”号。随着一阵巨响,“里昂”号上的火光冲天而起。火光中,可以清楚地看到一个法国水兵,身体被炸成两截横飞出船舷,坠落在翻滚沸腾的白河水中。

紧挨着“里昂”号的俄舰“朝鲜人”号,也没有逃脱厄运,先是中弹起火,好容易把火势控制住,一发榴弹又结结实实地

“打穿了上层甲板上面的右舷，在里面爆炸开来，把锅炉房的通风机打得粉碎”。俄国士兵死伤一片，两个军官当场毙命，慌乱的叫喊声，带着哭腔的呻吟声，向上帝的祈祷声，混在接连不断的爆炸声和大火吞噬木制甲板、舱壁的声音中。

北岸炮台也在封得胜的指挥下，与俄舰“阿尔杰林”号、德舰“伊尔提斯”号进行着激烈的对射。封得胜血红的眼睛紧盯着燃烧的白河。战斗开始后，这个脾气急躁的年轻军官反而显得异常冷静了。

他的口令清晰准确：“各炮听令，全体火炮，瞄准靠南敌舰，集火射击，预备——开炮！”

一声令下，憋了多日的炮手把所有仇恨全部装填进德国造克虏伯大炮的炮膛，化做无数只黑色翅膀的死神，扑向德舰“伊尔提斯”号。

“伊尔提斯”号整个舰身弹跳起来，在一片震耳欲聋的爆炸声和耀眼的火光中，侵略者看到：

> 17 颗榴弹和 1 颗榴霰弹落在德舰‘伊尔提斯’号上，该舰的上层甲板全部被毁。舰长兰茨被 25 片弹片和木片击中，身负重伤，一条腿断掉。这是德国人第一次亲身尝到了克虏伯兵工厂制造的大炮发射出来的德国榴弹的优良效果……1 名德国军官和 7 名士兵被击毙，17 人受伤。

德国海军上校兰茨死了。

几个小时前，他还和罗荣光面对面地坐着谈话。

他为什么在巴赫麦季耶夫送达“最后通牒”以后，再次来到罗荣光的大营？没有关于他受派遣前往炮台的记载，那么，这次“私人”访问意味着什么？他以前是否与罗荣光相识？他是来劝降？还是来警告？不得而知。现在，这些都不重要了。他已经倒在舰桥上，他的军装被自己的血染得透湿，一条炸断的右腿狰狞地横在他的前胸上。

此时，铁帽桥营盘的100名士兵接到罗荣光的命令，出营冲向万年桥前营增援。两处官兵立即“拉炮上墙”，准备夹击敌舰。正巧，一度出现机械故障的日舰“爱宕”号恢复了航行能力，刚好经过清军营盘。只见火光一闪，飞扑而来的炮弹立即把“爱宕”号包围。日舰指挥官喀秀当场毙命，35名日军头碎骨断，尸体的碎块儿漂满了河面。

战斗至此，除监视北洋海军舰队行动的英舰“鳕鱼”号和“声誉”号外，就剩下躲在远处的美舰“莫诺卡西”号没受重创了。

炮台上的炮手曾一度将炮口瞄准了美舰“莫诺卡西”号，但被罗荣光制止了。他知道，美军指挥官因为没有接到美国国内明确的指示，没有参加联军的联席会议，也没有在“最后通牒”上签字。更何况现在美国军舰上装满了塘沽、大沽一带的外国非军事侨民。

整个作战中，只有一颗流弹击中了“莫诺卡西”号的船头，没有造成伤亡。一位英国人记录了当时“莫诺卡西”号上的情景：

> ‘莫诺卡西’号指挥官威斯站在舰桥上，安慰并鼓励聚集在甲板上的妇女和儿童，他们对嘶嘶作响和爆炸的炮弹都感到很恐惧。但幸好炮弹都是高高飞过的。威斯和他的军官保护着难民，并极力使大家相信这条船正处在绝对安全的位置……

此时，罗荣光站在布满炮弹箱、空弹壳的大营炮台上，焦急地朝水雷营码头眺望。激战还在继续，炮台的损失也相当严重，到处是受伤的士兵，炮位上迸溅着他们的鲜血。弹药消耗很大，两岸联系中断，裕禄大人和聂士成的部队究竟会不会来支援？

罗荣光在等待叶祖珪的动静。

此时，“海容”号的附近，只有“鳕鱼”号和“声誉”号两艘敌舰。叶祖珪的“海容”号上，有22门大炮，再加上4条鱼雷艇往来牵制，实际上还有一定的局部优势。只要叶祖珪果断出击，那两艘敌舰根本不是他的对手。这样，海军舰船还可以腾出手来，支援炮台作战。

但是，罗荣光只听到码头的方向传来稀稀落落的几声枪炮响。然后，一切归于寂静。

根据当时在现场的英国人的记载，我们大约可以知道北洋海军的“参战过程”：

> 在战斗开始时，“鳕鱼”号和“声誉”号……驶向大沽码头……“鳕鱼”号和“声誉”号干得十分出色，它们缴获了4艘中国鱼雷艇。中国艇员仅进行了一些无力的抵抗，放了几枪就跳上码头逃命去了。但一进到码头的掩体，它们又在步兵的掩护下，向英国水兵和被占领的鱼雷艇进行了密集的射击。炮舰打了几炮之后，就制止了这些骚扰者。“鳕鱼”号和“声誉”号护送缴获的鱼雷艇去塘沽，在那里，“鳕鱼”号被一发5英寸大炮炮弹击中，炮弹击中船的煤舱，严重损坏了4号锅炉和管道。但是损伤并没有妨碍船只逆流航行和向炮台射击。它的6门速射炮一直在射击，并掩护了一只向天津运送物资的汽船。
>
> 中国海军旗舰——二级巡洋舰（实为三级——笔者注）

“海容”号……并没有显示参加敌对行动的迹象，它被立即拘留了。

另一个英国人记载道：

中国造船厂正有4艘中国驱逐舰（实为鱼雷艇——笔者注）成双地停泊在码头处。在“鳕鱼”和“声誉”号靠近这些中国兵舰时，就解开了拖曳的小汽艇，人员登艇前进……这些军舰里的人，除了少数躲在底舱之外，都逃到岸上去了。没有逃跑的立时成了俘虏。逃到船厂里的中国人利用厂房外屋作掩护，漫无目标地射击着。但是我们两艘兵舰的6磅炮马上就把这些中国人的火力压住了。于是，我们就派一支武装队伍上岸去袭击从船厂逃走的敌人。

6月17日，卜鲁斯海军少将从塘沽打电报给（英国）海军部，电文如下：……中国水师提督（叶祖珪）此刻在联军舰队处。巡洋舰（“海容”号）为旗舰。在今晨的会议上，他（叶）同意舰队停泊……

当时的一份叫做《万国公报》的外国报纸，专门开辟了一个“京津拳匪乱事记要”专栏。上面写道：

“海容”号兵舰仍挂龙旗，机件、快炮被德舰取去，海军提督叶祖珪亦在船中。

北洋海军就这样结束了“战斗”。现在，裕禄和聂士成仍没有增援大沽炮台的行动，罗荣光将继续孤军奋战。

17日黎明前最黑暗的时刻到来了。

对于前几个小时的作战结果，无论是联军，还是守军都没有料到。俄国海军中将基利杰勃兰特内心深处，对中国、对中国军队极为蔑视。他甚至从西摩尔的失败中更加看轻了面前这个黄皮肤的民族——这也就是在中国，要是在欧洲，不要说在莫斯科郊外，就是在巴黎、伦敦、柏林甚至维也纳的城下，也不会允许西摩尔这样一支2000人的疲惫之师横行至今。

正是基于这样的考虑，他对即将到来的战斗充满信心。16日晚饭时，他还多喝了一杯白兰地。他本想在这个夜晚享受一下小规模战斗前那份只有军人才能体味到的安恬。然而，罗荣光的炮声惊醒了他。基利杰勃兰特是军人，军人有时比常人浪漫，但更多时间里他们比常人现实。现在，基利杰勃兰特不得不推翻自己战前的所有判断：中国的“罗”，不是往常见到的清兵将领，他确实是要与联军血战到底。

在凌晨的暗夜中，他停泊在外海的庞大舰队根本不敢靠近浅滩密布的河口。即使冒险到达可供远距离开炮射击的位置，他也担心会误伤与炮台绞缠在一条河边的己方军舰。他终于从西方天际燃烧的战火中读懂了“中国‘罗’”为什么会在半夜提前开战。

“可怕的‘罗’，是谁教会你作战的?”

罗荣光继续用炮火回答着整个西方世界的疑问。

在暗夜的掩护下，先期登陆的900多名联军陆战队正躲藏在距离西北炮台很近的大堤之下。1500米之外，就是喷吐着死亡之焰的西北炮台。它虽然只有26门大炮，但对于联军炮舰来说，却是相当可怕的庞然大物。夺占它，打破守军的防御体系，是当前最佳的选择，但是，怎么可能呢?

负责指挥这支登陆部队的是德国海军上校波尔。此刻最心急火燎的莫过于他。他的心情非常矛盾，既希望天快亮，使联军的炮火发挥更大的威力；又担心天亮之后，他的陆战队无处藏身，成为清军炮队的靶子。

危机四伏，时间正在一分一秒地流失。波尔不能再等了。他把陆战队的各国指挥官召集在一起，蹲在烂泥叽叽的河堤下商议对策。

首先发难的是英国军官："我们对基利杰勃兰特中将指挥战斗的方式深为不解。他低估了清军，使登陆部队提前处于炮火之下。原定黎明时对炮台发起强攻，这个计划现在已经无法执行。即使是被基利杰勃兰特将军轻视的西摩尔将军，也不会做出如此蠢事。"

法国军官反驳道："一个真正的军人是不应当议论军阶高于自己的长官的。现在，不是发牢骚的时候。"

俄国军官马上随声附和："对对，现在，应当讨论怎么去占领炮台。"

英国军官还在抱怨："要是早把我们最新式的'列低'炮用上，早就扭转战局了。我们的'列低'毒气炮在非洲作战中效果多棒，一炮打去，100码内绿气弥漫，嗅者即死。"

日本军官比较冷静，分析道："占领炮台是整个战役的关键，但问题是联军的炮舰没有给炮台守军以足够的打击，炮火准备效果太差，现在发起强攻伤亡会很大……"

俄国人打断他的话："你们亚洲人，就是怕死。"

日本军官"呼"地站起身，怒视着俄国人。

波尔不得不说话了："各位指挥官，现在，我们已经别无退路。我认为，应当先向后撤退几百米，到达一个更为安全的地带，等待联军的炮攻产生效果。但，不管结果如何，拂晓，4时30分，我们将对西北炮台展开强攻，有异议吗。"

没有人回答。

波尔掏出怀表："好，就这样决定了。请各位对准时钟。"

东方的天光，终于开始发白了。眼前的景物逐渐清晰起来。

罗荣光俯视着脚下的白河，如今，这条他看守了30年的白河已面目皆非。河滩的土地像是被翻犁了一遍，到处是弹坑，到处是炸断的树桩。草木焦黄，往日喧闹的青蛙吓得哑口无言。浑浊的白河水继续向东流淌，上面漂浮着一层层黑色的煤烟、白色的死鱼尸体和乱七八糟的甲板碎片，几具浮尸脸朝下顺流漂去，分不清是哪国的士兵。

炮台也变了。夯土筑成的炮台前沿弹痕累累，像一团蜂窝。他的大帐和炮台伙房已经被炮弹掀了顶盖。几门大炮也被炸翻，士兵的尸体横卧在那里，鲜血浸湿了战位。远处的几座炮台上，大炮还在轰鸣，但听得出来炮火正在减弱。

韩照琦坐在空弹箱上，一个小个子的士兵正在给他包扎头上的伤口。罗荣光走过去，发现正是韩照琦的那个小亲兵——他十四岁小同乡贵娃子。

"你怎么又跑回来了？"罗荣光问。

"大人在哪儿，我就在哪儿。"贵娃子的脸上浮现出少年的纯真。

"怕吗？"罗荣光问。

"大人不怕，我也不怕。"贵娃子的回答还是这样简单。

韩照琦骂骂咧咧："娘的，让你走，你不走，回来找死呀？"

"可，大人的酒葫芦还在我身上带着……"

"军门，"韩照琦疼得龇牙咧嘴，"真想喝上一口酒。"

罗荣光没有回答。他了解韩照琦。这个一打仗就想喝酒的粗豪汉子，自从自己下达禁酒令至今，已经多日滴酒不沾了。罗荣光从贵娃子的脖子上摘下酒葫芦，递给韩照琦，然后转身回到了炮位上。

清晨的凉风吹动着老军人的衣襟和有些凌乱的长须。

凌晨4时30分。

联军登陆部队开始向西北炮台发起攻击。封得胜抄起步枪，喊一声："大炮不得停止射击，炮位下的人，跟我抄家伙。"

一阵密集的步枪子弹，倾泻在联军陆战队的头顶。冲在最前边的俄国和奥匈军队遭到迎头痛击。后面的英军、意军和日军立即把队形从平行纵队改成散兵队，但是始终无法再前进一步。敌人的第一次冲锋被打退。

敌舰开始集中火力，对西北炮台轰击。距离西北炮台最近的英舰"阿尔杰林"号把船头对准炮台，用大口径前甲板炮射击。封得胜回到炮位上，继续组织火力朝敌舰猛打。对射中，敌舰上的一发炮弹突然掠过炮位，偏偏击中了西北炮台的弹药库。只听"轰隆"一声巨响，整个弹药库飞上了天，炮台几乎被震塌，守军死伤一片。

"大人，怎么办？"士兵有些慌张。

封得胜手捂着右肋，温热的鲜血从他的指缝间流淌下来，但他的神色却镇定如常。

他问："炮位上还有多少炮弹？"

"数量不多。"

"一发也不许剩，狠狠打！"

5时整，联军登陆部队向西北炮台发起又一次冲锋。开始，英军和意军冲在前面，但遭到猛烈的射击。他们被迫在一片泥泞的开阔地前止步。俄军的部队赶来增援，紧接着，日本海军中佐服部雄吉也率队冲了过来。

就在这时，西北炮台上的炮声突然沉寂了，封得胜打完了最后一发炮弹。

他和身边的士兵端起了步枪，拔出了大刀。

登陆部队停顿了片刻，突然，他们明白了。

“鞑靼人的炮弹打完了！”

“冲啊！”

数百名敌军蜂拥而上，小个子的日军冲在最前边。服部雄吉挥舞着战刀，狂喊着蹦跳前进。

“给我杀了这条东洋狗！”封得胜一声令下，数支步枪瞄准了服部雄吉。

“砰砰砰——”服部雄吉一个狗吃屎，一声不吭地栽倒在距离炮台围墙仅有数码的泥泞中。

敌人冲上了西北炮台的围墙，炮台上，响起了一片砍杀声。

5 时 30 分，西北炮台陷入了死一样的寂静。

封得胜和所有守台官兵，全部战死在炮台上。他们的尸体紧靠在一起，形成了一座血肉之山。

这时，一个日本兵手脚并用地朝炮台的旗杆顶爬去，他的嘴里，叼着一面日本军旗。

其他国家的士兵看到日本人抢先在他们共同占领的炮台上升起日本军旗，骂声四起，而日本人则激动地搂成一团欢呼。

“砰——”从守军的死尸堆中突然射出了一发子弹，不偏不倚，击中了日本兵的脑袋。日本兵像一截断木，倒栽下来，重重地摔在炮台上，鲜血飞溅出很远。

日本军旗慢慢地飘落下来。

所有联军士兵，惊恐地看着这一幕。

他们把目光转向清军的死尸堆。在那里，他们发现了一个胡子拉茬的清兵。他是那个“老六”吗？不知道。这个无名士兵的两条腿已经齐膝断了，露出白惨惨的骨头。他的前胸也是血迹斑斑，半个胸脯掀翻过来，肌肉垂坠在腰间。但是，他的手中那枝老式步枪的枪口还在冒烟；他的脸上，浮现出一片笑容。

在晨光中，这笑容充满着不可征服的傲岸。

“砰砰砰——”

联军士兵朝这最后一名活着的中国战士排枪齐射。他们要用暴力，抹去心头的恐惧。

6时许，北炮台也被攻陷。

战局正在发生逆转。

“报军门，北岸炮台上飘起英国国旗。”观察哨报告。

“军门，北岸炮台失守，敌人会不会用炮台上的大炮轰击我们?”韩照琦焦急地问。

罗荣光脸色阴沉，他知道，北岸炮台的失守，意味着南岸炮台也将无法再支撑了。但他用依旧平静的声音对韩照琦说：“传我的命令：南岸炮台除炮兵外，其他人结队，准备撤退。”

“大人!”韩照琦的眼睛瞪圆了。

“传令!”罗荣光厉声命令。

命令传达下去了。

但是炮台上没有一个人离开。

罗荣光闭目长叹：“好吧，明年今日，会有人祭奠我们。”

英国人撰写的《中国与联军》记载了以后的战斗：

现在，剩下的炮台在河流的南岸，并仍被顽强地据守着，下一个进攻目标——南炮台的北侧直接面对河口。在河北岸北炮台所缴获的大炮立即被英军和奥军转向对岸的中国人阵地，由这里发出的炮弹和由河中炮舰发出的炮弹组合成强大的攻势……

（南岸炮台失陷后）在已被立即占领的炮台上，可以看到大炮周围有大量死亡的中国士兵，很显然，当炮手死去后其他人又立即替补了上去。炮舰准确的射击给炮台驻军造成大量伤亡，炮台内到处是无手、无腿、无头的尸体。

一位俄国随军记者在他的《战地日记》中写道：

罗守台倾尽全力捍卫委托给他的要塞。在所有被攻占的炮台的大炮附近都发现断手、断脚、断头的英勇捍卫者。沿着胸墙到处都躺着中国的步兵和炮兵。到处都是欧洲人炮弹打穿、击毁、爆破的混凝土炮台壁垒，到处都可以见到欧洲舰艇猛烈轰击留下的血腥痕迹。

大沽炮台上的战斗结束了。数千英勇的中国军人用自己的热血和生命捍卫着破碎的国门。他们孤军奋斗，坚持战斗整整6个多小时，击伤敌舰7艘，打死打伤舰上敌军119人、陆上敌军136名，总计255名（据西方统计）。

大沽陷落。从大沽口残破的炮台上西望，是一片风雨飘摇的平原。

天津，就在那里。

北京，就在那里。

39. 城门之劫

罗荣光再次决定放弃南岸炮台时，他的炮手也已打光了所有的炮弹。

几乎所有的人，都身带弹伤。

韩照琦的左脸颊和前胸重伤，人在昏迷中，还一个劲地咬牙切齿，整个脸扭曲成一团愤怒。营官李忠纯浑身是血，分不清伤在那里。营官卞长胜的辫子已经几乎烧秃了，一道长长的伤口横在脸上。

在最后的时刻，67 岁的老将军罗荣光亲自操纵着一门大炮。这门大炮的炮手已经全部牺牲。他独自一人装填炮弹、瞄准射击。准确的炮弹在敌群中开花，巨大的炮声震得他双耳流血，染红了他那苍苍的须发。

直到炮台再也无力还击的时候，罗荣光的头脑始终保持着清醒。他知道，没有他的命令，没有他的带领，这些士兵将与这座空空的炮台，与这道破碎的国门共存亡。

他叫过十四岁的少年战士贵娃子，一只手撑着他瘦弱的肩头站立起来，一只手整理衣衫，抹去脸上、胡须上的血迹。

他神态镇定如初地做完这一切，朗声对尚能行动的军官士兵们说："弟兄们，咱们的事儿，干完了。你们都是好样的，炮台失守之责，自有我罗荣光一人承担。现在，我命令，把负伤的弟兄们背起来，随我撤退。"

"军门大人，我们要与炮台共死生！"

"军门大人，我要留下，陪着我苦命的兄弟！"

"大人，留下我断后，你们快走！"

罗荣光轻轻一挥手，制止了部下的喧闹，他说："一人不走，我罗荣光就不走。你们难道要我老头子落个尸骨不全吗？"

见大家都不再做声，他站起身望着这群士兵，像一个慈祥的老父亲教导、安慰自己的孩子似的说："请大家放心，我罗荣光一定把你们带回天津。你们还年轻，留下有用之身，将来还要为国出力。"

罗荣光是在贵娃子的搀扶下，最后离开炮台的。

他在这里生活了整整 30 年。炮台，成了他的房屋、他的田产、他的庄稼、他的儿子，成了他生命中的一部分。炮台毁了，国门破了，他的生命也该结束了。

想到此，老军人的眼睛潮湿了，贵娃子的眼睛也潮湿了。

罗荣光最终带领残部突围成功。

此后，关于罗荣光的下落，说法不一。

有的说他到达天津，向直隶总督裕禄汇报了整个作战经过，承担起自己应当承担的责任后，当夜服毒自尽；有的说他带领部队脱离危险之后，无意去面对这个冰冷的世界，于队列中吞金自杀；有的说罗荣光后来参加了天津保卫战，城陷前三天横刀自刎。

在直隶总督裕禄 6 月 26 日奏报大沽失守的折子上，只提到：

> 查大沽为天津门户，该口防务，乃罗荣光专责。此事起仓猝，该提督督率弁兵，鏖战六时之久，并经击坏敌船六只。嗣因子弹药库四处被毁，力不能支，以致营台被陷，实属罪无可辞。所有失守台垒之大沽副将韩照琦，营官卞长胜、李忠纯，暨该提督自请制罪之处，相应奏明请旨。

裕禄并没有提到罗荣光的死，可见，26 日时罗荣光还活着。但是他究竟选择了怎样的方式结束自己生命的呢？

《清史稿·列传二百五十四·罗荣光传》上记载：

> ……炮台毁，荣光愤极归。拔刀杀眷属，曰：‘毋令辱外人手。’遂出赴难。一仆随之，不知所终。他日，得其尸（大沽炮）台下。仆尸亦在焉……

罗荣光又一次到了炮台？

他是去寻找他的炮台、他牺牲的战友？

他最终死于哪国侵略者的枪下？

跟随他而去的“忠仆”是谁？

是十四岁的少年战士贵娃子吗？

这一切都不重要了。总之，他和叶祖珪不一样。他选择了慷慨的赴难，选择了壮烈的死亡。

有时，生死的选择决定了一切——或者获得登上英雄殿堂的通行证，或者领到沦入黑暗地狱的判决书。

一位叫作郭则云的，自号“龙顾山人”，曾写诗为罗荣光老将军悼亡，诗曰：

飞渡艨艟气已骄，
封章毁败亦无聊。
铙歌传遍兰陵曲，
似为将军唱大招。

钲铙箫鼓，铜板琵琶，白河水浪，炮台疾风，将为所有牺牲于大沽口的中国军人唱起悲怆的《大招》。

他们守护的是一个封建王朝的大门，捍卫的却是身后的中华民族。

也许，我们还要提一下叶祖珪。

他的4艘鱼雷艇被联军掠去。战后，为了瓜分这4艇，英俄两国竞争执起来，还差点动武。直闹得联军指挥官、俄国海军中将基利杰勃兰特和英国普鲁斯海军少将亲自出面协商，最后，俄、英、法、德各得一艘了事。在大沽船坞修理的驱逐舰“飞鹰”、“飞霆”号的机件也被各国拆卸哄抢分光。

叶祖珪的旗舰“海容”舰被联军扣留，直到《辛丑条约》签订后才被“释放”。他用这种方式，为中国海军保留下一艘主力舰，但他失去的，却更多。

……还是不要过多地谴责他吧。历史上记载，《辛丑条约》签订时，清廷议和大臣中竟然有人提出：将“海天”、“海圻”、“海容”、“海筹”、“海琛”号等新近购到的5艘巡洋舰分别退还“撤售”给英、德两国，以向列强表示“中国无对外备战态度”。还是叶祖珪，和萨镇冰一齐据理力争，扭转了清廷几乎成为“定议”的决定，总算为中国海军保存了仅有的一点本钱。

历史功过，真让人捉摸不透。

大沽炮台陷落的准确时间是：1900年6月17日晨6时30分。

同一天，端王载漪为了促使慈禧太后下决心和洋人开战并废掉光绪皇帝，伪造了一份外国外交使团给中国政府的照会，内容包括：指明一地令中国皇帝居住；代收钱粮；代掌兵权；太后归政于光绪皇帝，废掉大阿哥。

这份“伪照会”的用意，就是要激怒慈禧。

果然，慈禧太后于6月18日至6月21日，召开4次御前会议，最终，决定对各国宣战。但直到此时，朝廷才接到大沽口已经失陷的消息。

天朝大门已经破碎，“宣战”的结局可想而知。

7月14日，联军攻破天津城门。

8月13日，联军进攻北京城门。

8月14日，日军攻破东直门、朝阳（齐化）门；俄军攻破东便门；英军攻破广渠门。

8月15日，晨，慈禧太后挟光绪皇帝自西直门出逃。

中国首都的城门大开，再次陷落。

首先来到紫禁城外的，是美军第14步兵团和第9步兵团。面对已经毫无防范的皇城大清门，美军上尉苏墨莱捡起一块白灰，在大清门的门栓处画了一个大大的圆圈，作为炮兵射击的靶标。

两次距离100米的齐射后，皇城的大门门栓碎裂。美军蜂拥而入。

前面，就是天安门。

前面，就是端门。

前面，就是午门。

中国所有的大门，此时形同虚设。

1901年9月7日（清光绪二十七年七月二十五日），中国被迫与列强签订丧权辱国的《辛丑条约》。其中“第八款”明确写道：

> 大清国国家应允许将大沽炮台及有碍京师至海通道之各炮台，一律削平，现已设法照办。

在《辛丑条约》十二款的正文和十九个附件中，只有这一处，提到了大沽口炮台——这沉重的天朝之门。

战胜的、战败的；侵略者、被侵略者，似乎都接受了这样一个现实：

天朝自此无大门。

内陆的农耕文明，需要的，是稳定的不受外力侵扰的田土；收获的，是封闭的内聚的文化果实。因此，其实中国人从来就相当重视“门”的存在。

《博雅》上说：“门，守也。”

《易》说：“重门击柝，以待暴客。”

《门铭》说：“门之设张，为宅表会，纳善闲邪，击柝防害。”

西周九月的天空，阳光灿烂，云淡风轻，大地一片金色的丰收景象。威仪赫赫的周天子，将在这个时候鼓乐出宫，率领文武百官，举行一年一度隆重的“祀门”大礼。本来吗，粮食已经收获进仓，正是要在这个时候祭祭门神，让他好好守护这些收成。要不，这一年不是白白辛苦了吗？

此后历朝历代的中国人，创造了无数的门神。什么神荼郁垒、秦琼敬德，什么成庆钟馗、温峤岳飞，什么青龙白虎、孙膑庞涓，什么赵公元帅、燃灯古佛，都曾成为一时一地的门神爷。他们尽管名目繁多，但任务单一，就是守护一个个封闭的门户。

一家一户如此，一个国家一个民族又何尝不是如此。

西方世界几个世纪以来，都在寻觅、扣打甚至轰击着天朝的大门。当 19 世纪与 20 世纪交替之际，他们这个目的终于达到了。

是的，“天朝”从此失去了它的大门。这无疑加速了它的灭亡。

而中华民族从深重的门破之劫中觉醒，迈步走向世界、走向光明的时代，也就不远了——尽管，这个过程本身充满血腥，充满苦难，充满海潮一样无边无涯、起伏跌宕的艰辛……

终稿于 2000 年 4 月 4 日，时惟庚辰清明

出版者的话

记得是在1998年，我社邀请了十几位海军的军官、作家、学者座谈，商讨创作一套反映中国近代海战史的丛书。与会者深沉的思索，至今记忆犹新——

当一座座大厦拔地而起，对于昨天，人们以为已经讲述得太多，书写得太多。于是人们开始遗忘昨天，遗忘中华民族苦难的昨天。遗忘，产生冷漠，产生麻木，产生目光短浅和急功近利……

其实，昨天距离我们并不遥远。昨天，起于19世纪40年代，长达一百余年的腥风血雨，把积贫积弱的旧中国拖入深重的民族灾难之中……

深入昨天，一个不常为人注意的史实凸现在我们面前：一百多年前，帝国主义对中国的入侵，绝大部分来自海上，虚弱的海防无法襟护国土，从此中国沿海地区烽烟四起，国门洞开，山河破碎。中国近代海战场的焦土血海所书写的，几乎就是一整部近代中华民族遭受帝国主义侵略的痛史。然而，中华民族从来不甘于耻辱，我们的先人在帝国主义的疯狂入侵面前，进行了殊死的抗争。中国近代海战场的残垣断剑所书写的，又是一整部近代中华民族抗敌御辱的悲壮史诗。我们还看到：中国近代史上，灾难来自于海洋，抗争起自于海洋，觉醒同样兴起于海防斗争的艰苦实践中。西方列强来自海上的侵略，震醒了沉睡的中国，唤起了觉醒、奋起的中华民族……

时间到了20世纪末，海洋已经成为振兴中华民族新的生存空间，成为中国经济发展的生命线。即将到来的21世纪，很早就被称为“海洋世纪”。谁在21世纪赢得海洋，谁就拥有了希望。回首漫长的华夏文明史，中华民族曾经在海洋上书写过辉煌的海洋文明；而在近代，我们却不得不面对海洋上涌来的无穷灾难。历史告诉我们，所有关于海洋的梦想，都必须以海权为依托。我们曾经饱受丧失海权、遭受海上入侵的苦难。历史，绝不能重演。拥有海洋、经略海洋、守护海洋，就是守护我们民族的未来……

我们的思索，产生了创作出版《中国近代海战场纪实》丛书的信念——在新世纪即将到来的时刻，采用纪实文学的方式，记述史实，揭示历史教训，唤起大家万众一心建设强大中国的责任感、使命感。

《中国近代海战场纪实》的讲述内容，时间贯穿1840年鸦片战争到1911年辛亥革命的整部近代史，地域覆盖整个中国沿海，刻画了众多鲜明的人物形象，进行了惊警世人的深层思考，是记述这段历史的最全面、系统、翔实的大型纪实文学作品。

在长达6年的创作和出版过程中，当作者半夜打来电话，声音哽咽地朗诵他刚写就的感人段落时；当跟随作者在斜阳衰草中寻觅古炮台遗址，默默凭吊先烈时；当采访军舰官兵，看到一位舰长在保卫西沙的海战中被弹片击伤的手臂时；当慰问海岛官兵，体验蚊虫叮咬、烈日暴晒、孤独寂寞的滋味时，一定要出好这套丛书的信念与日俱增。

《中国近代海战场纪实》丛书出版后，几十家报刊摘登、报道，中央电视台军事部以此为蓝本制作播放了大型系列专题片。

我们欣喜地看到，近几年来，海洋、海权日益受到全国人民的关注，人民海军日益壮大。今年，恰逢中国人民解放军建军80周年，因此，我们决定重新出版这套丛书，旨在让更多的读者了解历史，重视海洋，关心人民海军的建设，把我们的国家建设成为海上强国，完成中华民族复兴大业。

学苑出版社

孟　白

2007年7月